基于真实情境的
微项目目式化学教学实践

赵春梅◎著

华东师范大学出版社
·上海·

图书在版编目(CIP)数据

基于真实情境的微项目式化学教学实践/赵春梅著. —上海:华东师范大学出版社,2022
ISBN 978 - 7 - 5760 - 3019 - 8

Ⅰ.①基… Ⅱ.①赵… Ⅲ.①中学化学课-教学研究-高中 Ⅳ.①G633.82

中国版本图书馆 CIP 数据核字(2022)第 119623 号

基于真实情境的微项目式化学教学实践

著　　者　赵春梅
责任编辑　王　焰(策划组稿)
　　　　　王国红(项目统筹)
特约审读　王　文
责任校对　郭　琳　时东明
装帧设计　卢晓红
封面图片　张利峰

出版发行　华东师范大学出版社
社　　址　上海市中山北路 3663 号　邮编 200062
网　　址　www.ecnupress.com.cn
电　　话　021 - 60821666　行政传真 021 - 62572105
客服电话　021 - 62865537　门市(邮购)电话 021 - 62869887
地　　址　上海市中山北路 3663 号华东师范大学校内先锋路口
网　　店　http://hdsdcbs.tmall.com

印 刷 者　上海景条印刷有限公司
开　　本　787 毫米×1092 毫米　1/16
印　　张　20
字　　数　313 千字
版　　次　2022 年 10 月第 1 版
印　　次　2022 年 10 月第 1 次
书　　号　ISBN 978 - 7 - 5760 - 3019 - 8
定　　价　68.00 元

出 版 人　王　焰

(如发现本版图书有印订质量问题,请寄回本社客服中心调换或电话 021 - 62865537 联系)

目 录

简单的有机化合物及其应用

化学与社会发展

序 言

随着化学学科核心素养的提出和课程教学改革的深入推进,如何激发学生的学习兴趣和学习主动性,如何引发学生在学习过程中的深度思维,如何让学生体验学以致用的成就感,是化学教师们普遍面临的难点,也是化学教学中落实学科核心素养亟待攻坚突破的关键。项目化学习(Project-Based Learning)是解决这些问题的抓手之一,通过项目化学习,可以全面提升学生发现问题、主动学习、实践探究、解决问题的能力。学生在项目化学习的过程中,所收获的不仅是学习的内容,更有学习的方法和对学习价值的认识,这些对学生的后续学习和终身发展都具有重要意义。

项目化学习往往以真实情境下的问题解决为载体,易给人知识跨度大、方法要求高、实施周期长的片面印象,似乎无法在日常的单一课时教学中完整体现。于是,有的教师会认为项目化学习需要较多课时,教学效率不高;有的教师会认为项目化学习的开展一定要利用课外时间;也有的教师甚至认为项目化学习无法由单一学科独立完成。基于这样的现状,项目化学习的扎实开展可以从三个方面大胆探索:一是以单元甚至学期、学年、学段为单位对项目化学习活动进行长周期的整体规划,并整体考虑课内与课外、校内与校外的关系,明确教师在不同教学阶段的目标与任务,使项目化学习可以"细水长流、水滴石穿";二是加强不同学科教师间的跨学科合作与研究,提升跨学科项目化学习的操作性,使各学科的教师都能在跨学科的项目化学习设计与实施中有所作为;三是将项目化学习与日常以课时为基本单位的教学融为一体,以一个个能在课时教学中开展的"微项目"支持教与学方式的变革。赵春梅老师的《基于真实情境的微项目式化学教学实践》就是重点基于第三种思路开展深入研究与实践后的成果。

本书精选了 26 个实践案例,教学内容来源于各种版本的教材,并按照课程标准必修课程的五个主题分类呈现。案例的选择与呈现体现了赵春梅老师对高中学段化学微项目式教学的整体规划,案例覆盖必修与选修,涉及不同的知识类型,紧密围绕化学学科核心知识,聚焦学科核心素养,体现了微项目式教学的常态化实施。这些案例都经过赵春梅老师的亲身教学实践,并在实践后不断修改完善,具有很强的操作性,有利于化学学科核心素养在高中学段日常教学中的全面落实。

本书的各个案例均具有统一的呈现栏目,各栏目的定位清晰,例如"教学反思""专家点评"等栏目,可以帮助读者明晰教学实践中的得与失,不仅让读者可以通过模仿案例开展教学,也可以深入理解教学行为背后的设计意图,从而有利于读者根据自己的教学环境对教学设计进行灵活的调整。"评价目标""作业与评价"等栏目的设置,也反映出赵春梅老师在微项目式教学中对学生学习过程和学习成果开展评价的关注。

"教学过程"栏目是本书的精华所在,赵老师关注通过视频、资料等形式创设生动、真实的问题情境,进而提出驱动性问题引发学生的主动学习。在教学过程中,赵老师一般通过设计系列任务,引导学生开展持续、多样的实践活动,从而获取直接经验,加强学习体验。赵老师也关注通过设计系列问题,引导学生的思维不断向高阶发展。在教学设计中,引导学生积极开展师生、生生的互动交流,及时进行评价与总结,并加强问题解决过程中的分工与合作等,也是赵老师重点关注的方面。"板书"关注的不仅是呈现知识内容,更是以图形化、结构化的形式重点体现知识关联、认识思路和核心观念,在教学中可以起到"画龙点睛"的作用。

尽管本书中的案例都是高中阶段的,但对初中的教学同样具有借鉴意义。相比直接模仿这些案例开展教学,从这些案例中体会、提炼出项目化学习的特点、要素和设计方法,进而更加灵活自如地开展项目化学习的设计,更可以体现出这些案例的价值。期待项目化学习能在广大化学教师的日常教学中"遍地开花"。

徐睿

2022 年 2 月

前　言

　　《普通高中化学课程标准(2017 年版 2020 年修订)》(以下简称《课程标准》)在基本理念第四条中提出：重视开展素养为本的教学,倡导真实问题情境的创设,开展以化学实验为主的多种探究活动;重视教学内容的结构化设计,激发学生学习化学的兴趣,促进学生学习方式的转变,培养学生的创新精神和实践能力。《课程标准》在实施建议中指出：真实具体的问题情境是学生化学学科核心素养形成和发展的重要平台,为学生化学学科核心素养提供了真实的表现机会;教师在组织教学内容时应高度重视化学知识的结构化设计,充分认识知识结构化对于学生化学学科核心素养发展的重要性,尤其是应有目的、有计划地进行"认识思路"和"核心观念"的结构化设计;教师要围绕化学学科核心素养发展的关键环节,引导学生积极开展建构学习、探究学习和问题解决学习,促进学生化学学习方式的转变;要贴近社会生活实际,重视化学与其他学科的联系,即重视跨学科内容主题的选择和组织。

　　研究成果表明,基于真实情境的学习,像科学家一样的真实的思考和实践,有反思性的评价,均有利于学生更好地学习。基于项目的学习是面向真实世界的真实问题而进行的真实的学习过程。项目式教学则是促进学生进行这样的项目式学习的教学活动和过程。项目式学习具有很多优势,体现了核心素养导向的先进教学理念,但是考虑到高中教学课时紧、任务重、升学压力大等实际情况,项目式学习常态化显然是不现实的。"微项目"体现了项目式学习的核心要素和特征,又与每章的核心知识紧密关联,"轻便灵巧"便于组织实施,适应我国的国情、校情和学情。

　　本人尝试在常规课堂中实施基于真实情境的微项目式化学教学实践,课型包括新授课和复习课。本书每份教学设计均力图体现项目式教学的核心要素：寻找到真实、有意义、贴近生活、贴近社会的复杂问题确立项目；设计具有一定的复杂性和综合性、挑战性和差异性的活动任务，促进学生连续进阶；小组合作解决问题；创设活动、提供平台激发学生展示表达和交流分享；推进"教-学-评"一体化，提供促进认识发展的深度指导、评价和总结。

　　本书以《课程标准》为纲，以化学学科教学内容为目编写，提供了 26 份微项目式化学教学案例，其中大部分属于原创性案例，小部分由核心期刊资料改编。本书中的所有课例都进行了教学实施并取得了不错的效果，部分课例参加了市级、区级教学评比并获得一等奖。本书中每份案例均包含五部分：一是教学任务分析（学情分析和教材分析）；二是目标分析与教学准备（教学目标和评价目标；教学重点与难点）；三是教学过程，其中包括板书设计；四是作业与反思；五是专家点评（除了获得上海市中青年教学大奖赛一等奖的课例《认识加碘盐》是钱秋萍老师点评外，其他课例均由上海市闵行区教育学院高中化学教研员陆艳老师点评）。

　　本书教学设计主要参考了两套教材：二期课改沪科版和鲁科版高中化学新教材。由于每份教学设计均是基于《课程标准》和知识结构框架确立项目，所以本书教学设计的适用范围并不局限于上述两套教材，对于基于《课程标准》编写的各个版本的教材均适用。

　　本书可以作为情境素材供一线化学教师备课时参考、借鉴和使用，对提高备课质量和教学质量具有一定的指导意义；也可以作为教学设计范式供新入职化学教师和师范专业学生参考和借鉴，对提高教学设计能力具有一定的促进作用。

赵春梅

2022 年 2 月

化学科学与实验探究

第 1 课 | 定量实验专题复习
——配制 100 mL 浓度为 1 mol·L^{-1} 的 Na$_2$CO$_3$ 溶液

一、教学任务分析

(一) 学情分析

学生进入高三,具有一定的知识储备,也拥有学习化学的积极性和主动性,但是对于常规的复习课模式(梳理知识内容、形成知识网络、针对性训练反馈评价)不太喜欢。基础好的学生觉得自己都会了不屑于听,基础中等的学生偏重于记笔记而缺乏深度思维,基础偏弱的学生仍然昏昏然,需要高三化学教师改变复习课的模式,重视学生的知识获得过程,重视实验在化学学科中的作用,重视学生的素养落实,增加学生的多种学习体验和经历,激活学生的主动性。

(二) 教材分析

"配制 100 mL 浓度为 1 mol·L^{-1} 的 Na$_2$CO$_3$ 溶液"是二期课改沪科版高三专题复习课。根据《上海市高中化学学科教学基本要求(试验本)》,配制一定物质的量浓度的溶液、结晶水合物中结晶水含量的测定、中和滴定、气体摩尔体积的测定等定量实验是定量实验专题的主要内容,其学习内容及学习水平要求如下表。

定量实验学习内容	学习水平(知识/技能)
1. 配制一定物质的量浓度的溶液	C/B
2. 结晶水合物中结晶水含量的测定	C/C
3. 中和滴定	C/C
4. 气体摩尔体积的测定	D/C
5. 小苏打中 NaHCO$_3$ 含量的测定	D/C

复习课不同于新课的学习,需要对相关学习内容进行重组和提升,需要将特例升华成普适性的一般规律。比如三个定量实验"结晶水合物中结晶水含量的测定"、"中和滴定"和"气体摩尔体积的测定"中的方法,对应着定量实验中常用的"重量法"、"滴定法"和"量气法",在复习时可以不拘泥于具体的例子,着重于综合运用。小苏打中 $NaHCO_3$ 含量的测定实验的设置,目的就是为了在一个实验中综合应用中学化学常用定量测定方法。

本节课设置了一个问题情境:"某学生的化学实验需要 100 mL 浓度为 1 mol·L^{-1} 的 Na_2CO_3 溶液,他想用侯氏制碱法制得的纯碱来配制。侯氏制碱法制得的纯碱通常含有少量的 NaCl,他不知如何精确配制所需溶液,你有办法吗? 如果有,该如何操作?"随着探究问题的深入,调动并激活了学生关于物质的量浓度的配制、重量法、量气法、滴定法四个重要的定量实验的相关知识储备。探究性问题是开放的,学生可以大胆设想,有利于拓展思维空间,并且一个探究问题就把四个定量实验有机地联系在了一起,既避免了常规复习课上的"题多为患",又能够有效落实"实验探究与创新意识"核心素养的培养。

二、目标分析与教学准备

(一) 教学目标

(1) 解释配制一定物质的量浓度溶液、重量法、滴定法和量气法定量实验的实验原理;描述配制一定物质的量浓度溶液、重量法、滴定法和量气法定量实验的实验步骤并完成实验;归纳容量瓶、电子天平、瓷坩埚、干燥器、研钵、滴定管、锥形瓶等仪器的使用要点;复述恒重操作的概念和操作要点,说出中和滴定中常用的酸碱指示剂,说出判断滴定终点的方法;形成定量实验的知识网络。

(2) 通过讨论交流、合作学习,能比较和评价各种测定方案的优缺点,并能对方案中的实验装置进行优化整合,交流探究的过程与结果,能够撰写完整的探究报告。

(3) 感悟严谨求实的科学态度对定量实验的重要性;感受现代科学的发展与定量测定技术的进步的密切关系,赞赏化学对社会发展的重大贡献。

(二) 评价目标

（1）通过"配制 100 mL 浓度为 1 mol·L^{-1} 的 Na$_2$CO$_3$ 溶液"的方案设计，诊断并发展学生对实验方案设计的认识水平（视角水平、结构化水平）。

（2）通过"选择合适的方法设计实验"，诊断并发展学生实验探究水平（孤立水平、系统水平）。

（3）通过"提炼知识与方法，形成思维导图"，诊断并发展学生依据信息建构模型的水平（视角水平、结构化水平）。

(三) 教学重难点

1. 重点：整合高中所学四个定量实验核心知识，形成定量实验的知识网络。

2. 难点：通过讨论交流、合作学习，能比较和评价各种测定方案的优缺点，并能对方案中的实验装置进行优化整合，交流探究的过程与结果，能够撰写完整的探究报告。

(四) 教学准备

资源：轻课堂 APP、多媒体课件、一体机、学习单。

视频：侯德榜。

三、教学过程

环节一　创设情境，引领复习

教师活动

【视频】　化学史实——侯德榜

【讲述】　展示化学史：侯德榜，著名科学家，杰出化学家，侯氏制碱法的创始人，中国重化学工业的开拓者，近代化学工业的奠基人之一，是世界制碱业的权威。他把制碱法的全部技术和自己的实践经验写成专著《制碱》，于 1932 年出版，从此揭开了索尔维制碱法的神秘面纱，打破了外国公司对制碱技术的垄断。后来，他又把索尔维制碱法和合成氨法结合起来，使食盐的利用率从原来的 70% 提高到 96%，不产生污染环境的、当时利用价值不高的氯化钙,产生对农作物有用的化肥——氯化铵,还可以减少 $\frac{1}{3}$ 的设备,从而开创了世界制碱工业的新纪元。1943 年,中国化学工程师学会一致同意将这一新的联合制碱法命名为"侯氏联合制碱法",又称侯氏制碱法。

【问题情境】 某学生的化学实验需要 100 mL 浓度为 1 mol · L^{-1} 的 Na_2CO_3 溶液,他想用侯氏制碱法制得的纯碱来配制。侯氏制碱法制得的纯碱通常含有少量的 NaCl,他不知如何精确配制所需溶液,你有办法吗? 如果有,该如何操作?

学生活动

该阶段主要引导学生聆听、感悟、思考问题。

设计意图

侯德榜制碱的史实充分体现了化学学科的核心素养:"实验探究与创新意识"及"科学精神与社会责任"。学生从侯德榜解开索尔维制碱法的奥秘,到创立侯氏制碱法,可以感悟到科学探究是从需要出发,发现和提出有价值的问题;从侯德榜公布制碱法的奥秘这一做法,体会到科学家勇于承担责任的大爱精神,理解化学、技术、社会和环境之间的相互关系,赞赏化学对社会发展的重大贡献。

环节二　探究学习,解决问题

教师活动

1. 合作学习,初步形成活动方案

【师生】 小组合作,教师巡视;小组汇报,教师投屏。

小组一:我们小组认为要配制 100 mL 浓度为 1 mol · L^{-1} 的 Na_2CO_3 溶液,需要准确称取 16.000 g 碳酸钠。但是,因为样品的纯度不是 100%,所以首先要测出样品中碳酸钠的含量。我们小组认为可以取一定质量的样品,溶解在盐酸中,通过测量生成的二氧化碳的体积,求出碳酸钠的含量,然后算出所需样品的质量,再配制所需的溶液。

（小组五、小组六表示跟小组一的方法一样）

小组二：我们小组跟小组一的思路基本相同，也是先求出样品中碳酸钠的含量，但跟小组一不同的是，我们在测量碳酸钠含量时，先把一定量的样品溶解在水中，然后往样品溶液中滴加足量的氯化钡溶液，过滤沉淀，干燥，冷却，称量，通过碳酸钡沉淀的质量求出碳酸钠的质量，从而求出碳酸钠的含量。

小组三：我们小组的思路也是先求出样品中碳酸钠的含量，跟小组一和二不同的是，我们用盐酸滴定一定量的样品溶液，通过消耗盐酸的体积来计算碳酸钠的含量。

2. 归纳总结，提炼观点

针对不同小组的方案，师生一起归纳整理思路：先测定样品中碳酸钠的含量，然后再配制溶液。对于测定样品中碳酸钠的含量，具体有三种方法：

方法一：量气法	通过测量一定量样品与酸反应产生的 CO_2 的体积测量含量
方法二：重量法	通过测量一定量样品溶液与沉淀剂反应产生的沉淀的质量测量含量
方法三：滴定法	通过测量标准盐酸滴定一定量样品溶液消耗盐酸的体积测量含量

3. 选择合适的方法，设计方案

请每组同学根据自己组内同学的意见，选择合适的方法，完成配制 100 mL 浓度为 1 mol·L⁻¹ 的 Na₂CO₃ 溶液实验方案的设计。

实验目的	
实验药品和仪器	
实验步骤	

4. 讨论交流，优化方案

待各小组基本完成实验方案的设计，选择具有代表性的一组实验设计，实物投影，全班同学进行评价。（展示小组三设计的实验方案）

实验目的	配制 100 mL 浓度为 1 mol·L^{-1} 的 Na$_2$CO$_3$ 溶液
实验药品和仪器	药品：含有少量 NaCl 的纯碱样品、蒸馏水、0.100 mol·L^{-1} 标准盐酸、酚酞试液 仪器：滴定管（配备铁架台、滴定管夹）、锥形瓶、洗瓶、电子天平、烧杯、玻璃棒、容量瓶
实验步骤	1. 称量 m_1 g 样品于锥形瓶中，加适量蒸馏水溶解，并滴入 2—3 滴酚酞试液 2. 用标准盐酸滴定至终点，消耗盐酸的体积 V mL 3. 计算样品中碳酸钠的含量为 w 4. 称取所需质量的样品于烧杯中，加适量蒸馏水溶解，转移到容量瓶中 5. 加水至容量瓶的刻度线 6. 上下颠倒摇匀，转移至试剂瓶中，贴好标签

【教师】 请大家评价一下小组三设计的实验方案，是否可行？ 是否有需要完善的地方？

【学生 1】 当酸滴定碱时，本着变色由浅色变化到深色，以方便眼睛识别的原则，指示剂用甲基橙比较好。

【学生 2】 仪器中缺少胶头滴管，否则在配制溶液时无法定容。

【学生 3】 容量瓶因为只有刻度线，没有刻度，所以，使用什么规格的容量瓶要注明，这里应该使用 100 mL 容量瓶。

【学生 4】 实验步骤太简单了，盐酸滴定样品溶液操作中，滴定管使用前的准备、滴定时的注意事项、滴定终点的判断、如何读数等都没有说明，在配溶液时，具体的操作步骤以及如何定容等也没有写出，操作性不强。

【学生 5】 测量碳酸钠的含量时，配制样品的浓度不宜过浓或过稀，以减少滴定结果的误差。

【学生 6】 ……

【教师】 对于同学们提出的意见和建议，第三小组的同学是否接受？（表示接受）请第三小组同学再次优化自己的实验方案。

依次对选择了重量法和量气法进行碳酸钠含量的测定的实验方案进行类似的评价和优化，此处省略具体过程。

学生活动

　　通过异质分组,每个班级分成六个小组,每个小组 6 个人,在经过充分讨论交流后,每个小组派代表汇报初步方案,同时实物投影纸质版本的活动方案,以便全班学生观看和交流。

设计意图

　　采取异质分组,让小组内的每个成员都能发挥自己的优势,达到有效合作的目的。同时,把不同学习基础、学习优势的学生分在一个小组中,可以最大限度地激活学生的"头脑风暴",促进学生针对探究活动,形成多样化的方案。比如这节课,六个小组在测碳酸钠含量时,三种定量测定方法都想到了,这也正是教师教学设计时期待达到的目的。

环节三　提炼知识与方法,形成思维导图

教师活动

　　【教师】　通过用给定的样品配制 100 mL 浓度为 1 mol·L^{-1} 的 Na$_2$CO$_3$ 溶液,我们复习了四个定量实验,学会了设计简单的实验方案,下面,我们一起来总结一下定量实验的相关内容和方法,形成思维图。下面的思维简图是教师提供的,同学们可以在简图的基础上,进行拓展和丰富,针对结晶水合物中结晶水含量的测定、酸碱滴定、气体摩尔体积的测定三个定量实验,如何在流程的各个环节做到精准性? 用思维图的形式展示出来。

　　(思维导图示例详见板书)

学生活动

　　先独立思考,后小组合作优化思维导图,汇报交流,师生评价,完善思维导图。

设计意图

　　教师通过思维导图范例,让学生学画思维导图,然后逐步学会依据物质及其变化的信息建构模型,建立解决复杂化学问题的思维框架,落实"证

据推理与模型认知"核心素养的培养。

结课

　　课后,请大家设计"测定含有少量氯化钠的碳酸氢钠的含量"的实验方案,要求用学过的多种定量实验方法进行测定。

板书

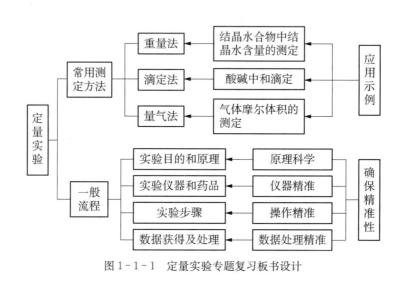

图1-1-1　定量实验专题复习板书设计

四、作业及反思

(一) 作业及评价要点

　　(1) 作业:设计"测定含有少量氯化钠的碳酸氢钠的含量"的实验方案。

　　(2) 评价要点:(1)要用到本节课所涉及的知识、技能、方法、思想;(2)要用到学过的多种定量实验方法。

(二) 教学反思

　　1. 创新点: 基于问题引领的高中化学专题复习的内涵与步骤

　　建构主义理论以及情境认知理论认为,教师要帮助学生建构新旧知识之间的联系以及所学知识的意义。为使意义建构更有效,教师可以通过创设恰当的情境以激发学生的学习兴趣,提出适当的问题以引起学生思考和讨论,深化学生对所学知识的理解,还可以通过探究启发学生自行发现规律。根据此理论,并在案例教学复习法、基于问题引领的复习课教学范式的基础上,笔者提出了基于问题引领的高中化学专题复习模式。基于问题引领的高中化学专题复习的内涵是指基于学生真实问题开展的学习,本节课就是基于问题引领的高中化学专题复习的实践。在这样的复习中,教师根据专题内容精心设计情境,学生在情境中发现和提出问题、分析和解决问题,从而激发学习兴趣,树立学习自信心,提高问题意识,发展创新意识,逐步学会"用化学的视角观察世界,用化学的思维思考世界,用化学的语言表达世界"。

基于问题引领的高中化学专题复习的核心是教师根据教学目标及任务的要求,整合运用精选的案例材料,设置特定的事件情境,设计高品质的探究活动,串联起相关学习内容。学生则通过独立思考、交流讨论、相互评价、合作学习,激活高中化学复习课堂,提升复习效率。在此过程中,教师引导学生反思探究活动中所用的知识与技能,归纳所用方法,总结所采取的策略,形成思维导图,完成专题复习内容的建构。

基于问题引领的高中化学专题复习流程如下:

2. 思考点:基于问题引领的高中化学专题复习

(1) 转变教学观念,更新教学理念

教师要清晰学科知识的思维功能,要明白专题内容的教学功能,要有从"知识教学"走向"核心素养"教学的意识。正如华东师范大学王祖浩教授所建议的,在进行教学设计时,要时时追问三个问题:①教学内容反映了何种重要的思想和观念,具有哪些超越了今天所学化学课题的持久性价值? ②在化学课堂上,怎样让学生体验、感悟和经验化,才会对学生的未来具有广泛的迁移意义? ③如何在更大的程度上创设有利于激发学生内在学习潜能、自信心和创造力的课堂?

（2）合理组建学习小组，提升小组合作学习的效率

基于问题引领的高中化学专题复习主要以探究活动为载体，以小组合作为主要学习形式，其中小组成员之间有效的合作学习，是这类教学模式成功实施的重要保障。在组建学习小组时，要依据多元智能理论，尽可能地顾及学生多方面智能的培养，小组内应有不同智能强项的学生；与此同时还要考虑小组成员化学学习基础的差异、性格方面的互补、男女性别的合理比例及成员之间的和谐关系等，以确保小组合作时每位组员都是不可或缺的，只有这样才能确保合作学习的效率。

（3）设计开放性探究活动，提升学生探究能力

基于问题引领的高中化学专题复习模式在一定程度上可以说是以探究活动为核心，所以，教师要在查阅各种资料的基础上，对所要复习的专题内容进行整理、分析、改编、重整，要精心设计开放性的、可供学生讨论交流的、承载了专题内容的教学功能的探究活动，以提升学生的探究能力。

3. 遗憾点及解决办法

由于时间关系，并不能对所有小组的设计方案进行充分的交流与点评，可以考虑课下以适当的形式进行展示交流，确保每个小组、每位组员在原来的基础上都有所获。

专家点评

定量实验是学生学习科学方法的重要途径，它是中学化学实验的重要组成部分。赵老师通过帮助"某学生用侯氏制碱法制得的纯碱来配制 $100\ mL$ 浓度为 $1\ mol \cdot L^{-1}$ 的 Na_2CO_3 溶液"调动并激活了学生关于物质的量浓度的配制、重量法、量气法、滴定法等四个重要的定量实验的相关知识，一个探究问题串起四个定量实验，切入角度巧妙，情境真实且有挑战性。

教学中，教师以突出定量实验的设计思维为主线，重点放在展示实验设计的原理、思路和科学性上，将学生的思维引导到实验的具体过程中。本节

课紧紧围绕"采取什么原理测定侯氏制碱法制得的纯碱含量(通常含有少量的 NaCl)""选择什么药品和仪器""实验步骤""如何优化设计方案确保精准性"展开教学,经反复讨论,相互修正,最终形成最佳的定量实验方案。

环节二主要落实教学重点。教师先是安排学生分组讨论、各抒己见,初步得出碳酸钠的含量测定的主要原理,然后再归纳总结,提炼观点,学生充分交流,教师适当引导和补充,共同得出实验所需的药品和仪器以及实验步骤,就方案细节进行优化,确保定量实验的"精准性"。使学生在知道如何定量的同时,还知道为什么这样定量,促使他们主动思考,形成并掌握定量实验的策略性知识。最后,教师适时引导学生绘制思维导图,学会依据物质及其变化的信息建构模型,建立解决复杂化学问题的思维框架,落实"证据推理与模型认知"核心素养的培养。

一个成功的真实情境能引导学生将化学实验基础知识和基本操作技能运用到类似的定量实验中去,形成设计简单定量实验方案的一般思维框架,解决一些原理和操作相类似的定量问题。化学是一门重视实验的严谨的科学,而定量实验,"准"更是核心和关键。定量实验能使学生逐步形成严格的"量"的概念和意识,进而形成严谨求实的科学态度。因此定量实验教学是促进学生学习方式的改变,帮助学生学会主动学习、合作学习,培养其创新精神与实践能力的一条重要途径。

第 2 课　补铁剂中铁元素的检验

一、教学任务分析

（一）学情分析

　　学生已经学完了选择性必修1"化学反应原理"和选择性必修2"物质结构与性质"的两个章节，有了元素化合物性质、离子检验、反应原理、实验探究等知识储备。学生在新课中学习了配位键，做了简单实验：配合物的制备，但是，学生对于配合物的使用价值认识不足，实验探究能力仍需加强。

（二）教材分析

　　本案例选自鲁科版高中化学选择性必修2物质结构与性质第2章微项目"补铁剂中铁元素的检验"，是对配位键的形成、配合物的概念与应用等相关内容的复习、应用和拓展。本案例学习过程包括2个核心环节：检验补铁剂中铁元素的价态和寻找更优的检验试剂。

　　课程标准对配位键和配合物的内容要求：知道配位键的特点，认识简单的配位化合物的成键特征，了解配位化合物的存在与应用，以及学生必做实验：简单配合物的制备。学业要求：能说出配位键的特征与实质，能运用配位键解释配合物的某些典型性质，举例说明物质结构研究的应用价值，如配合物在生物、化学等领域的广泛应用。

　　本案例承载的育人价值有：①从素养发展的角度看，"补铁剂中铁元素的检验"对进一步发展学生的"宏观辨识与微观探析""科学探究与创新意识""变化观念与平衡思想"等核心素养具有重要作用。②从学科核心知识在社会发展中的实际应用价值来看，能让学生进一步体会与赞赏化学知识在满足人民日益增长的美好生活需要方面作出的贡献。

二、目标分析与教学准备

(一) 教学目标

（1）了解金属离子可以形成丰富多彩的配合物，知道可以利用配合物的特征颜色对金属离子进行定性检验。知道如何在实验过程中根据配合物的稳定性及转化关系，选择实验条件，体会配合物的使用价值。

（2）通过"检验补铁剂中铁元素的价态"，提升学生"科学探究与创新意识"核心素养。

（3）通过"实验探究配合物之间的转化"，了解配合物的稳定性各不相同，了解浓度、酸碱度等因素对配位平衡的影响，提升学生"变化观念与平衡思想"核心素养。

（4）通过"寻找更优的检验试剂"，提升学生的"宏观辨识与微观探析""科学探究与创新意识"核心素养。

(二) 评价目标

（1）通过"检验补铁剂中铁元素的价态"，诊断并发展学生科学探究能力。

（2）通过"实验探究配合物之间的转化"，诊断并发展学生变化观念与平衡思想。

（3）通过"寻找更优的检验试剂"，诊断并发展学生宏微结合、证据推理能力。

(三) 教学重难点

（1）通过"检验补铁剂中铁元素的价态""实验探究配合物之间的转化"，提升学生"科学探究与创新意识""变化观念与平衡思想"核心素养。

（2）通过"寻找更优的检验试剂"，提升学生的"宏观辨识与微观探析""科学探究与创新意识"核心素养。

(四) 教学准备

资源：轻课堂 APP、多媒体课件、一体机、学习单。

视频：配合物在医学上的应用。

仪器：试管、试管架、pH 计。

药品：补铁药片、0.001 mol·L^{-1} FeSO$_4$、0.001 mol·L^{-1} Fe$_2$(SO$_4$)$_3$、KSCN溶液、NaOH溶液、稀硫酸、蒸馏水、酸性 KMnO$_4$ 溶液、苯酚溶液、邻二氮菲溶液、EDTA－2Na 溶液。

三、教学过程

环节一 引入

教师活动

【视频】 配合物在医学上的应用。

【教师】 中国人缺铁性贫血发病率较高,2017 年全球营养报告权威发布,我国女性贫血人数居世界第 2。补铁药物种类繁多,常见的有效成分为硫酸亚铁、琥珀酸亚铁、葡萄糖酸亚铁等,其中多种为亚铁离子的配合物。亚铁离子具有还原性,容易被氧化,如何检验补铁药物中铁元素的价态?

学生活动

观看、聆听、感悟。

设计意图

用"配合物在医学上的应用"引入,体会配合物的使用价值。

环节二 检验补铁剂中铁元素的价态

教师活动

【任务一】 检验补铁剂中铁元素的价态。

活动一：结合提供的药品,小组合作,归纳铁离子和亚铁离子的检验方法,并比较优劣。

【小组汇报典型案例】

案例 1：观察法。亚铁离子淡绿色,铁离子棕黄色,可以通过观察检验。但是,我们观察提供的硫酸铁和硫酸亚铁溶液,均为无色,说明溶液比较稀时,这种方法不适用。

案例 2:沉淀法。我们组想用氢氧化钠鉴别,我们预测硫酸铁溶液中滴加氢氧化钠溶液,观察到红褐色沉淀,硫酸亚铁溶液中滴加氢氧化钠溶液,观察到先产生白色沉淀,迅速变为灰绿色,最终变为红褐色。但是,我们组做了实验,没有观察到明显的沉淀现象。我们猜测可能是因为铁盐和亚铁盐溶液太稀,沉淀不明显。

案例 3:KSCN 法,取少许硫酸铁和硫酸亚铁溶液于两支试管中,滴加硫氰化钾溶液,变红的为硫酸铁溶液。

【教师】　三价铁离子有空轨道,硫氰根有孤对电子,它们相遇形成红色的配合物。金属离子可以形成丰富的配合物,许多配合物都具有颜色,可以利用配合物的特殊颜色进行定性和定量的检验。

活动二:小组合作,检验提供的补铁剂在保存过程中铁元素是否被部分氧化为三价。

【小组汇报典型案例】

案例 1:我们小组先用少量蒸馏水溶解药片后滴加硫氰化钾溶液,没有发现血红色,我们得出结论是补铁剂中的铁元素未被氧化。

案例 2:我们小组先用少量稀硫酸溶解药片后滴加硫氰化钾溶液,发现溶液变为血红色,我们得出结论是补铁剂中的铁元素可能被部分氧化。

【问题】　从微观角度分析酸溶和水溶的区别,猜测水溶检测不出铁离子的原因。

【学生】　水溶和酸溶两个体系中,微观离子的种类不同,氢离子和氢氧根离子的浓度不同,水溶体系中,氢氧根离子的浓度更大,可能干扰了铁离子的检验。

【追问 1】　从平衡角度解释,水溶时氢氧根为什么会干扰铁离子的检验?

【学生】　$Fe^{3+} + 6SCN^- \rightleftharpoons [Fe(SCN)_6]^{3-}$,氢氧根更易与铁离子结合,使得平衡左移,从而不显红色。

【追问 2】　如何用实验验证氢氧根确实会干扰铁离子的检验?

【学生】 向酸溶而显红色的溶液中滴加氢氧化钠溶液,如果红色褪去,证明氢氧根离子确实会干扰铁离子的检验。

【实验验证】 滴加氢氧化钠,红色褪去。

【追问 3】 在遇到陌生现象希望寻找其发生的原因时,可以按怎样的思路进行?

【师生】 学生回答,学生补充,师生评价,完善思路。

在遇到陌生现象希望寻找其发生的原因时,可以按下列思路进行:列出体系中存在的微粒→逐一判断每一种微粒是否有可能是影响因素→筛选出潜在的影响因素→作出解释、提出猜想→进一步设计出控制变量的实验,检验猜想的合理性,确认影响因素。

【教师】 若要检验补铁剂中铁元素是部分变质,还需要检验亚铁离子的存在,如何检验补铁剂中存在亚铁离子呢?设计实验方案。

活动三:小组合作,检验提供的补铁剂中存在正二价的铁元素。

【小组 1】 补铁药片用酸溶解后,滴加高锰酸钾溶液,紫红色褪去,表明存在正二价铁元素。

【追问】 再看看补铁剂的产品说明书,使得高锰酸钾溶液褪色的一定是正二价铁元素吗?

【学生】 不一定,补铁药片中有维生素 C、硬脂酸等添加剂,也可能是其他的还原性物质使得高锰酸钾溶液褪色。

【小组 1 补充】 可以再滴加硫氰化钾溶液,如果显示血红色,即能证明。

【教师】 你们小组马上操作,看看有什么现象发生。

【小组 1】 奇怪,并没有看到红色。

【追问】 活动二中我们已经证明补铁药片中存在三价铁元素,现在你们没有看到红色,可能的原因是什么?

【学生】 可能是硫氰根被高锰酸钾氧化了,所以看不到红色。

【教师】 猜测很合理,还有别的检测方案吗?

【小组 2】 我们小组把补铁药片酸溶后滴加硫氰化钾溶液,溶液变红,再加入双氧水,期待会变得更红,以此来证明存在着正二价铁元素。但是,我们操作时发现,刚开始滴加双氧水时并不能明显看到溶液变得更红,继续滴加双氧水,发现红色反而变浅了,我们现在知道,可能是过量的双氧水把硫氰化钾氧化了。

【教师】　我们发现用间接方法检验亚铁离子有诸多弊端,我们已经知道很多配合物具有特征颜色,那么,我们能不能利用具有明显颜色特征的配合物直接检验少量的亚铁离子呢? 我们通过实验寻找更优的检验试剂。

学生活动

活动一中,小组合作归纳铁离子和亚铁离子的检验方法,并用提供的药品检验,比较优劣,汇报交流。

活动二中,小组合作完成实验方案设计并实验验证,汇报交流。

活动三中,先独立思考,后小组讨论达成共识,最后汇报交流实验方案。

设计意图

活动一:激活铁及其化合物的相关知识,为后续的学习铺垫。

活动二:基于真实情境进行铁离子检验,提升实验探究能力。

通过问题和追问,理解溶液中存在离子反应的竞争关系,发展证据推理能力。

通过追问 3 梳理思路,建立认知模型。

活动三:提升学生复杂体系中离子检验的能力,同时让学生体会到用间接的方法检验二价铁离子存在着弊端,感受到利用配合物检验金属离子的优势。

环节三　寻找更优的检验试剂

教师活动

【任务二】　寻找更优的检验试剂。

活动一:预测以下物质是否有可能与 Fe^{2+}、Fe^{3+} 形成配合物。如果能形成,会是与哪个原子形成配位键?

KSCN 溶液、苯酚溶液、邻二氮菲溶液、EDTA - 2Na 溶液。

【学生】 中心原子具有空轨道,配位原子具有孤对电子,就会形成配位键,进而构成配合物。Fe^{2+} 和 Fe^{3+} 有空轨道,苯酚的氧原子、邻二氮菲的氮原子、SCN^- 的 S 和 N 原子、EDTA 的 O 和 N 原子有孤对电子,预测都能形成配合物。

【教师】 只有 1 个配位原子的配体称为单齿配体(如 OH^-、苯酚、SCN^-);有 2 个配位原子被称为二齿配体(如:邻二氮菲);像 EDTA 这种物质形成配合物时最多可以有 6 个原子进行配位,被称为多齿配体。配体的种类是多样的,形成的配合物也是多种多样的。

【问题】 猜测 SCN^-、EDTA 哪个与 Fe^{3+} 形成的配合物更稳定? 为什么? 如何用实验证明?

【学生】 EDTA 与 Fe^{3+} 形成的配合物更稳定,因为 EDTA 比 SCN^- 的配位原子多。将 EDTA 加入到 $Fe(SCN)_3$ 溶液中,如果红色褪去,说明 EDTA 与 Fe^{3+} 形成了更稳定的配合物。

【实验】 将 EDTA 加入到 $Fe(SCN)_3$ 溶液中,红色褪去。

活动二:请分别向 $Fe_2(SO_4)_3$ 溶液和 $FeSO_4$ 溶液中加入以上几种可能形成配合物的试剂,观察现象,分析哪种可以用于检验 Fe^{3+} 和 Fe^{2+}。

【小组 3】 实验探究结果:Fe^{3+} 与苯酚、邻二氮菲混合现象不明显,Fe^{3+} 与 SCN^- 混合显红色,Fe^{3+} 与 EDTA 混合显浅黄色。浅黄色颜色不明显,不是特征颜色,红色很明显,是特征颜色,所以,检验 Fe^{3+} 用硫氰化钾。

【小组 4】 实验探究结果:Fe^{2+} 分别与苯酚、EDTA、SCN^- 混合无明显现象,与邻二氮菲混合显橙色。可以利用 Fe^{2+} 与邻二氮菲形成稳定的橙色配合物检测 Fe^{2+}。

【追问 1】 有机化学学过 Fe^{3+} 与苯酚会显紫色,可是同学们为什么没有看见特别明显的颜色变化呢?

【学生】 应该是因为 Fe^{3+} 的浓度太小了。

【追问 2】 从物质结构角度猜想酸碱性对邻二氮菲检验 Fe^{2+} 有什么影响?

【学生】 利用物质结构分析:Fe^{2+} 具有空轨道,邻二氮菲的氮原子具有孤对电子,可以形成配合物。碱性增强,Fe^{2+} 与 OH^- 相互作用,Fe^{2+} 浓度会降低;酸性增强,邻二氮菲的氮原子与 H^+ 相互作用,邻二氮菲可用于配位的氮浓度会降低,两种情况均会影响邻二氮菲检验 Fe^{2+}。

活动三:设计实验验证酸碱度对邻二氮菲检验 Fe^{2+} 的影响的猜想是否正确。

【小组 5】 实验操作过程:①向含有 Fe^{2+} 的试管中滴加邻二氮菲溶液,显橙色。②把上述橙色溶液分成 3 份,分别加入等量的硫酸、氢氧化钠溶液和蒸馏水,对比颜色变化。

实验探究结果:加入碱,有灰绿色的沉淀产生,应该是 Fe^{2+} 与 OH^- 作用产生了沉淀。与加入等量水对比,加入酸,橙色变得更浅,说明酸性溶液中,生成配合物的量减少。

得出结论:酸碱性影响邻二氮菲检验 Fe^{2+},检测时要控制合理 pH 范围才能正常显色。

【教师】 查阅资料,使用邻二氮菲检验 Fe^{2+} 显色的合理 pH 范围是 4~6。此外,由于颜色和配合物的浓度有关,可以利用颜色进行定量检测——目视比色法。

【拓展视野】 比色法。

【追问 3】 筛选最优检验试剂的思路是什么?

【学生】 配合物的颜色越深,越有利于检验出金属离子;稳定性越强,受环境的干扰越小。

学生活动

问题和追问,思考后回答。

活动二中,合理分工,小组合作完成实验,分析现象,得出结论。

活动三中,小组合作,设计并完成实验,交流汇报。

设计意图

从微观的角度加深对配位键、配合物的稳定性的理解,发展"宏观辨识与微观探析""证据推理与模型认知""科学探究与创新意识"核心素养。

结课

本节课我们借助配合物检验了补铁剂中铁元素的价态。借助配合物检验铁元素,要选择合适的检验试剂,检验试剂与铁元素要能形成稳定的配合物,且配合物的颜色越深越好;选择的试剂能否跟铁元素形成配合物要看试剂中的元素是否存在孤对电子,有孤对电子的试剂才会与铁元素的空轨道形成配合物;配体的浓度、溶液的酸碱度以及配体的种类都会影响形成的铁的配合物的稳定性以及颜色的深浅;复杂体系中还要考虑是否存在着竞争反应。综合考虑以上因素,我们得出检验 Fe^{3+} 合适的试剂是硫氰化钾溶液,现象是溶液显血红色;检验 Fe^{2+} 合适的试剂是邻二氮菲,现象是溶液显橙色。由于氢氧根与配体存在着竞争反应,所以检验 Fe^{2+} 和 Fe^{3+} 的时候均需要在合适的 pH 范围内。

板书

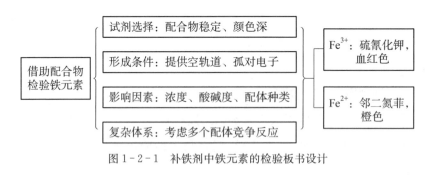

图 1-2-1 补铁剂中铁元素的检验板书设计

四、作业及反思

（一）作业及评价要点

1. 作业

（1）结合本节课的学习,归纳总结配合物在物质检验中的应用及其与它们性质的关联,建构借助配合物检验金属离子的思维模型。

（2）查阅配位化学的发展及其对现代化学的贡献,以"我为配合物代言"为题,写一篇科技小论文。

2. 评价

（1）评价要点：①涵盖本节课所学的核心知识和方法。②语言凝练;用词准确。③排版美观。

（2）评价要点：①能够多角度全面认识配位化学在医药科学、催化反应和材料化学等领域的应用。②逻辑清晰,语言优美。

（二）教学反思

1. 教学设计及实施过程中的创新点

本节课基于真实问题情境创设任务,采取"任务驱动与问题引领"的教学方式,让学生在完成任务的过程中综合应用 Fe^{2+} 与 Fe^{3+} 的转化和检验、配位平衡及影响因素、反应的竞争、配体的多样性等知识,丰富了学生对配合物的认识,提升学生在复杂情境中解决问题的能力。

本节课设置了系列实验,让学生反复经历"利用物质结构进行预测,通过实验获取证据,分析信息得出结论",提高"科学探究与创新意识"核心素养。在实验探究活动中,让学生体会到配合物的稳定性是有差异的,溶液的酸碱性、配位数和配体浓度等对配合物的稳定性都会产生影响,初步建立配位平衡及其影响因素的概念,体会配合物的使用价值,从而提升学生对配位键和配合物的认识。本节课教师运用提问、追问、实验和评价等方式来暴露学生不同的思考路径、外显学生的认识角度,充分发挥了化学日常学习评价的诊断与发展功能。

2. 遗憾点及解决办法

由于时间关系,归纳总结配合物在物质检验中的应用及其与它们性质的关联,建构借助配合物检验金属离子的思维模型没来得及在课堂上完成,对于学生学习效果的全面诊断有所延后。

专家点评

物质结构理论比较抽象,对学生认知有一定难度,赵老师选取学生比较熟悉的补铁剂,通过两个核心环节:检验补铁剂中铁元素的价态和寻找更优的检验试剂为实验探究的载体,引发学生的认知冲突,使学生顺理成章地理解配合物的使用价值,反过来在实际应用中也强化了对配合物概念的进一步理解和建构。

1. 用"配合物在医学上的应用"视频引入

激发了学生的学习兴趣,为后续过程中的探究活动作铺垫。补铁药物这个情境,更易引导学生探究配位键的形成,因为铁离子和亚铁离子的检验学生在高一就已经掌握,似乎无"新意"可挖。教师引出"配合物具有特殊颜色可进行定性和定量的检验",从新的角度认知"旧知",激发学生的思维。

2. "检验补铁剂中铁元素的价态"的活动设计

培养了学生在复杂体系中解决问题的能力,同时让学生体会到传统思路检验二价铁离子存在着弊端,感受到利用配合物检验金属离子的优势,既与课开始时的情境相呼应,同时也拓展了学生的思路,方便学生将已有知识进行结构化整合。

3. "寻找更优的检验试剂"活动

加深了学生从微观的角度对配位键、配合物的稳定性的理解,使课堂上升到新的高度。整堂课结合实际问题,让学生在解惑、质疑、释疑的过程中发展证据推理、模型认知、科学探究的核心素养,课堂实效性更高。

第 3 课　　黑木耳中铁元素的检验

一、教学任务分析

(一) 学情分析

高三阶段的化学学习,以复习为主,在进行了一轮以"梳理知识点、典型例题讲解、针对性练习、习题讲评"为主的复习后,常规的复习模式已提不起学生的兴趣。为了提高学习成效,需要教师积极调动学生的学习兴趣和参与热情:微项目式学习旨在提高学生综合运用知识解决问题的能力,恰好满足了学生的这一需求。

(二) 教材分析

"黑木耳中铁元素的检验"是一节高三复习课,是对铁及其化合物、离子检验、定量分析、实验探究等相关内容的应用和拓展。本节课学习过程包括 2 个核心环节：定性检验黑木耳中的铁元素和定量测定黑木耳中的铁元素。

《上海市高中化学学科教学基本要求》中对本节课的内容要求：①在认识铁盐和亚铁盐的性质的基础上,以实验为基础开展一些科学探究活动,通过实验探究 Fe、Fe^{2+}、Fe^{3+} 的相互转化。②学会物质检验的一般方法,体验检验方案的一般设计过程。③综合应用中学化学常见定量测定方法设计实验方案,并进行对比和优化。

本节课承载的育人价值有：①从素养发展的角度看,"黑木耳中铁元素的检验"对进一步发展学生的"证据推理与模型认知""科学探究与创新意识""变化观念与平衡思想"素养具有重要作用。②从学科核心知识在社会发展中的实际应用价值来看,能让学生进一步体会与赞赏化学知识在满足人民日益增长的美好生活需要方面作出的贡献。

二、目标分析与教学准备

(一) 教学目标

（1）通过"构建铁及其化合物转化关系图"，加深对氧化还原反应规律的认识，深入理解 Fe^{2+} 和 Fe^{3+} 的化合物的性质和用途。

（2）通过"获取黑木耳提取液和定性检验黑木耳中的铁元素"的实验设计，体会检验方案的一般设计过程，建构解决问题的思维模型，提升学生"科学探究与创新意识""证据推理与模型认知"等核心素养。

（3）通过"定量测定黑木耳中铁元素"，综合应用中学化学常见定量测定方法设计实验方案，并进行对比和优化，提升学生"变化观念与平衡思想""科学探究与创新意识"等核心素养。

（4）应用氧化还原反应知识来分析现实生活中的有关问题，体会用实验解决化学问题的一般方法。

(二) 评价目标

（1）通过"构建铁及其化合物转化关系图"，诊断并发展学生元素化合物相关知识的认识思路和水平。

（2）通过"获取黑木耳提取液和定性检验黑木耳中的铁元素"的实验设计，诊断并发展学生认识物质的视角和科学探究水平。

（3）通过"定量测定黑木耳中铁元素"，综合应用中学化学常见定量测定方法设计实验方案，并进行对比和优化，诊断并发展学生"物质转化认识思路""变化观念与平衡思想""证据推理与模型认知"的核心素养。

(三) 教学重难点

1. 获取黑木耳提取液和定性检验黑木耳中的铁元素。

2. 综合应用中学化学常见定量测定方法设计"定量测定黑木耳中铁元素"实验方案。

(四) 教学准备

资源：轻课堂 APP、多媒体课件、一体机、学习单。

仪器：试管、试管架。

药品：黑木耳提取液 1、黑木耳提取液 2、黑木耳提取液 3、$0.001\,mol \cdot L^{-1}$ $FeSO_4$、$0.001\,mol \cdot L^{-1}$ $Fe_2(SO_4)_3$、KSCN 溶液、NaOH 溶液、稀盐酸、稀硫酸、蒸馏水、双氧水、酸性 $KMnO_4$ 溶液。

三、教学过程

环节一　构建铁及其化合物转化关系图

教师活动

【教师】　课前让同学们梳理"铁及其化合物"的转化关系图，有三种典型图示，请大家评析。

【投影】　"铁及其化合物"转化关系图。

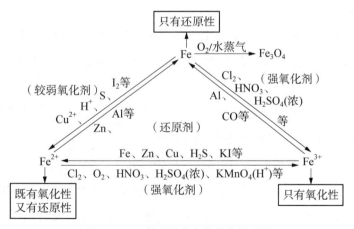

图 1-3-1　铁及其化合物转化关系图

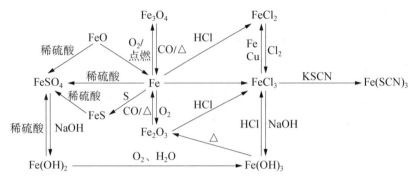

图 1-3-2 铁及其化合物转化关系图

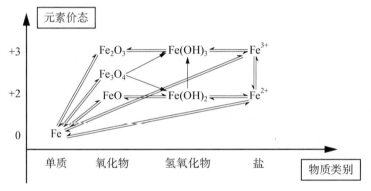

图 1-3-3 铁及其化合物转化关系图

【学生 1】 我觉得三张转化关系图都挺好,相比较而言,我更喜欢图3,图 3 更简洁,横向变化是非氧化还原反应,纵向变化是氧化还原反应,一目了然。

【学生 2】 我喜欢图 1,图 1 突出了我们课堂上重点强调的铁单质、铁盐和亚铁盐之间的相互转化,重点突出。

【学生 3】 我觉得图 2 也挺好,梳理的知识点很详尽。

【教师】 同学们以自己的理解,梳理总结了铁及其化合物的转化关系,至于哪一种表达方式更优,实践出真知,等这节课结束时,我们再回过头来看。

【过渡】 通过学习,我们知道铁及其化合物在生产和生活中应用广泛,不仅如此,铁和人体健康也有着密切关系,铁是人体必需的微量元素。

食用富含铁元素的食品,可以补充人体所需的铁元素。据说黑木耳中铁元素含量丰富,真的如此吗? 本节课我们一起用学过的铁及其化合物的相关知识进行验证。

学生活动

课前梳理铁及其化合物转化关系图,交流汇报。

设计意图

激活铁及其化合物的相关性质和应用,加深对氧化还原反应规律的认识。

环节二　定性检验黑木耳中铁元素

教师活动

【任务一】　定性检验黑木耳中的铁元素。

活动一：设计从黑木耳中提取铁元素的实验方案。

【小组 1】　水溶法。我们小组模仿化学拓展课上做过的菠菜提取液的获得方法,认为可以把黑木耳剪碎后放在大烧杯中,加入蒸馏水浸泡,过滤后得到滤液。

【追问】　你们为什么要剪碎? 浸泡多长时间?

【学生】　剪碎是为了增大接触面积,浸泡时间越长铁元素溶解越多,我们觉得浸泡几个小时应该可以了。

【小组 2】　酸溶法。我们小组觉得黑木耳难溶于水,而且铁盐和亚铁盐都容易水解,所以,我们觉得如果用稀盐酸浸泡黑木耳可能会更好一些。操作跟小组 1 类似,只要把蒸馏水换成稀盐酸就可以了。也可以做对照实验,看看水溶和酸溶哪个效果好。

【追问】　水溶和酸溶的效果怎么看呢?

【学生】　检验两者浸出的铁元素的量,浸出量越多,效果越好。

【小组 3】　我们组想到了学过的"海带提碘"的实验,想着也许可以参照海带提碘,先把干燥的黑木耳粉碎,在坩埚中灼烧,溶解木耳灰,过滤得滤液。

【追问1】 海带提碘实验中灼烧海带的目的是什么？此处灼烧操作又是基于什么作出的猜想？

【学生】 灼烧海带的目的是把含碘的有机物转化成二氧化碳和水，留下无机碘化物，无机碘化物可溶于水，能浸出更多的碘元素。此处灼烧基于的猜想是黑木耳中的铁元素也许也是复杂的有机铁。

【追问2】 你们觉得黑木耳灰是"水溶"好还是"酸溶"好？为什么？

【学生】 酸溶比较好，酸溶可以避免铁盐的水解。

【教师】 老师提供了三种黑木耳提取液：①用蒸馏水浸泡了12 h的水浸提取液；②用4 mol·L^{-1}的盐酸浸泡了12 h的酸浸提取液；③先把黑木耳灼烧，黑木耳灰用4 mol·L^{-1}的盐酸浸泡了12 h的酸浸提取液。请大家根据铁盐的检验方法，依据自己小组设计的提取铁元素的方法，选择相应的提取液，完成黑木耳中铁元素的定性检验。

活动二：检验黑木耳提取液中的铁元素。

【选择提取液1的小组】 我们取样提取液1于试管中，滴加KSCN溶液，未变血红色，我们得出滤液中不含铁离子。

【追问1】 无明显现象一定是不含铁离子吗？还有没有其他可能？

【学生】 也有可能是铁离子的浓度太低，检验不出来。

【追问2】 有没有可能还有铁元素的其他形式？如何证明？

【学生】 可能还有亚铁离子，可以加入氧化剂，然后看看会不会有颜色变化。

【教师】 那你们做做看。

【学生】 我们加了双氧水后再检验，仍然没有看到红色。

【追问3】 你们选择了双氧水，为什么不选择酸性高锰酸钾溶液？

【学生】 酸性高锰酸钾溶液氧化性太强，可能会把硫氰根氧化。

【追问4】 能否得出结论黑木耳中不存在铁元素？

【学生】 不能，也可能是铁元素未被提取到水里。

【教师】 要证明黑木耳中不存在铁元素，还是铁元素未被提取到水里,我们看看其他组的实验。

【选择提取液 2 的小组】　我们取样提取液 2 于试管中,滴加 KSCN 溶液,无明显现象,再加入 H_2O_2 溶液,溶液变红,说明黑木耳中含有铁元素,且以二价铁离子的形式存在。

【追问 1】　一定能证明不含三价铁离子吗?

【学生】　不能,也可能是含量少,以二价铁离子为主。

【追问 2】　对比提取液 1 和提取液 2 实验现象,你还能得出什么结论?

【学生】　酸溶提取铁元素的效果比水溶好。

【选择提取液 3 的小组】　我们取样提取液 3 于试管中,滴加 KSCN 溶液,呈现明显的血红色,再加入 H_2O_2 溶液,血红色更深。说明黑木耳中含有铁元素,且既有二价铁也有三价铁。

【追问 1】　对黑木耳中铁元素的提取,哪种方法效果好?

【学生】　灼烧后酸溶比较好。

【追问 2】　一定能得出这个结论吗? 对我提供的提取液没有疑问吗?

【学生】　老师,三种提取液你控制变量了吗?

【老师】　你觉得要控制哪些变量?

【学生】　三份黑木耳应该是同一个品牌,质量要相等,所加溶液的量要相同,浸泡同样的时间。

【老师】　这些都考虑了,在控制变量的情况下,我们才能得出"灼烧后酸溶效果好"的结论。

【追问 3】　回顾黑木耳中铁元素的检验,提炼物质检验的一般思路。

【学生】　检验的思路:先对原料进行预处理(水溶、酸溶、灼烧等),然后进行离子检验(现象明显、操作简单、绿色环保)。

学生活动

活动一中,先独立思考,后小组内讨论达成共识,最后小组间交流汇报。

活动二中,小组合作完成实验方案设计并实验验证,汇报交流。

设计意图

设置活动一,激活实验探究中原料预处理的相关知识,学以致用。

活动二基于真实情境进行铁元素的检验,发展证据推理与模型认知、科学探究与创新精神。

环节三 定量测定黑木耳中铁元素的含量

教师活动

【过渡】 黑木耳中存在着铁元素,含量是否丰富,还需要定量测定。请小组合作,设计定量测定黑木耳中铁元素的含量的实验方案。

【任务二】 定量测定黑木耳中铁元素的含量。

活动一:设计定量测定黑木耳中铁元素的含量的实验方案。

【学生提出方案1】 我们组使用重量法进行铁元素含量的测定。称量一定量的干燥黑木耳,灼烧,用稀盐酸浸出,过滤得提取液。提取液中加入足量 H_2O_2,将 Fe^{2+} 全部氧化为 Fe^{3+}。然后加入足量 NaOH 溶液,使 Fe^{3+} 完全转化为氢氧化铁沉淀。过滤,洗涤,干燥,称量,通过铁元素守恒,可计算出黑木耳中铁元素的含量。

【追问1】 为什么要加足量双氧水?

【学生】 Fe^{2+} 易氧化,测量氢氧化亚铁的质量测不准,所以要加氧化剂氧化为 Fe^{3+},然后全部转化为氢氧化铁,称量氢氧化铁的质量。

【追问2】 定量实验一定要"精准",你觉得该方案在精准方面存在什么缺陷?如何改进?

【学生】 氢氧化铁在烘干过程中容易分解。可以通过两种方法改进:第一,可以在低温下烘干;第二,可将氢氧化铁灼烧至恒重,使之完全转成氧化铁,再称量。

【学生提出方案2】 我们组跟方案1类似,采用的也是重量法,不同之处是我们加入还原剂锌粉,将铁元素全部还原为铁单质,过滤,洗涤,干燥,称量。

【追问】 评价该法存在什么缺点,如何处理?

【学生】　用锌做还原剂，为了使提取液中铁元素全部被置换出来，锌粉要过量，会影响铁质量的称量，可以用磁铁将铁粉分离出来。

【学生提出方案 3】　我们组采用的是滴定法：酸浸后的溶液，先利用还原剂将 Fe^{3+} 转化成 Fe^{2+}，再利用已知浓度的高锰酸钾溶液滴定 Fe^{2+} 溶液，根据方程式计算出 Fe^{2+} 的量。（已知：$5Fe^{2+} + MnO_4^- + 8H^+ \Longrightarrow 5Fe^{3+} + Mn^{2+} + 4H_2O$）。

【追问 1】　将 Fe^{3+} 转化成 Fe^{2+} 的还原剂用什么比较好？可以用锌、铁吗？

【学生】　不能用锌，过量的锌会将亚铁离子还原成铁单质。也不能用铁，会引入铁元素。还原剂用铜比较好。

【追问 2】　若用此法，黑木耳灰"酸溶"的酸可以用稀盐酸吗？为什么？

【学生】　"酸溶"不能用稀盐酸，因为酸性高锰酸钾会跟氯离子发生氧化还原反应，对实验造成干扰。

【追问 3】　请评价重量法和滴定法的优缺点。

【学生】　重量法的主要缺点在于转化步骤多，过程中损失的铁元素较多，所以会有一定误差。滴定法步骤比较少，但对"酸溶"的酸等有要求。

【教师】　我们利用重量法和滴定法，通过物质转化可以达到定量测定黑木耳中铁元素含量的目的，我们也发现了这些方法均有一定缺陷。那么，有没有更加准确地测定黑木耳中铁元素的含量的方法呢？请大家阅读资料后回答。

【提供资料】　文献资料：黑木耳铁含量测定的实验探索（化学教学，2017(11)：62—65)

【学生】　可以通过比色法进行测量。

【问题】　归纳设计定量实验的一般思路。

【学生】　选择正确的反应原理，根据反应原理确定方法（重量法、气体法或滴定法等），确保仪器精准和操作精准，根据方案完成实验，数据的处理，误差分析。

【教师】 回顾黑木耳中铁元素的检验,你现在觉得之前总结的铁及其化合物的关系图,哪个更好?

【学生】 第三个价类二维图更好,我们发现价类二维图能让我们比较容易把物质的性质与测量方法关联起来。

学生活动

先独立思考,后小组内讨论达成共识,最后小组之间交流汇报。

设计意图

综合应用中学化学常见定量测定方法设计实验方案,并进行对比和优化,发展学生物质转化认识思路、"变化观念与平衡思想""证据推理与模型认知"素养。

结课

黑木耳药食同源,具有较高含量的粗蛋白、氨基酸、多糖,能起到清理消化道、降血压的作用。本节课我们定性检验了黑木耳中确实存在着铁元素,并且设计了定量测定黑木耳中铁元素的实验方案。下节课,我们将走进实验室,亲自验证黑木耳中铁元素的含量是否像文献中所说的"是各种荤素食品中最多的,比菠菜高二三十倍,比猪肝高好几倍"。课后,类比本节课所学,完成课后作业:根据资料,设计实验定性和定量探究胃舒平中的氢氧化铝。

板书

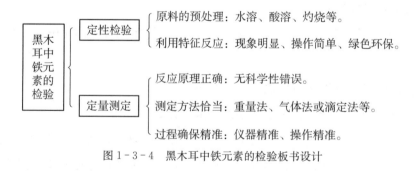

图1-3-4 黑木耳中铁元素的检验板书设计

四、作业及反思

(一) 作业及评价要点

1. 作业

胃舒平是一种常见的胃药,其主要成分:氢氧化铝 400 g、碳酸钙 250 g、碳酸镁 150 g、碳酸氢钠 200 g、颠茄浸膏 2.5 g、薄荷油 2.89 mL,混合制成散剂。请根据上述资料,设计实验定性和定量探究胃舒平中的氢氧化铝。

2. 评价

评价要点:①实验方案采用流程图的形式。②定性检验要充分考虑到杂质的干扰。③定量实验要从"精准性"出发合理选择反应原理、测定方法、实验仪器和操作步骤。

(二) 教学反思

1. 教学设计及实施过程中的创新点

本节课以"黑木耳中铁元素的检验"为载体,融合了铁及其化合物的性质、转化、检验等元素化合物知识,重量法、气体法和滴定法三种定量实验核心内容,归纳了定性检验铁元素和定量实验的一般思路;通过实验设计和优化及系列追问,促使学生积极思考,巩固了物质转化、氧化还原等核心知识,建立了物质性质与测量方法的关联,落实了"变化观念和平衡思想",提升了学生"证据推理与模型认知""科学探究与创新意识"素养,实现了深度学习。

本节课通过课前驱动任务"建构铁及其化合物的转化关系图"引领学生进行知识梳理,为课堂学习作铺垫;通过课后作业"设计实验定性和定量探究胃舒平中的氢氧化铝"衔接起课堂所学,既可以诊断出学生的学习效果,又可以发展学生的迁移应用能力,还能够为铝及其化合物的复习做好准备。这种课前、课中和课后学习任务的整体设计,打通了学生的学习时空,实现了学习的闭环,实践下来效果不错。

2. 遗憾点及解决办法

黑木耳提取液的获得需要较长的时间,本微项目学习中老师提前为学生准备了三种提取液,这样做虽然节省了课堂时间,但是缺少了学生的全程参与。

专家点评

胡久华教授等将化学学科深度学习界定为:学生在教师引领下完成具有挑战性的学习主题,开展以实验为主的多种探究活动。项目化学习可以提供挑战性主题,更能引起学生的探究学习兴趣,导向深度学习。

1. 挑战性主题的选取是深度学习的关键

"黑木耳中铁元素的检验"包含定性和定量两个角度,涵盖了铁及其化合物、离子检验、定量分析、实验探究等相关内容的应用和拓展。教师设置的一系列驱动性问题,引导学生思考如何对原料进行预处理,如何利用特征反应进行物质的分离、离子的检验。教学设计中,驱动性问题引人入胜,引导学生不断探索前行。

2. 迁移应用是深度学习的目标

借助"黑木耳中铁元素的定性检验和定量测定",学生高阶思维的发展、学科思想方法的内化、学科核心素养的形成都得以落实。学生不是记住检验方案的一般设计过程,而是体验了一把;学生不是记住解决问题的思维模型,而是在迁移运用所学知识和各种资源中建构起模型:如何设计方案、如何评价方案、如何改进方案等等。源于教材而不囿于教材,是项目化学习的特征和亮点,使深度学习不是空话。

赵老师在反思中提及,黑木耳提取液的获得需要较长的时间,所以由教师预先提供了,教师不妨可以利用课前时间由学生完成提取。因为做好课上与课下时间的合理分配,是项目化学习导向深度学习效果的保证。

第 4 课　　揭秘索尔维制碱法和侯氏制碱法

一、教学任务分析

(一) 学情分析

　　学生已经学完了高中化学的必修一和必修二,也学完了选择性必修 1 的化学反应原理模块,掌握了一定的化学科学与实验探究的方法,具有了常见的无机物及其应用、简单的有机化合物及其应用、物质结构基础与化学反应规律的知识储备,但是学生对于溶液中的离子平衡和平衡移动的内容掌握得不扎实,尤其是还没有形成分析真实溶液问题的一般思路。

(二) 教材分析

　　本节课选自鲁科版高中化学选择性必修 1 化学反应原理第 3 章微项目"揭秘索尔维制碱法和侯氏制碱法",是基于项目学习理论设计和实施的高中化学"物质在水溶液中的行为"复习课教学案例。本节课学习过程包括 2 个核心环节:解读索尔维制碱法和体会侯氏制碱法的创新。

　　普通高中的培养目标是进一步提升学生综合素质,着力发展核心素养,而学科教学则需建立核心素养与课程教学的内在联系,以本学科独特的思维方式去帮助学生形成正确价值观念、必备品格和关键能力。学科教学是以知识为载体,目的是"育人"。要实现育人的目的,需要教师真正理解知识的价值,把握知识教学的意义。所谓知识的价值,就是知识在发展过程中人的理智和精神的付出,因此,知识蕴含着促进学生理智和精神发展的持续的、更加长远的价值。本节课所承载的知识价值和育人价值主要体现在:①把相关元素化合物知识嵌入纯碱生产的情境中学习,可以使元素知识、概念原理得到不断充实和辨析,因此也逐渐变得更加稳定和明确。人类探索工业化生产碳酸钠的过程就是一个不断提出问题、解决问题并积累知识的过程,在不断提出问题、解决问题的实际情境中学习,让学生体会到知识的力量和价值。②知识本身就是在实践中产生的。因为碳酸钠用途广泛,纯碱工业已成为世界上产量最大的化学工业之一。从工业制纯碱不断优化的探究中,感受侯氏制碱法的精妙,从侯德榜的事迹中,明白兼收并蓄的重要,落实"科学态度与社会责任"核心素养。

二、目标分析与教学准备

(一) 教学目标

(1) 通过认识制碱工业中复杂的多平衡体系,学会分析溶液中的微粒和平衡,理解平衡之间的相互影响,能根据实际需求选择调控平衡移动的方法,落实"宏观辨识与微观探析"核心素养。

(2) 通过探究纯碱工业中的三个核心问题及系列追问,体会化学反应"竞争"和"有序"的原则,突出资源意识和原子节约的绿色化学思想,发展"宏观辨识与微观探析""科学探究与创新意识"核心素养。

(3) 通过了解工业制碱的原理,体会化学原理的巧妙应用,了解我国科学家对制碱工业作出的巨大贡献,落实"科学态度与社会责任"核心素养。

(二) 评价目标

(1) 通过解读索尔维制碱法,诊断并发展学生元素化合物知识的认识水平及实验探究能力。

(2) 通过探究纯碱工业中核心问题的解决,诊断并发展学生分析复杂多平衡体系的能力和水平。

(三) 教学重难点

1. 认识制碱工业中复杂的多平衡体系,学会分析溶液中的微粒和平衡。

2. 了解工业制碱的原理,体会化学原理的巧妙应用。

(四) 教学准备

资源:轻课堂 APP、多媒体课件、一体机、学习单。

视频：侯德榜与侯氏制碱法。

药品：分别用矿泉水瓶盛装的 CO_2、酚酞试液、氨盐水。

三、教学过程

环节一　走近工业制碱

教师活动

【讲述】　纯碱是重要的基础化工原料，其产量和消费量通常作为衡量一个国家工业发展水平的指标。工业纯碱常用于制造玻璃、洗涤剂、建筑材料等。食用纯碱可用于食品工业，如生产味精、作为食品添加剂等。工业上如何生产纯碱？说说你的了解。

学生活动

聆听、回答。

设计意图

开门见山引入课题，探查学生的知识储备。

环节二　解读索尔维制碱法

教师活动

【提供资料】　欧内斯特·索尔维（E. Ermest Solvay，1838—1922），比利时工业化学家。1861 年索尔维到其叔父的煤气厂从事稀氨水的浓缩工作时，在用食盐水吸收氨和二氧化碳的实验中得到碳酸氢钠。同年，他获得了用食盐、氨和二氧化碳制取碳酸钠的工业生产方法的专利。1863 年索尔维创办了一个正式的制碱工厂，实现了氨碱法的工业化，使制碱生产实现了连续化，食盐的利用率也提高了很多，最大的优点还在于成本低廉。产品由于质量纯净，而被称为纯碱。索尔维制碱法在世界上获得迅速发展。

【任务一】 解读索尔维制碱法。

问题一：从元素守恒的角度，为何不向饱和食盐水中通入 CO_2 来制取 Na_2CO_3？

【学生】 可能是二氧化碳的溶解度不够大。

【实验支架】 演示实验：向充满二氧化碳的矿泉水瓶中倒入 20 mL 饱和食盐水，充分振荡，看不出明显变化（瓶子没有变瘪）。

【教师】 瓶子没有变瘪说明了什么？结合方程式进行解释。

【学生】 瓶子没有明显变化，说明 CO_2 被吸收的效率不高，证明 CO_2 的溶解度不够大。只有溶解于水并与水反应的 CO_2，才能提供 CO_3^{2-}，碳酸是弱电解质，需经历两步电离 $H_2CO_3 \rightleftharpoons HCO_3^- + H^+$，$HCO_3^- \rightleftharpoons CO_3^{2-} + H^+$，才能提供极少量的 CO_3^{2-}。因此，饱和食盐水中虽然存在大量 Na^+，但 CO_3^{2-} 太少，无法制得 Na_2CO_3。

追问 1：是否有办法促进碳酸的电离，使其产生更多的 CO_3^{2-} 呢？

【学生】 升温。

【学生反驳】 升温不行，碳酸受热易分解，使得溶液中碳酸根浓度更低。

【学生】 可以加碱。

【教师评价】 同学们通过影响平衡移动的因素角度考虑，发现加碱可以促进碳酸的电离，有没有考虑加什么碱好呢？为什么？

【师生】 氢氧化钾价格比较贵，使用氢氧化钙生成碳酸钙沉淀，氢氧化钠不是自然界中大量存在的钠资源，价格也不便宜，综合考虑，使用氨水比较好。给的材料里面，当年索尔维用的也是氨水。

【教师】 当年索尔维用氨水主要是由于他在叔父的煤气厂工作，废液中就有氨。

追问 2：理论上氨水作为碱能促进碳酸的电离，那么实际上拉动碳酸电离平衡移动的效果明显吗？大家观察实验，分析资料回答问题。

【提供资料】 溶解度数据：常温下，1 体积水中溶解 700 体积 NH_3，溶解 1 体积 CO_2。

【实验支架】　演示实验：先向氨盐水中滴入酚酞，出现红色，显示溶液呈碱性；然后向充满 CO_2 的矿泉水瓶中倒入 20 mL 饱和氨盐水（不要振荡）。现象：瓶内先缓缓升起白雾，外壁温热，然后瓶子越来越瘪，最后两边瓶壁几乎贴合在一起。

【教师】　实验现象说明了什么？

【学生】　二氧化碳气体被氨盐水吸收了。

【教师】　是被氨水吸收了还是被食盐水吸收了？为什么？

【学生】　氨水显碱性，二氧化碳是酸性氧化物，应该是被氨水吸收了。

【教师】　这种判断有没有实验现象的支持？

【学生】　茫然，有学生小声嘀咕："看不出来吧？"

【教师】　真的看不到吗？我再演示一遍，大家仔细观察，我们看到产生白雾，产生白雾的原因是什么呢？

【学生】　产生水蒸气。

【教师】　请同学们摸一下瓶壁，发现只是微热，反驳了水蒸气的猜想。

【教师】　我们看到白雾只是在矿泉水瓶子的上部出现，而 20 mL 氨盐水只在 500 mL 的矿泉水瓶中占着底部少量的体积，从微粒的角度出发，想一想氨盐水中有哪些微粒？在没有振荡的情况下，什么微粒会与瓶子上部的二氧化碳分子相遇从而发生反应呢？

【学生】　学生恍然大悟，回答：那些白雾应当是 NH_3、CO_2、H_2O 反应后形成的小液滴！

追问 3：氨水能充分吸收二氧化碳，那么它们反应后是生成碳酸铵还是碳酸氢铵呢？

【学生】　碳酸是二元酸，跟氨水反应时，可以生成正盐碳酸铵或者是酸式盐碳酸氢铵。当二氧化碳足量时生成碳酸氢铵，不足量时生成碳酸铵。

问题二：索尔维发现"在用食盐水吸收氨和二氧化碳的实验中得到碳酸氢钠"。我们发现氨盐水确实可以吸收二氧化碳，可以用这样的方法

析出 $NaHCO_3$ 吗?

【教师】 请大家仔细观察实验,记录实验现象并解释。

【演示实验】 将上述实验中已吸收了 CO_2 的氨盐水再次倾倒入一个充满 CO_2 的矿泉水瓶中,直至重复到第 4 个瓶子。

【教师】 你看到了什么现象,又得出什么结论?

【学生】 前三个瓶子,瓶子会变瘪,表明继续吸收 CO_2,第四个瓶子未见明显变瘪,此时,溶液的红色已褪得很浅,静置后,瓶中出现无色晶体。此无色晶体应该就是 $NaHCO_3$。

追问 1:碳酸氢钠可溶于水,为什么此种方法能得到碳酸氢钠沉淀?结合资料,试用化学平衡移动的原理解释原因。

【提供资料】 20℃时,几种盐的溶解度数据

	NaCl	NH_4HCO_3	$NaHCO_3$	NH_4Cl	Na_2CO_3	$(NH_4)_2CO_3$
溶解度 (g/100 g H_2O)	35.9	21.7	9.6	37.2	21.5	100

【学生】 索尔维法以食盐、氨气和二氧化碳为反应物,在溶液中可能产生钠离子、铵根离子、氯离子、碳酸根离子、碳酸氢根离子等。可溶性物质的溶解也存在限度,当相应离子浓度过大时,可溶性物质也会析出,类似于沉淀溶解平衡。由资料可知,体系中碳酸氢钠的溶解度最小,所以随着碳酸氢根离子浓度的增大,析出碳酸氢钠。

追问 2:我们发现,当溶液几乎完全褪色后,才有沉淀逐渐析出,在整个实验过程中,溶液中微粒的种类、数量发生了什么变化?原因是什么?

【学生】 在实验中,氨盐水开始时溶液呈碱性,随着吸收二氧化碳的量逐渐增多,氨水逐渐消耗,溶液的 pH 逐渐降低,生成的 CO_3^{2-} 继续与二氧化碳反应,生成 HCO_3^-,HCO_3^- 浓度逐渐增大,当 HCO_3^- 浓度增大到一定程度时,它与 Na^+ 结合生成 $NaHCO_3$ 沉淀析出。

【教师】 随着学生的回答,教师完善板书。

【过渡】　实际上索尔维法制碱的工艺流程正是先将氨气通入饱和食盐水制成氨盐水,再向氨盐水中通入二氧化碳来获得碳酸氢钠沉淀;析出的碳酸氢钠经过滤分离出来,再煅烧转化成产品纯碱。"碳酸化"过程所需的二氧化碳,部分来自煅烧石灰石,另一部分来自碳酸氢钠的受热分解。

【投影】　索尔维制碱法的基本工艺流程

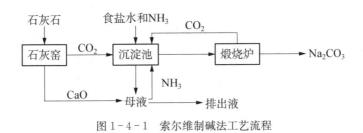

图 1-4-1　索尔维制碱法工艺流程

追问 3：索尔维制碱,是由自然界易得的原料开始,经过一系列反应连续生产的,包含哪些反应? 哪些物质可以循环?

【学生】　索尔维制碱法的工艺流程涉及以下反应：

$$NaCl + CO_2 + NH_3 + H_2O == NaHCO_3 \downarrow + NH_4Cl$$

$$2NaHCO_3 \xrightarrow{\triangle} Na_2CO_3 + CO_2 \uparrow + H_2O$$

$$CaCO_3 \xrightarrow{\triangle} CaO + CO_2 \uparrow$$

$$CaO + H_2O == Ca(OH)_2$$

$$2NH_4Cl + Ca(OH)_2 == CaCl_2 + 2NH_3 \uparrow + 2H_2O$$

由工艺流程和所涉及的方程式可知,NH_3 和 CO_2 可以循环利用。

【教师】　索尔维制碱法主要消耗的原料是食盐、石灰石等,廉价易得,因此索尔维法取得巨大成功,索尔维本人成为家底雄厚的实业家。

学生活动

阅读资料、观察实验、思考、学生回答,其他学生补充,师生评价,达成共识。

设计意图

问题一中,演示实验虽然没有明显变化,但直观的实验现象可以帮助学生思考,帮助学生形成从宏观到微观的思维习惯。

追问是问题一的延伸,启发学生从平衡移动的角度思考问题,提升在真实情境中解决问题的能力。

追问中的实验支架:以实验现象为抓手,引导学生尊重事实和证据,有实证意识和严谨的求知态度。

通过问题二和追问,揭示出许多化学现象的本质:无论是化学反应还是结晶析出的过程,自然界都体现出"竞争"和"有序"的原则。了解索尔维制碱法的原理及工艺流程,提升提取信息、解决问题能力。

环节三　体会侯氏制碱法的创新

教师活动

【任务二】 体会侯氏制碱法的创新。

问题三:索尔维制碱法存在着食盐利用率不高、产生当时无用的氯化钙副产物等问题,结合资料,小组合作,分析索尔维法食盐利用率较低的原因是什么? 如何优化?

【提供资料】 氯化铵、氯化钠在不同温度下的溶解度($g/100\ g\ H_2O$)

$t/℃$	0	10	20	30	40	50
NH_4Cl	29.4	33.2	37.2	41.4	45.8	55.3
NaCl	35.7	35.8	36.0	36.3	36.6	37.0

【学生】 索尔维法制碱母液中含有大量 NH_4^+ 和 Cl^- 以及高浓度的 Na^+ 和 HCO_3^-。对母液的处理,只实现了 NH_4^+ 的回收利用,NH_4^+ 和 Cl^- 都随废液排放,因此食盐的利用率低。要提高食盐的利用率,循环利用母液至关重要。可以通过补充食盐和二氧化碳,提高母液中 Na^+ 和 HCO_3^-

的浓度,便于生成 $NaHCO_3$。

追问 1:母液中的 NH_4^+ 和 Cl^- 不利于上述转化过程发生,高浓度的 Cl^- 会使补加的食盐难以溶解,NH_4^+ 浓度过高时可能与 HCO_3^- 结合析出碳酸氢铵,从而影响碳酸氢钠的产率和纯度,如何降低铵根离子和氯离子的浓度?

【学生】　我们发现氯化钠的溶解度随温度变化不大,而氯化铵的溶解度随温度变化大。可以通过降温进行"冷析",使氯化铵沉淀析出而脱离体系。生成的氯化铵可以用作化肥。可以添加食盐进行"盐析",使更多的氯化铵析出,同时补充母液中的 Na^+,有利于碳酸氢钠的析出。

【教师】　同学们分析得很好! 这样,析出碳酸氢钠和析出氯化铵便成为两个连续的生产过程,这就是侯氏制碱法。

【投影】　侯氏制碱法(联合制碱法)的工艺流程

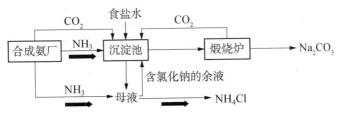

图 1-4-2　侯氏制碱法(联合制碱法)工艺流程

追问 2:侯氏制碱法的优势体现在哪些方面?

【学生】　侯氏制碱法巧妙地设计了加入物质的顺序和反应条件,促使多个平衡发生移动,同时实现循环使用母液、补充原料和联产有价值副产物氯化铵等多个目标,体现了化学平衡思想的创造性应用。不仅如此,在侯氏制碱法中,整个过程没有产生废弃物,实现了零排放,符合绿色化学理念。

【教师】　侯氏制碱法的食盐利用率可达 98%,并可以与合成氨工厂联合生产,充分利用合成氨工厂提供的氨气、二氧化碳等原料,因此侯氏制碱法也称为"联合制碱法"。

学生活动

学生先独立思考,后小组合作讨论交流达成组内共识,小组汇报交流,生生评价,师生评价。

设计意图

体会侯氏制碱法的创新,可以让同学们体会到化学原理的巧妙应用,了解我国科学家对制碱工业作出的巨大贡献,落实"科学态度与社会责任"核心素养。

结课

【教师】 侯德榜的成就既与他的学习经历有关,也与他所处的社会背景有关,我们通过一个短片了解一下侯德榜波澜壮阔的一生。

【视频】 侯德榜与侯氏制碱法。

【教师】 从短片中我们知道,侯德榜带领团队,经过 5 年摸索,终于用索尔维法制得了高质量的纯碱,并于 1933 年出版巨著《纯碱制造》,打破了技术垄断,对社会的发展作出了巨大的贡献。在 1937 年卢沟桥事变后,工厂迁到四川,没有廉价的海盐,根据当时的实际情况,侯德榜又创造性地提出了侯氏制碱法。侯氏制碱法对我国纯碱工业和国民经济发展作出了巨大贡献,至今仍是我国纯碱生产的主要方法之一。

板书

工业制碱原理:$NaCl + CO_2 + NH_3 + H_2O === NaHCO_3 \downarrow + NH_4Cl$

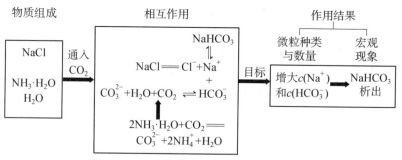

图 1-4-3 揭秘索尔维制碱法和侯氏制碱法板书设计

四、作业及反思

（一）作业及评价要点

1. 作业

（1）比较索尔维制碱法和联碱法的异同点。

（2）从反应原理的角度向同学们介绍我国化学工业科学家侯德榜对制碱工业作出的巨大贡献。

（3）回顾本节课所学，归纳总结当遇到复杂的真实溶液问题时应采取的分析思路。

2. 评价

（1）评价要点：语言简练，内容齐全。

（2）评价要点：理解反应原理，用自己的语言结合方程式描述。

（3）评价要点：思路清晰，逻辑性强，有操作性。

（二）教学反思

1. 教学设计及实施过程中的创新点

布鲁纳曾经说过："我们怎样安排基础知识才符合儿童的兴趣和能力呢？要在揭示自然现象或其他任何现象时，做到既是令人激动的、正确的，又是有益的、可以理解的，这就需要把深刻的理解同详细正确结合起来。"科学知识和获取知识的过程与方法是密不可分的。无论科学知识发生怎样的变化，这种精神和科学方法的运用是始终如一的，它们才是科学的本质。教师在选择"教什么"的时候，尽量选择便于在课堂赋予价值，体现科学本质的知识，这些知识才能够指向能力，形成素养。

本节课在充分认识和理解教学内容的价值的基础上，选择能体现"宏观辨识与微观探析"的钠的化合物的相关知识，采取"任务驱动与问题引领"的教学方式，围绕 3 个核心问题"纯碱工业以什么为原料？""氨碱法为什么能析出 $NaHCO_3$？""侯氏制碱法的优点是什么？"及系列追问，突出"资源"的意识、体现出化学反应"竞争"和"有序"的原则、突出"原子节约"这一绿色化学的目标，有意识地回避了碎片化的、与主题关联不大的内容,实现了教学内容的结构化,有效落实了"宏观辨识与微观探析""科学探究与创新意识""科学态度与社会责任"核心素养。

将微项目中的"实验室模拟索尔维制碱法"换成了改编实验,用几个装满二氧化碳的矿泉水瓶就达到了预期的效果,甚至效果很理想;并且节省了时间,将更多的时间用于学生问题的解决和处理上,课堂效率更高。

2. 遗憾点及解决办法

本节课上课时间是 1 小时,如果是 40 分钟,完成不了教学设计的容量,要有适当删减。

专家点评

本节课教学设计有三个特点:

1. 有条理

教师先开门见山,带领学生认识纯碱工业是世界上产量最大的化学工业之一,纯碱有广泛的应用,突出纯碱工业的重要性,引出知识学习的价值和意义。接着用三个核心问题和系列追问进行任务驱动,将氨碱法原理、索尔维制碱法和侯氏制碱法流程的异同点、优缺点有条不紊地展开,让学生在对比思考和实验活动中感悟并思考"索尔维制碱法的不足""侯氏制碱法的优点",提升类比、迁移、建构能力,同时感悟工业技术的变革和原料综合利用思想。

2. 有创意

探究活动不仅能给学生提供学科知识、基本原理的事实依据,还能让学生在探究活动中获得认知体验、化学思想和方法。本节课在理解"氨碱法原理"的内容上,设计了一系列看似简单其实能引发深度思考的实验,几个简单的矿泉水瓶,预先装了二氧化碳,在遇到氨盐水后,随着量的变化,逐渐产生不同现象,激发学生思考现象背后的深层次原因,加深学生对制碱原理的本质理解,提升了对复杂的多平衡体系的理解和真实问题的处理能力,落实"证据推理、科学探究和创新能力"。

3. 有立意

　　本节课最后一个核心问题的解决是围绕"侯氏制碱法的优点是什么"展开，一段化学史料的结课又将课题得到升华，类比和对比法的应用帮助学生体会侯氏制碱法的创新，并进一步激发学生的民族自豪感，体现了学科育人价值。

常见的无机物及其应用

第 1 课　认识加碘盐

一、教学任务分析

(一) 学情分析

我校高一学生已经具有了一定的知识储备和探究意识。但是"探究意识、证据推理、模型认知、动手能力"这些方面比较薄弱；在真实的情境中解决问题的能力不强；从化学视角解决生活问题的能力不强；对与化学有关的社会问题作出正确的价值判断的意识和能力不强。

(二) 教材分析

本课取之于二期课改沪科版高中一年级第一学期(试用本)第二章。教材在学完卤素及其化合物的相关内容后才引入氧化还原反应，应该是想让学生先积累一定量的客观事实。这样更有利于学生理解和建构抽象概念和原理。但是，教学中发现，如果学完"氯的单质及化合物"，就引入氧化还原反应，此后再学习"比较氯、溴、碘的化学活泼性""从海水中提取溴和碘"，能更好地从理论、工业、技术、生活四方面强化氧化还原认识模型，对理解和建构氧化还原概念很有帮助，也符合学生的认知规律。

《普通高中化学课程标准(2017 年版)》建议教师应通过创设"真实情境"，合理选择和组织化学教学内容来"发展学生化学学科核心素养"。《中学化学单元教学设计指南》第 22 页也建议可以考虑增补教学素材作为单元教学的内容。为了促进学生从化学学科知识向化学学科核心素养的转化，导向深度学习，实现"整体大于部分之和"，对本章教学内容做"结构化"处理，并增加了"认识加碘盐"1 课时内容，提升学生在真实情境中通过任务驱动，运用知识解决实际问题的能力，发展学生"科学探究"和"模型认知"核心素养。

二、目标分析与教学准备

(一) 教学目标

(1) 通过"认识加碘盐"的活动,掌握 I_2、I^-、IO_3^- 检验原理,学会从元素化合价角度认识物质的性质,进一步理解氧化还原反应。

(2) 通过"加碘盐中碘元素存在形式"的探究,熟练实验基本操作,学会基于证据进行推理,提升实验设计及探究能力。

(3) 通过对加碘盐的认识,建立研究物质性质的基本程序模型,同时学会从化学的视角看待社会问题,提升科学态度与社会责任感。

(二) 评价目标

(1) 通过"加碘盐中碘元素存在形式"检测原理的判断和分析,诊断并发展学生对卤素及其相关离子、氧化还原反应的认识水平(视角水平、结构化水平)。

(2) 通过"加碘盐中碘元素存在形式"的实验方案的设计与交流,诊断并发展学生证据推理水平和实验探究水平(孤立水平、系统水平)。

(3) 通过"建构模型""用生活常见物品检验加碘盐"的设计与交流,诊断并发展学生认识思路的结构化水平(视角水平、内涵水平)。

(三) 教学重难点

1. 运用氧化还原理论及物质性质进行实验方案设计。

2. 在"加碘盐中碘元素存在形式"的探究实验中,提升证据推理能力。

(四) 教学准备

资源:轻课堂 APP、多媒体课件、一体机、学习单。

仪器:废液缸、表面皿、试管、试管架、洗瓶。

试剂:稀盐酸、3%双氧水、食盐 1(或 2)、食盐水 1(或 2)、蒸馏水、碘化钾溶液、碘酸钾溶液、硝酸银溶液、0.5%淀粉溶液、四氯化碳、淀粉碘化钾试纸。

三、教学过程

环节一 初识碘盐

教师活动

【引入】 俗话说"百味盐为首",食盐是一种重要的调味品,被称为百味之王。市面上出售的食盐,有一部分是"加碘"盐。食盐为何加碘? 你知道吗?

【PPT 投影】 各种品牌加碘盐图片。

【过渡】 缺碘会引起甲状腺肿大和呆小症。作为世界上碘缺乏病病情较严重的国家之一,中国自 1995 年起实施了普遍食盐加碘政策,今天,我们一起来认识加碘盐。

学生活动

聆听感悟,回答。

设计意图

激发学生的学习兴趣,了解我国普遍食盐加碘政策。

环节二 检测碘盐

教师活动

【任务一】 检测碘盐。

问题一:认识和研究物质的方法有哪些?

【师生】 汇报交流,生生、师生评价达成共识。

认识和研究物质的常用方法:观察、实验、分类、比较。

问题二:加碘盐中碘元素是以什么形态存在的?

【师生】 汇报交流,生生、师生评价达成共识。

加碘盐中碘元素是以化合态存在的,目前世界各地加碘盐,一般加的是负一价的碘化钾或正五价的碘酸钾。

问题三：从化合价角度考虑，I^-、IO_3^- 有什么性质？

【师生】 汇报交流，生生、师生评价达成共识。

I^- 是碘元素的最低价态，应该具有还原性，IO_3^- 是碘元素的较高价态，应该具有氧化性。

追问 1：如何设计实验证明？

用双氧水或氯水来氧化碘离子。用碘离子还原碘酸根。

追问 2：为什么碘离子和碘酸根离子的反应要在酸性条件下进行？

【演示实验＋讲述】 （一个试管中预先加好碘化钾，另一个试管中预先加好碘酸钾）边演示边讲述：一支试管中盛有碘化钾无色溶液，一支试管中盛有碘酸钾无色溶液，混合后，无明显变化，往混合液里滴加一滴稀盐酸，看到什么现象，得到什么结论？

【学生】 加酸后溶液颜色变深，生成了单质碘。加酸促进了反应的发生。

问题四：如何检测加碘盐中的 I^-、IO_3^-？

【师生】 汇报交流，生生、师生评价达成共识。

① 可以通过加稀硝酸酸化的硝酸银，如果产生黄色沉淀，证明有碘离子。学生反驳：这个方法不行，因为食盐中大量存在的氯离子会干扰碘离子的检验，致使哪怕含有碘离子，也看不到黄色沉淀。

② 可以转化成单质碘，学生 1：可以滴加淀粉溶液，变蓝，证明生成了单质碘。学生 2：可以通过加四氯化碳溶液，萃取碘，显紫红色，证明含有碘。

【过渡】 I^- 或 IO_3^- 的检测原理我们清楚了，是否可行呢？最终还需要实验来验证。

【教师】 大家的试剂盒中有这些仪器和试剂，为了节省时间，试剂盒中已经提供了配好的食盐水，固体食盐是用来观察的，请大家根据提供的试剂，前后四人一组，完成学习单上的课时活动一。

【投影】　课时活动一：检测加碘盐中的碘元素存在形式

活动任务
1. 填写实验方案设计及实施 2. 小组成员合理分工,选用实验盒中的仪器和试剂进行离子检验,正确描述实验现象,依据证据得出结论 3. 汇总小组成员的实验结果,确定展示交流人选 4. 控制在 6 分钟之内完成

【学生实验】　检测加碘盐中的碘元素存在形式。

教师：巡视,拍照投屏。

师生：方案交流和评价,期间,教师板书。

学生活动

1. 思考、讨论、回答相关问题。

2. 实验探究：检测加碘盐中碘元素的存在形式。

3. 小组合作,汇报交流,生生、师生评价达成共识。

设计意图

4 个问题为学生探究实验提供问题支架。学生通过思考、合作、交流、汇报等活动完成探究实验,落实"科学探究""证据推理"核心素养。渗透绿色环保意识,落实"社会责任"核心素养。

环节三　建构模型

教师活动

【过渡】　人们对物质性质的研究是一个科学探究的过程,为提高研究效率,应当按照科学的程序来进行。回顾认识加碘盐过程,请大家总结归纳研究物质性质的基本程序,完成课时活动二。

【任务二】　建构模型。

总结归纳研究物质性质的基本程序。

【投影】 课时活动二：建构模型

活动任务
1. 回顾"认识加碘盐"过程,总结归纳研究物质性质的基本程序。 2. 要求语言简练,程序清晰。

基本程序示意图： 步骤 1 → 步骤 2 → ……

【教师】 巡视,拍照投屏。

【师生】 评价基本程序,期间,教师板书研究物质性质的基本程序。

学生活动

归纳总结,建构研究物质性质的基本程序。

设计意图

通过归纳提炼"研究物质性质的基本程序",发展认识思路的结构化水平,落实"模型认知"核心素养。

环节四 动手实践

教师活动

【过渡】 家家户户都离不开食盐,你能利用生活常见物品设计实验方案,检测自己家中的含碘盐加的是碘化钾还是碘酸钾吗？ 大家完成课时活动三。

【任务三】 类比迁移。

设计用生活常见物品检测"加碘盐中碘元素的存在形式"实验方案。

要求：操作简单、现象明显、成本低且绿色环保。

【教师】 请大家本周内完成家庭小实验,并以照片或录像的形式记录研究过程,我们下周一交流汇报。

学生活动

1. 思考,交流,回答。

2. 设计用生活常见物品检测加碘盐中碘元素的存在形式实验方案。

设计意图

通过实验方案的设计和交流,诊断并发展学生认识思路的结构化水平。

环节五　碘盐是非

教师活动

【教师】　实施普遍食盐加碘政策以来,到 2000 年,我国基本消除碘缺乏疾病,但特需人群仍然存在缺碘风险,2018 年 5 月,官方发布《中国居民补碘指南》,指导科学补碘。现今甲状腺癌发病率不断攀升,有人说原因在于居民碘摄入过量。对此,你怎么看?

【投影】　评价建议。

【教师】　请根据评价建议,完成开放性作业,我们下周交流。

学生活动

聆听感悟,回答。

设计意图

创设真实且富有价值的问题情境,促使学生查阅资料,丰富学习经历。

结课

今天,我们学到了认识和研究物质性质的方法,并总结归纳了基本程序,课下请用此程序,认识家里的 84 消毒液。

【投影】　投影并讲述:生物学家巴浦洛夫曾说:“在自然科学中,创立方法,研究某种重要的实验条件,往往要比发现个别事实更有价值。”

板书

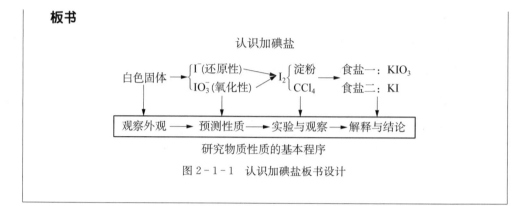

图 2-1-1 认识加碘盐板书设计

四、作业及反思

(一) 作业及评价要点

1. 作业

(1) 模型应用：依据研究物质的基本程序图示，认识家里的 84 消毒液。

(2) 社会议题：有人说"现今世界各地甲状腺癌呈现上升趋势，这是加碘盐惹的祸"，对于这种说法，你怎么看？请给出你的观点，并查阅资料对你的观点进行论证，需要注明所查资料的出处。

2. 评价

【作业 1】 模型应用

作业目标	依据研究物质的基本程序图示，认识家里的 84 消毒液
作业内容	依据研究物质的基本程序图示，总结 84 消毒液的性质
评价建议	模型运用合理，性质总结全面，版面设计美观

【作业 2】 社会议题

作业目标	"现今世界各地甲状腺癌呈现上升趋势，这是加碘盐惹的祸"，对于这种说法，你怎么看

续　表

作业内容	有人说"现今世界各地甲状腺癌呈现上升趋势,这是加碘盐惹的祸",对于这种说法,你怎么看? 请给出你的观点,并查阅资料对你的观点进行论证,需要注明所查资料的出处
评价建议	1.能用合适的关键词在知网等网站上搜索资料;2.能根据食盐加碘的前世今生,正确评判食盐加碘的意义;3.能意识到科技的发展、检测手段的多样、检测仪器的进步等方面对检查结果的影响;4.能提出鲜明的主张,并能提供证据支持自己的主张;5.基于自己的主张对使用加碘盐能给出合理的建议,有服务社会、服务大众的意识

(二) 教学反思

1. 教学设计及实施过程中的创新点

"认识加碘盐"教学设计创新点具体体现在五个方面:①在核心知识"离子检验和氧化还原"的落实中,巧妙地嵌入了研究物质性质的基本程序,这一基本程序既可用来对卤素及其化合物相关知识进行结构化处理,又可以指导后续其他知识的学习。②前阶段,在海水提取溴和海带提取碘的活动中,正好带领学生建构了工业提取物质的一般流程,加上今天研究物质性质的一般程序,两个模型的建构,都是想传达给学生一个思想,这个思想也藏在最后一页 PPT 的名人名言中。③设置了课内课外多途径、多角度的学习活动,拓展了教学时空,对丰富学生的学习经历进行了有益的尝试。④教学设计兼顾了各个层面的学生。如学生实验环节,提供淀粉碘化钾试纸,是诊断并发展学生的关联性思维:既然淀粉溶液可以检测碘,湿润的淀粉碘化钾试纸应该也可以,这是为资优生设置的。提供硝酸银,是给学生试错机会,当选择用硝酸银检测碘离子时,白色沉淀现象与预期不符合,从而悟出离子检验要考虑防干扰,这是为基础薄弱学生设置的。⑤整堂课培养了学生的科学态度和社会责任意识。如提供试剂和任务要求中,都有渗透环保意识。

2. 遗憾点及解决办法

遗憾之处是开放度不够,之前也试着在问题和实验上开放度大些,但发现完全不行,估计是因为高一的学生知识储备和能力还不够,假以时日,相信这方面会越来越好的。

专家点评

1. 以化学视角探究生活中的常见问题,主题活动设计有新意

   本节课作为单元教学的组成部分,以"认识加碘盐"为活动主题,将前阶段学习的氧化还原反应、卤素的相关知识内容有机融合进主题活动,让学生在真实问题情境中,进一步学习研究物质性质的基本程序,并以化学的视角解决生活中的常见问题。本节课从生活中的碘盐为何加碘引入,第一环节通过讨论在复习与提炼相关的章节知识的基础上,进一步了解含碘盐中碘的存在形态并开展实验探究;第二环节归纳整理实验探究的方法,并对研究物质性质的基本程序进行建模;第三环节对反应物进行限定,并通过知识与方法的类比迁移,让学生利用生活中常见的物品,对家里的加碘盐中的成分进行研究;最后对加碘盐政策在社会上引起的争论进行评价,进一步了解碘盐与健康的关系,将化学学习与社会责任联系起来。本节课的设计将学习内容与学生生活实际密切联系,探究活动安排有层次,思维有递进,学生活动充分,课堂实施效果好,目标落实有效。

2. 手脑并用,探究活动推进有节奏

   本节课以视频与投影的方式让学生感知甲状腺疾病与碘的关系,以及国家食盐加碘政策,以此激发探究欲望;以小组合作方式开展实验探究,并通过投屏展示学生的实验过程与结果,使手脑并用,全身心投入活动;对探究过程中的知识与方法进行集中研讨、质疑、提炼,思维不断碰撞与深化从而形成学习小高潮;随即教师又提出能否利用生活中常见物品开展实验探究,并开展方案的设计与研讨,因为前面的有效铺垫,又是结合生活实际的应用,学生有话可说,兴趣盎然;在大家跃跃欲试时,教师又适时布置作业,让学生完成家庭小实验,用照片或录像方式记录并递交作业,以便后续交流汇报。从视觉感知,到动手实验,再到思维碰撞与深化,最后学以致用完整体验家庭小实验的全过程,张弛有度,余音未了,把课内学习有效延伸到课外。

3. 教师教学素养高

教师的语言简练、表达准确、任务与指令明确、操作规范、信息技术应用熟练。各小组实验有分工有合作,交流汇报表达集体意见,合作学习训练有素。

本节课的时间分配还可以适当调整。方法建模在初中和前期学习中应有多次训练,可以简单归纳;利用生活中的常用物品对家用加碘盐成分的探究可以更开放、更充分。

第 2 课　从海水中提取溴和碘

一、教学任务分析

（一）学情分析

我校学生初中知识较扎实，高中已经从化合价变化及电子转移视角认识了氧化还原反应；对化学学习有较大的兴趣、较强的求知欲。但是，学生运用信息能力不强；多角度分析解决问题能力不强；尤其是还没有学过运用所学知识解决特定条件下提取物质的化工流程设计。

（二）教材分析

"海水中提取溴和碘"是二期课改沪科版高一年级第一学期第二章的内容。在人教版必修 2、选修 2，苏教版《化学 1》中，也有"海水中的化学资源"相关内容。本章内容对促进学生核心素养的发展体现在：有利于学生在真实情境中展开学习，更好地理解重要的元素化合物知识；学习开发利用自然资源的方法和过程，形成珍惜资源、保护资源的情感、态度和观念；感受化学的价值魅力，形成正确的科学技术观。

本节课内容承载的价值有：学生可以在海水提溴和海带提碘的真实情境中感悟物质转化观念；构建化工提取物质一般流程；建构"原料去杂浓缩、物质循环使用、资源就近利用"等重要技术思路。

二、目标分析与教学准备

（一）教学目标

（1）理解海水提溴和海带提碘的原理并描述其提取步骤；理解萃取概念并初

步学会萃取操作。

（2）通过海水提溴和海带提碘中核心问题的探究与解决，学会基于证据进行逻辑推理，感悟科学、技术与社会生活的紧密联系。

（3）通过海水提溴和海带提碘的流程设计，初步学会"工业提取物质的一般流程"模型建构。

（4）了解我国发展海洋强国的战略思想，增强社会责任感和使命感。

(二) 评价目标

（1）通过海水提溴和海带提碘原理的判断和分析，诊断并发展学生对卤素及其相关离子、氧化还原反应的认识水平（视角水平、结构化水平）。

（2）通过海水提溴和海带提碘核心问题的探究和解决，诊断并发展学生证据推理水平（孤立水平、系统水平）。

（3）通过海水提溴和海带提碘的流程设计与交流，诊断并发展学生认识思路的结构化水平（视角水平、内涵水平）。

(三) 教学重难点

1. 通过海水提溴和海带提碘中核心问题的探究与解决，学会基于证据进行逻辑推理，感悟科学、技术与社会生活的紧密联系。

2. 通过海水提溴和海带提碘的流程设计，初步学会"工业提取物质的一般流程"模型建构。

(四) 教学准备

资源：轻课堂 APP、多媒体课件、一体机、学习单。

视频：溴在自然界中的存在及用途，工业提溴，习近平考察时讲话。

仪器：铁架台、铁圈、试管架、试管、分液漏斗。

药品：碘水、四氯化碳、酒精。

三、教学过程

环节一　引入

教师活动

【引入】　今天我们一起来研究从海水中提取溴和碘,我们先来研究海水提溴,为什么要提取溴? 为什么要从海水中提溴?

【视频】　溴在自然界中的存在及用途。

【投影】　溴及其化合物的用途。

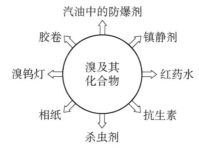

图 2-2-1　溴及其化合物的用途

学生活动

观看、感悟。

设计意图

激发学生本节课的学习兴趣,认识元素化合物知识在现实生活中的用途。

环节二　探究海水提溴

教师活动

【过渡】　从视频中我们了解到因为溴及其化合物用途广泛,所以要提取,因为 99% 的溴元素以离子状态存在于海水里,所以要海水提溴。那么,工业上如何实现海水提溴?

【提供资料】

资料一:海水、卤水中溴的含量

水体种类	溴的含量(g/L)
海水	0.067
卤水(晒盐之后)	2.5～3
卤水(提取氯化钠之后)	6

资料二:常见氧化剂及价格

常见氧化剂	价格(万元/吨)
氯气(Cl$_2$)	0.155
氧气(O$_2$)	0.13
高锰酸钾(KMnO$_4$)	3.4
重铬酸钾(K$_2$Cr$_2$O$_4$)	3.76
氯酸钾(KClO$_3$)	2.7
双氧水(H$_2$O$_2$)	1.4
过氧化钠(Na$_2$O$_2$)	17

资料三:卤素单质的物理性质

名称	沸点(℃)	熔点(℃)	溶解性
氯气	−34.6	−101	可溶于水,易溶于有机溶剂
溴	58.78	−7.2	可溶于水,易溶于有机溶剂
碘	184.4	113.5	微溶于水,易溶于有机溶剂

资料四:山东海化集团实现"一水六用"打造海洋化工循环经济

山东海化集团积极探索海(卤)水合理开发,逐步实现了海(卤)水的

"一水六用"：即用制卤海水放养贝类、鱼虾等海产品；初级卤水放牧卤虫；中级卤水送纯碱厂、硫酸钾厂供工艺冷却；吸收了化工废热的中级卤水送溴素厂吹溴；吹溴后的卤水送到盐场晒盐；晒盐后的老卤生产硫酸钾、氯化镁等产品。通过"一水六用"，不仅提高了卤水资源综合利用效率，而且最大限度地避免了制溴废液和制盐母液外排对海域生态的破坏。

【任务一】 探究海水提溴。

问题一：如果你是企业家，生产溴的工厂建在哪里？

问题二：如何将海水中的溴离子转化为溴单质？

问题三：提溴后的母液如何处理？

【过渡】 工业上海水提溴有哪些流程？

【视频】 工业提溴。

【板书】 根据视频以及化工流程示意图，师生共同归纳：海水提溴流程图。

【过渡】 谈到溴的发现，不得不提两位化学家：巴拉尔和李比希，阅读化学史话：巴拉尔发现溴和李比希的遗憾。

巴拉尔是在研究海藻提碘时偶然发现的溴，那么碘是怎么提取的？

学生活动

根据材料先独立思考，再小组讨论完成任务一，进行小组汇报。

生生评价，师生评价，形成共识。

设计意图

3个问题围绕学科观念建构而设计，环环相扣，让学生经历一个工艺设计师的思维过程，达到对化学问题的深层理解，形成学科知识与工艺并举，科学与技术交融的学科思想。

巴拉尔发现溴的过程中，不仅包含着证据推理等科学精神，还包含着海藻提碘的过程，承上启下。

环节三　类比迁移：海带提碘

教师活动

【提供资料】

资料一：教材 P40 学生实验：从海带中提取碘

海带具有从海水中富集碘的能力,灼烧干的海带能使其中的有机物转化为二氧化碳和水,留下无机物,同时使碘的有机化合物变成无机的碘化物,最后用氯水将其氧化成单质碘。

资料二：海水和海带中碘元素的含量

海水中碘元素的浓度(mg/L)	0.06
海带中碘元素的质量分数(mg/kg)	3 000—7 000

资料三：常用有机物溶剂物理性质

溶剂	沸点(℃)	密度	水溶性
四氯化碳(CCl_4)	76.8	大于水	0.8 g/L
酒精(C_2H_5OH)	78	小于水	与水混溶
苯(C_6H_6)	80	小于水	0.18 g/100 mL

资料四：溴和碘在不同情况下的颜色

溴水	溴的四氯化碳溶液	碘水	碘的四氯化碳溶液
黄色→橙色	红棕色	黄色→浅棕色	紫红色

【任务二】　类比迁移：海带提碘。

问题一：原料为何选择海带、海藻?

问题二：为什么要把海藻烧成灰?

问题三：海带提碘原理?

问题四：如何从碘水中提取碘单质？

【演示实验】 萃取碘水中的碘。

【提问】 你看到了什么现象？根据实验总结：要想成功萃取，两种溶剂之间以及溶质与溶剂之间要满足什么条件？

【练习】 类比海水提溴流程图，请在学习单上写出海带提碘流程图。

【巡视】 教师巡视，拍照投屏。

【评价】 评价流程图。

【板书】 海带提碘流程。

学生活动

分析资料。先独立思考，再小组讨论完成任务二、进行小组汇报。

学生先独立完成海带提碘流程图，再生生、师生评价流程图，形成共识。

设计意图

碘的提取与溴的提取从工艺和原理上有相似性。因此，本环节处理上采取任务驱动，小组讨论，学生"设计提取碘的工艺流程"方式，实现了运用知识解决问题，知识活化，能力迁移的目的。同时进一步感悟科学、技术与社会生活的紧密联系。

环节四 火眼金睛：归纳总结

教师活动

【任务三】 归纳总结。

【提问】 比较海水提溴和海带提碘流程，总结它们的共同点。

【板书】 工业提取物质的一般流程。

学生活动

思考、回答、总结。

设计意图

通过两个工艺对比方式，帮助学生形成"自然资源提取常见化学物质"

的一般思路、方法和观念性认识。初步形成"工业提取物质的一般流程"
模型建构。

结课

【过渡】 海洋是资源宝库,我国对海洋资源的开发和利用越来越重
视,我们一起来学习习近平在青岛海洋科学与技术试点国家实验室考察
时的讲话。

【视频】 习近平考察时讲话。

【讲述】 今天我们学习了海水中提取溴和碘的技术,关心海洋、认识
海洋、经略海洋,还需要更多更新的技术,这需要在座的各位共同努力,为
海洋强国的实现贡献自己的一份力量。

板书

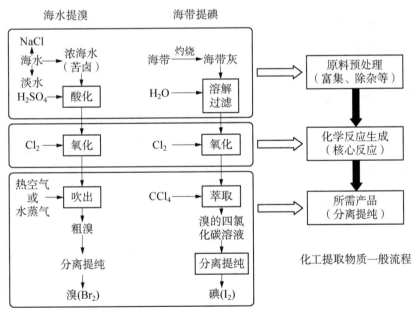

图 2-2-2 海水中提取溴和碘板书设计

四、作业及反思

（一）作业及评价要点

1. 作业

模型应用：海洋是一个资源宝库，目前，从海水中提取的两类物质已形成产业。一类是陆上含量极少，只能从海水中提取的物质，如溴和碘等；另一类是海水中含量较高、提取比较容易，而且成本也不很高的物质，如镁和钾等；如何从海水中提取单质镁呢？请大家依据资料设计海水提镁的流程。

2. 评价

作业目标	设计海水提镁的流程
作业内容	依据工业提取物质的一般流程，结合镁及其化合物的性质，设计海水提镁的流程
评价建议	模型运用合理，性质总结全面，版面设计美观

（二）教学反思

1. 教学设计及实施过程中的创新点

《普通高中化学课程标准》提倡"素养为本"的教学。《上海市高中化学学科教学基本要求》中，也要求在认识化工生产原理的基础上，感悟技术设计能力是技术创新和实践能力的重要组成部分，关注化学与技术、社会、环境的联系。

本节课内容是学生第一次接触化学知识与工业技术的融合，基于"学科知识要促进学生学科观念性认识构建"的教学理念，设置真实的情境，提出核心问题，体验问题解决手段的多样化，在问题解决的基础上，进行海水提溴和海带提碘工艺流程设计，并对比分析，建构"化工提取物质一般流程"。在问题解决及模型建构过程中，感受"从化合物到单质"物质转化所蕴含的原理性知识在工业生产中的核心作用，感受物质性质对工艺的影响，体会知识与工艺并举，科学与技术交融。落实重难点，促进学生认识发展，由学科具体性知识上升为学科观念性认识。

海水提溴和海带提碘同中有异：原理相似、流程相仿，浓缩提纯细节不同；异中有同：浓缩提纯方法都是由物质性质决定,体现了物质性质在工业生产中的作用。本节课充分挖掘内容承载的育人价值,整合资源,在真实情境中,用"任务驱动、问题解决"的教学方法,以问题为起点,通过"推理、设计、对比"的学习方法,建构化工提取物质的流程模型,形成"元素观、转化观、技术观"等观念性认识。

按照"知识线、能力线、素养线"完成"从海水中提取溴和碘"的教学,引导学生运用化学知识解决实际问题,理解化学、技术、社会和环境之间的相互关系,发展"理性思维、技术设计、社会责任"对应的"科学态度、创新意识、社会责任"核心素养,从"知识为本"的教学走向"素养为本"的教学。学生在这节课中学会探究、学会思考、学会方法、感悟思想;掌握知识、提高效率、推进思维、形成素养。

2. 遗憾点及解决办法

由于时间关系,萃取碘水中的单质碘,教师采取了演示实验,如果能够设置为学生实验,效果可能会更好。

专家点评

本节课的教学目标定位恰当,贴合学生的实际情况,课堂设计活动有新意有意义。教师问题指向清晰,整个过程设计,教师不是一味给予,而是引导;教师不再是单纯的知识传授者,而是学生的合作者和指导者,引导学生自己去发现,自己去感悟,自己去收获。板书和多媒体使用相得益彰,为教学目标的达成起到了积极作用。从教学设计可以感悟到,学生能被激发出强烈的学习积极性和探究热情。本节课基本特点如下:

1. 注重学生知识建构和素养培养

通过一系列活动引发学生认知冲突,循循善诱地提出不同层次的问题引发学生思考,最终引导修正完善海带提溴的工艺流程。这种任务驱动模式更有助于激发深度学习。从教材知识体系出发,多角度深度融合,通过海水提溴和海带提碘的流程设计,不仅进一步理解了溴、碘的物理和化学性质,深化了氧化还原理论的应用,而且初步学会"工业提取物质的一般流程"模型建构。此过程中所有学生需沟通协调、合作体悟、评价交流,正好落实了科学理性和人文素养。

2. 纸上得来终觉浅，绝知此事要躬行

碘的提取与溴的提取从工艺和原理上有相似性。教师引导完成海水提溴的工艺原理设计后，就放手让学生自主完成海带提碘方案的设计。采取任务驱动，小组讨论的方式，实现了知识活化，能力迁移的目的。同时进一步感悟科学、技术与社会生活的紧密联系。

第 3 课 　　认识鱼浮灵

一、教学任务分析

（一）学情分析

学习对象是高二选修化学的学生,刚刚学完第十章定量实验,有了一些定量分析的基础,但还没有形成系统设计的思路;已经学习过氯及其化合物、硫及其化合物、氮及其化合物、铁铝及其化合物,有了价类二维角度认识物质的基础,但多数学生还不能运用价类二维元素观熟练分析陌生物质;学生有一定的实验基础,但实验设计能力不强,基于现象进行分析推理能力不强;在陌生情境中,多角度、辩证地分析解决问题能力薄弱。

（二）教材分析

"认识鱼浮灵"是学完二期课改沪科版高中二年级第一学期(试用本)第十章定量实验之后的增补内容,是专题复习课。采用微项目学习的模式,以真实情境贯穿课堂教学的核心环节,应用定性分析和定量分析的思路认识陌生物质,形成研究陌生物质的一般思路和方法。"鱼浮灵"主要成分是过碳酸钠,关联的学科核心知识以及承载的育人价值有:①通过预测过碳酸钠的性质,发展学生认识物质的结构性思路,进一步发展价类二维元素观;②运用观察、推理、预测、分类和制作模型等基本技能认识过碳酸钠,对过碳酸钠定性分析,发展学生"宏观辨识与微观探析"核心素养;③定量分析"鱼浮灵"中过碳酸钠的含量,提升实验设计及探究能力,建构定量实验设计认知模型,发展学生"科学探究与创新意识";④通过对社会热点问题"使用过鱼浮灵的鱼能致癌?"的价值判断,认识过碳酸钠在生产和生活中的广泛应用,发展"科学态度与社会责任"核心素养。"认识鱼浮灵"分为两个课时,第一课时"鱼浮灵"的定性分析和定量分析思路提炼,第二课时"鱼浮灵"定量分析实验方案设计及社会性议题"使用过鱼浮灵的鱼能致癌?"小组汇报交流。本节课是"认识鱼浮灵"的第一课时。

二、目标分析与教学准备

(一) 教学目标

(1) 通过"认识鱼浮灵的性质"的活动,学会从物质类别和元素化合价角度认识物质的性质,进一步发展价类二维元素观。

(2) 通过"鱼浮灵中过碳酸钠定性检测"方案设计、方案实施、实验现象观察及分析推理,发展"科学探究与创新意识""宏观辨识与微观探析"核心素养。

(3) 通过"鱼浮灵中过碳酸钠含量的测定"实验方案设计,提升实验设计及探究能力,建构定量实验设计认知模型。

(4) 通过对鱼浮灵的认识,学习如何在真实情境中分析解决实际问题,提升科学素养与社会责任感。

(二) 评价目标

(1) 通过"认识鱼浮灵的性质"的活动,诊断并发展学生对过碳酸钠的认识水平(视角水平、结构化水平)。

(2) 通过"鱼浮灵中过碳酸钠定性检测"方案设计、方案实施、实验现象观察及分析推理,诊断并发展学生证据推理水平和实验探究水平(孤立水平、系统水平)。

(3) 通过"鱼浮灵中过碳酸钠含量的测定"实验方案设计,诊断并发展学生认识思路的结构化水平(视角水平、内涵水平)。

(三) 教学重难点

1. 运用价类二维元素观认识鱼浮灵。

2. 设计并实施"鱼浮灵中过碳酸钠定性检测"实验,提升实验探究能力,发展宏微结合观念。

3. 设计"鱼浮灵中过碳酸钠含量的测定"实验方案,建构定量实验设计认知模型。

（四）教学准备

资源：轻课堂 APP、多媒体课件、一体机学习单。

视频：关于鱼浮灵的新闻视频。

仪器：废液缸、单孔活塞、导管、试管、试管架、洗瓶、火柴、酒精灯、香棒、激光笔、表面皿、玻璃棒。

药品：①十组试剂盒：鱼浮灵、稀盐酸、澄清石灰水、蒸馏水、pH 试纸及比色卡，②另外需要准备 5 份：高锰酸钾溶液、氯化铁溶液、二氧化锰、淀粉碘化钾试纸、氢氧化钠溶液。

三、教学过程

环节一　猜测鱼浮灵的性质

教师活动

【引入】　新闻视频：关于鱼浮灵的新闻视频。

【过渡】　视频中说："使用过鱼浮灵的鱼不能吃"、"鱼浮灵能致癌"，还说鱼浮灵能"增加含氧量"、"用于急救"，鱼浮灵是什么？ 有哪些性质？ 真的能致癌吗？ 这节课我们一起认识鱼浮灵。

【PPT】　速效鱼浮灵说明书。

【任务一】　根据学习单中的资料：速效鱼浮灵说明书，猜测鱼浮灵的性质，完成课时活动一。

【PPT 投影】　课时活动一任务要求。

【教师】　巡视，拍照投屏。

【师生】　方案交流和评价，其间，教师板书。

学生活动

观看视频。

讨论、交流、回答：在独立思考的前提下，小组合作，讨论、交流鱼浮灵可能的性质，并展示汇报，完成活动一。

设计意图

激发学生的学习兴趣。引导学生用价类二维进行定性认识陌生物质的性质。

环节二　验证鱼浮灵的性质

教师活动

【教师】　我们的猜测是否合理,还需要实验验证,要想验证鱼浮灵的性质及成分检验,除了试剂盒中提供的试剂(鱼浮灵、稀盐酸、澄清石灰水、蒸馏水、pH试纸及比色卡),你们小组是否还需要其他试剂? 如果需要,说明理由。

【教师】　请还需要其他试剂的小组到我这里领取,小组合作完成课时活动2的实验,并填写学习单中的表格。

【任务二】　按照学习单要求,完成课时活动2。

【PPT投影】　课时活动2任务要求。

【教师】　巡视,拍照投屏。

学生活动

【小组讨论汇报】

组1:我们需要二氧化锰催化剂以促进鱼浮灵中双氧水的分解。

组2:我们组需要铁盐,我们想检验鱼浮灵中过碳酸盐和铁盐是否能发生双水解,产生红褐色沉淀同时产生二氧化碳气体。

组3:我们组需要高锰酸钾溶液,我们想验证鱼浮灵溶液具有还原性。

组4:我们组需要淀粉碘化钾试纸,我们想验证鱼浮灵溶液具有氧化性。……

【分组实验】　实验验证鱼浮灵的性质。

【讨论、交流、回答】　实验现象及解释。

设计意图

深度探究,收集证据,通过宏观实验现象,进行微观探析,进一步认识鱼浮灵的性质,落实实验探究,培养创新意识。

环节三 建构认识物质的一般程序

教师活动

【任务三】 回顾"认识鱼浮灵性质及成分检测"过程,总结归纳定性认识陌生物质的基本程序,完成课时活动3。

【教师】 巡视,拍照投屏。

【师生】 评价基本程序,期间,教师板书。

【投影】 投影定性认识物质的一般程序。

【教师】 认识物质除了定性分析之外,还要进行定量分析,比如,鱼浮灵,用量少,不能缓解鱼、虾缺氧浮头;量多,有可能造成鱼、虾死亡。我们如何用实验方法定量检测鱼浮灵中过碳酸钠的含量呢?

【任务四】 设计鱼浮灵中过碳酸钠含量的测定方案,完成课时活动4。

学生活动

【思考、汇报、交流】 认识陌生物质性质的一般程序。

【讨论、交流、回答】 在独立思考的前提下,小组合作,讨论、交流设计鱼浮灵中过碳酸钠含量的测定方案,并展示汇报,完成课时活动4。

设计意图

通过归纳提炼"认识陌生物质性质的基本程序",发展认识思路的结构化水平,落实模型认知核心素养。

总结归纳设计定量实验的核心要素,形成设计定量实验方案的流程图,发展模型认知的核心素养。

结课

生理学家巴浦洛夫曾说:"在自然科学中,创立方法,研究某种重要的实验条件,往往要比发现个别事实更有价值。"今天,我们学到了定性和定量认识和研究物质性质的方法,并总结归纳了基本程序,课下请用此程序,认识家里的84消毒液。

板书

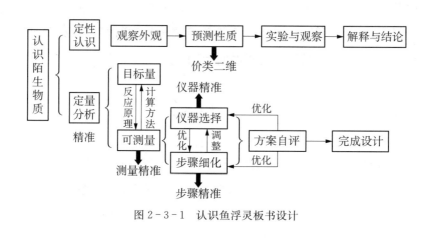

图2-3-1 认识鱼浮灵板书设计

四、作业及反思

(一)作业及评价要点

1. 作业

(1)走进实验室:根据课堂上小组设计的"鱼浮灵中过碳酸钠含量的测定"实验方案完成实验,设计并完成实验报告,准备汇报交流。

(2)回应新闻报道:有人说"吃了使用过鱼浮灵的鱼,会致癌",对于这种说法,你怎么看?请给出你的观点,并查阅资料对你的观点进行论证,需要注明所查资料的出处。

2. 评价

【作业 1】　走进实验室

作业目标	完成"鱼浮灵中过碳酸钠含量的测定"实验
作业内容	根据课堂上小组设计的"鱼浮灵中过碳酸钠含量的测定"实验方案,完成实验,设计并完成实验报告,准备汇报交流
评价建议	1.实验报告设计规范,内容合理;2.实验操作规范且熟练,数据分析合理,误差小;3.小组成员分工合理;4.汇报要求:①汇报内容要包含:小组成员及分工,所用仪器及药品,实验步骤和改进过程,数据记录,疑问困惑,收获体会,组内自评和成员互评。②时间不超过 15 分钟,讲解和实验(也可以是录像)相结合

【作业 2】　回应新闻报道

作业目标	"吃了使用过鱼浮灵的鱼,会致癌",对于这种说法,你怎么看
作业内容	有人说"吃了使用鱼浮灵的鱼,会致癌",对于这种说法,你怎么看? 请给出你的观点,并查阅资料对你的观点进行论证,需要注明所查资料的出处
评价建议	1.能用合适的关键词在知网等网站上搜索资料;2.能根据鱼浮灵的前世今生,正确评判使用鱼浮灵的意义;3.能提出鲜明的主张,并能提供证据支持自己的主张;4.基于自己的主张对使用鱼浮灵给出合理的建议

(二) 教学反思

1. 教学设计及实施过程中的创新点

基于学情分析,笔者以"认识鱼浮灵"为载体,设置了两课时的专题复习课,第一课时"鱼浮灵"的定性分析和定量分析思路提炼,第二课时"鱼浮灵"定量分析实验方案设计与实施及社会性议题"使用过鱼浮灵的鱼是否致癌"小组汇报交流。本节课是"认识鱼浮灵"的第一课时。

课后的调研反馈表明,基于真实情境的"微项目式"学习方式,深得学生喜爱。学生在完成真实任务的过程中,知识结构进一步完善,并感悟到化学学习的意义,学习动力进一步加强。微项目式教学是促进学生进行项目式学习的教学方式,是一种"素养为本"的教学方式,值得进一步的研究和实践。

2. 遗憾点及解决办法

学生讨论定量认识鱼浮灵时间略显仓促,没有充分展开,定量测定鱼浮灵的实验方案还需要课下进一步完善。

专家点评

这是为选修化学学生增补的一节专题复习课,基于课程标准,采用微项目学习模式,活动效度高,主要体现在:

1. 学习任务驱动促进素养发展

本节课以"认识鱼浮灵"为任务驱动明线,有效将元素化合物知识、定量实验等知识隐含其中。在教学中,设置生活化的学习任务,驱动学生进行猜想,设计实验方案,动手实验,观察并得出结论,有效地落实了"证据推理""科学探究"等核心素养。

2. 利用实验探析微观世界

本节课的一个亮点就是同一个物质的认识,从定性到定量,从感性到理性,形成研究陌生物质的一般思路和方法,使学生具有了化学观念和视角。

3. 设置生活任务激活课堂

从鱼浮灵的视频引入新课,又在作业中回应新闻报道:有人说"吃了使用过鱼浮灵的鱼,会致癌",对于这种说法,学生需阐述观点,并查阅资料论证观点。这些都与日常生活紧密联系,将生活素材融入课堂建构中,使课堂生动有趣,让学生在潜移默化中理解"化学为生活服务,生活需要化学"。

第 4 课　　活泼的金属——钠

一、教学任务分析

(一) 学情分析

学生已经学习了分类法、氧化还原反应、离子反应等基本理论,初中已经接触了铁等金属的性质,可以从金属活动性顺序入手,思考金属具有的共性与个性特征。高一学生思维敏捷活跃,对化学实验有浓厚的兴趣,具备一定的观察和分析问题的能力,有较强的探究意识,初步掌握了实验探究的基本程序,但是他们的实验操作不够熟练,还不能从"宏微结合"视角关联预期现象与结论,基于证据的推理能力还不强。

(二) 教材分析

本节课基于《普通高中化学课程标准(2017 年版)》进行教学设计,适用于任一版本的新教材,是一节新授课。本节课主要内容包括钠单质与非金属单质及水的反应。本节课注重学生实验探究能力的提升,引导学生从不同角度对金属钠的性质做推断和预测,进行实验探究;并深挖如何由"看得见的实验现象"看出"看不见的本质",增强学生基于证据进行推理的能力。本节课以钠单质为载体,引导学生建构元素及化合物的认知模型,提升学生认识思路的结构化,为后续的学习奠定基础。

二、目标分析与教学准备

(一) 教学目标

(1) 通过实验了解钠的物理性质,掌握钠的化学性质,能运用化学符号描述相关变化,初步形成"结构决定性质,性质决定用途"的观念。

（2）通过实验探究钠的性质，亲历"预测、实验、记录现象、解释现象、得出结论"，增强学生基于证据推理能力和实验探究能力。

（3）通过探究钠的性质，初步形成基于物质类别、元素价态、结构等多角度对物质性质进行预测和检验的认知模型。

（4）通过设计钠的使用手册并与同学们分享，提升合理使用、保存化学品的意识，发展"科学态度与社会责任"核心素养。

（二）评价目标

（1）通过对金属钠转化关系的讨论和点评，诊断并发展学生对物质及其转化思路的认识水平（孤立水平、系统水平）。

（2）通过对金属钠的性质、用途、制备、保存等相关问题的讨论，诊断并发展学生认识思路的结构化水平（经验水平、视角水平、内涵水平）。

（3）通过对金属钠性质的预测和实验探究，诊断并发展学生证据推理能力和实验探究能力。

（三）教学重难点

1. 重点：实验探究钠的性质，掌握钠的化学性质，能运用化学符号描述相关变化。

2. 难点：以钠为载体，初步形成多角度对物质性质进行预测和检验的认知模型。

（四）教学准备

资源：轻课堂 APP、多媒体课件、一体机、学习单。

仪器：铁架台、铁圈、酒精灯、泥三角、蒸发皿、镊子、滤纸、小刀、烧杯。

药品：钠、硫酸铜溶液、硫酸铜粉末、蒸馏水、酚酞溶液。

三、教学过程

环节一　钠的化合物知多少

教师活动

【教师】　"民以食为天"，美味的食物离开了调味品"食盐"将会淡而无味,食盐是一种钠的化合物,你所知道的含钠的化合物有哪些呢?

【学生】 氧化钠、过氧化钠、氢氧化钠、碳酸钠、碳酸氢钠、芒硝。

学生活动

思考、回答。

设计意图

一是引出课题,二是诊断学生是否依据分类知识进行列举。

环节二　猜测钠的性质

教师活动

【教师】 我们生活中经常见到钠的化合物,但很少见到单质钠,你觉得原因是什么?

【学生】 可能是因为钠的性质比较活泼吧。

【教师】 请根据资料,结合所学,小组合作,猜测金属钠可能具有哪些性质,完成任务一。

【任务一】 猜测钠的性质。

【提供资料】 资料一:实验室里,金属钠保存在煤油里。

资料二:GB/T22379 - 2017 工业金属钠(节选)

工业金属钠采用双层包装。外包装采用铁桶包装,内包装采用双层聚乙烯塑料袋。包装时将袋内空气排净后,扎紧袋口。运输时应用密闭的运输工具,严防有水进入包装桶内。运输中注意防水、防热、防撞击、远离易燃物。工业金属钠应贮存于通风、阴凉、干燥防火的库房内,要隔绝热源、火种与氧化剂、酸类等。凡与金属钠接触的操作人员,应遵守下列规则:操作人员应佩戴安全防护面罩,穿化学防护服,戴橡胶手套等。在发生火灾情况下,可使用干沙、干粉、石棉布灭火。不应使用水及泡沫、酸碱、四氯化碳、二氧化碳灭火器灭火。

【学生】 小组汇报,生生评价,师生评价,完成任务一中的表格。

猜测钠的性质	猜测的依据或理由
不与煤油反应	保存在煤油里
与氧气反应	包装时将袋内空气排净
与水反应	严防有水进入包装桶内,运输中注意防水
易燃	要隔绝热源、火种与氧化剂、酸类等
与酸反应	要隔绝热源、火种与氧化剂、酸类等
与二氧化碳反应	不应使用二氧化碳灭火器灭火
有腐蚀性	操作人员应佩戴安全防护面罩,穿化学防护服,戴橡胶手套等
与氯气反应	要隔绝氧化剂,氯气是比较强的氧化剂
能置换不活泼的金属,比如铜	金属活动性表中,钠排在铜的前面,金属活动性更强。

学生活动

学生先独立思考,然后组内交流达成共识,小组汇报,生生评价,师生评价。

设计意图

分析资料,结合所学猜测钠的性质,可以诊断并发展学生读取信息的能力。从学生怎样结合所学进行猜测性质,可以诊断并发展学生对物质的认识角度和水平。

环节三 实验探究钠的性质

教师活动

【过渡】 钠是否具有上述性质,还需要实验来检验。我们先一起检验一下钠是否与水反应,老师做演示实验,同学们仔细观察记录现象,并思考为什么会有这样的现象。

【演示实验:钠与水的反应】 向一个盛有水的小烧杯中滴加几滴酚酞溶液,然后投入一小块(约绿豆般大小)金属钠。

【教师】　你们观察到了什么现象?

【学生】　溶液变红,有响声,浮在水面上,四处游动,会变成小球直至消失。

追问 1:钠被消耗应该会变小,怎么会变成球呢?

【学生】　钠被水均匀地消耗。

【学生补充】　钠浮在水面上滚动,越滚越小。

【教师】　原因是这样吗? 那么,我再分别切一小块立方体状的钠、三角锥状的钠,分别投入水中,大家仔细观察反应过程中钠形状的变化。

【学生】　都迅速变成小圆球在水面游动。

【教师】　你们现在还觉得钠变成小球,是因为被水均匀消耗吗?

【学生】　尖角处被消耗的多,所以最后被“削”成小球了。

【学生反驳】　好像不是,似乎特别圆、特别光滑。

【教师】　不是被“削”出来的,会不会是自己“撑”出来的? 我们想想,荷叶上的露珠为什么是个小球?

【学生】　是表面张力。

【学生反驳】　不对吧,液体才有表面张力!

【学生】　有没有可能是钠变成液体了呢?

【教师】　查阅资料发现,钠的熔点是 97.8℃。

【学生】　原来如此! 钠的熔点那么低啊,钠与水反应放出的热把钠熔化成液体了,怪不得是小球状呢!

【师生】　师生一起共同完成其他现象的解释,并归纳后投影。

钠与水反应的现象	解　　释
“浮”在水面上	钠的密度比水小
“熔”成小球状	钠熔点低,反应放热把钠熔化成液体
“游”动,有“响”声	产生气体推动钠移动
溶液变“红”	钠与水反应生成碱性物质

追问2：钠与水反应产生了碱性的氢氧化钠，另一种产物是什么呢？说说你的依据。

【学生】 从化合价来看，金属钠被氧化，化合价上升，则必有另一种元素化合价下降，那只能是氢。从原子个数比来看，水中氢氧原子个数比是2∶1，而氢氧化钠中是1∶1，也能推出另一种产物应该是氢气。

【演示实验】 教师演示钠与水反应的注射器改进实验。

【教师】 你观察到什么现象？得出什么结论？

【学生】 钠与水反应生成的气体可以燃烧，证明另一种产物是氢气。

【教师】 请写出钠与水反应的化学方程式。

【学生】 $2Na + 2H_2O === 2NaOH + H_2\uparrow$

【教师】 钠与水反应的实质是钠与水中的氢离子反应，当然金属钠也可与盐酸反应，因为盐酸中也有氢离子，请写出钠与盐酸反应的化学方程式。

【学生】 $2Na + 2HCl === 2NaCl + H_2\uparrow$

【过渡】 钠与氧气的反应又是怎样的？小组合作，动手实验，完成任务二。

【任务二】 实验探究钠与氧气的反应

实验步骤	实验现象	得出结论
1. 取一小块金属钠，滤纸吸干表面的煤油，用小刀切去一端的表层，观察其表面的颜色		
2. 将其放置在空气中，观察其表面颜色的变化		
3. 将其放置在蒸发皿中，加热，观察现象		
4. 熄灭酒精灯，切去的表层放回煤油中。收拾桌面，完成实验		

【教师】 小组汇报实验现象和结论，小组内可以补充，小组之间也可以补充或反驳。

【小组1】 从可以用小刀切推出钠的质地柔软。刚开始切面是银白色的，证明钠是银白色金属，过一会儿就变暗了，应该是钠被氧气氧化了，生成了白色的氧化钠。继续加热能够燃烧,产生黄色火焰,冷却后生成淡黄色固体,淡黄色固体应该是过氧化钠。

【教师】　小组 1 的同学汇报得很清晰,注重了现象和结论之间的联系,有理有据。还有其他小组补充吗?

【小组 2】　我们小组还发现,在燃烧之前,钠表面先生成白色固体,然后"撑开"变成小球状,继续加热,才会燃烧。

【教师】　别的小组有没有观察到这一细节?同学们纷纷点头。

【教师】　很好,看来大家都有一双慧眼。那么,对于这些现象,你们组怎么解释?

【小组 2】　我们组认为,刚刚开始加热时生成的白色固体应该是氧化钠,之所以会变成小球状,应该跟与水反应类似,是没反应的钠受热熔化,变成了液体。

【教师】　大家赞成吗?同学们表示赞成。

【教师】　小组 2 的同学观察很仔细,解释也很到位,他们还结合刚刚学过的钠与水的反应现象来解释变成小球的现象,活学活用,表现很棒!请大家写出钠与氧气反应的化学方程式。

【学生】　$4Na + O_2 \mathrel{=\!=} 2Na_2O$;$2Na + O_2 \xrightarrow{\text{点燃}} Na_2O_2$

【过渡】　前面有同学根据金属活动性顺序表,猜测钠可以置换出金属铜,到底可不可行呢?我们继续实验探究,小组合作,完成任务三。

【任务三】　实验探究钠是否能置换出铜?

【实验】　向盛有硫酸铜溶液的烧杯中投入一小块金属钠。

【教师】　你观察到了什么现象?怎么解释?

【学生】　钠四处游动,剧烈燃烧,产生蓝色絮状沉淀。水溶液中,离子被水分子包围,所以金属钠先与水分子接触,与水反应产生氢氧化钠和氢气,氢氧化钠又跟硫酸铜反应生成了氢氧化铜沉淀。

【教师】　请写出钠与硫酸铜溶液反应的化学方程式。

【学生】　$2Na + 2H_2O + CuSO_4 \mathrel{=\!=} Cu(OH)_2\downarrow + Na_2SO_4 + H_2\uparrow$

追问 1：能否得出结论：钠不能置换出铜呢？说出你的观点和理由。

【学生】 不能，只能证明钠先跟水反应了，不能证明钠不能与铜离子反应。

追问 2：怎么优化实验证明钠能否与铜离子反应？

【学生】 可以减少水的量，比如用饱和硫酸铜溶液。

【学生补充】 或者是过量钠与少量硫酸铜溶液反应。

【学生】 不用水行不行？比如，固体钠和硫酸铜粉末反应？

【学生补充】 固体跟固体估计不太容易反应，让熔融的钠跟硫酸铜粉末接触，看看能不能反应。

【教师】 到底行不行，我们仍然让实验来证明。

【实验 1】 在蒸发皿里滴 1 滴硫酸铜溶液，放入一小块金属钠。

【实验 2】 让一小块金属钠与硫酸铜粉末接触。

【教师】 你看到了什么现象，得出什么结论？

【学生】 两个实验都看到了有红色物质生成，证明有铜产生，得出结论：钠可以跟铜离子反应置换出单质铜。

追问 3：你认为熔融的钠跟硫酸铜粉末会不会反应？你的依据是什么？

【学生】 会反应，依据是实验 2，熔融的钠与硫酸铜粉末跟实验 2 的反应本质上是一样的。由于接触面积大，反应应该更快。

【教师】 同学们太棒了，实际上，熔融态的钠不仅可以从硫酸铜中置换出单质铜，还可以从钛、锆、铌等金属的氯化物中置换出金属单质，这就是工业上亨特法制备钛，同学们都会像科学家一样思考了，真厉害！

学生活动

任务一中，观察实验，记录现象，解释现象。

任务二中，小组协作，完成实验，记录实验现象，得出结论，汇报交流，完善实验结论。

任务三中，观察实验，记录现象，思考回答。

设计意图

任务一：引领学生经历假说、观察、思考、分析、推理，收获自己的发现,自己得出结论,提升实验探究能力,并为任务二和任务三的探究作铺垫。

小组合作,实验探究钠与氧气的反应,提升实验探究能力,感悟条件不同对反应产物的影响。

通过探究钠与硫酸铜溶液的反应,培养"宏观辨识与微观探析""变化观念""证据推理"等核心素养。

环节四　钠的结构、用途和制备

教师活动

【教师】　钠与氧气反应、氯气反应以及与硫酸铜反应,从化合价的角度考虑,共性是什么?

【学生】　钠的化合价都升高了。

【教师】　体现了钠的什么性?

【学生】　还原性。

【教师】　钠为什么性质活泼,有比较强的还原性呢? 本质原因是什么?

【学生】　本质原因是钠最外层只有 1 个核外电子,非常容易失去 1 个电子,变成 8 电子稳定结构。

【教师】　对,这就是"结构决定性质",我们知道还有一句话叫做"性质决定用途",你知道钠有哪些用途? 分别体现了钠的哪些性质?

【学生】　我们刚刚学过,熔融状态下钠可以从钛、锆、铌等金属的氯化物中置换出金属单质,这体现了金属钠的强还原性;钠的导热性比较好,可用于中子反应堆作热交换剂;钠可以发出黄光且透雾能力强,所以高压钠灯常用于道路的照明。

【教师】　正是因为钠非常活泼,自然界中都是以化合态存在。钠离子非常稳定,要想使它变成钠单质很困难,人类很早就能冶炼铁、铜等金属,但是直到 19 世纪,戴维电解熔融氢氧化钠才制得钠单质。氢氧化钠是否为电解钠的最佳原料? 为什么?

【学生】　氢氧化钠不是制得金属钠的最佳原料,氯化钠要比氢氧化钠好,因为氯化钠自然界中储量比较丰富,比较容易得到,价格便宜。

学生活动

思考回答。

设计意图

借助金属钠的性质、用途、制备等具体知识,揭示出"结构决定性质,性质决定用途、制备"等物质性质认知的观念,发挥化学核心观念对知识学习的引领作用。

结课

这节课我们学习了钠的性质、用途、制备、保存等内容。从物质的类别、价态以及提供的信息中预测了钠的性质,然后设计实验获取证据来验证了我们的猜测:钠是非常活泼的金属,能够跟非金属单质、水、盐溶液等多种物质反应。钠的活泼性是由结构决定的,钠最外层只有一个电子,很容易失去变成钠离子。这也决定了钠元素在自然界中是以化合态存在的,没有游离态,要想制得金属钠非常不容易,可以采取电解的方法来制备。请同学们课下制作《钠的使用手册》并与同学们分享。

板书

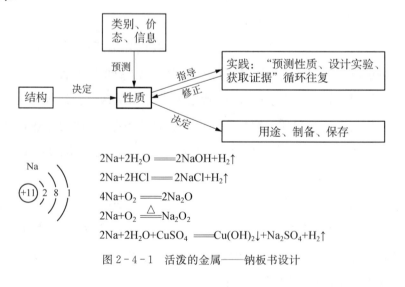

图 2-4-1 活泼的金属——钠板书设计

四、作业及反思

(一) 作业及评价要点

1. 作业

查阅资料,结合所学,制作钠的使用手册,向同学、家人、朋友宣讲,解读钠的正确使用、保存方法,提醒人们使用化学品时要认真阅读产品说明。

2. 评价

评价要点:①资料来源可靠,标注出处;②使用手册排版美观、内容翔实,无科学性错误。

(二) 教学反思

1. 教学设计及实施过程中的创新点

化学是理科,要讲"理",关于讲理的学习,能让我们知道书本上科学结论的起点在哪里,将使我们更懂得欣赏科学的美,对这种美的欣赏和探求将会使学生受益终生。讲"理"学习中的最重要的两点是证据和逻辑,本节课的创新点正是在此。比如,在钠与水反应实验探究时,没有直接告诉同学们为什么"熔化成小球",而是让学生经历假说、观察、思考、分析、推理,收获自己的发现,自己得出结论。再如,在实验探究钠与氧气的反应时,让学生动手做实验,并精确还原过程中的每一点变化并解释原因,深刻体会如何透过"看得见的现象"发现"看不见的本质"。又如,在实验探究钠是否能置换单质铜时,层层追问,刨根问底,并实验验证假设,实现深度学习。这样的过程,就是想让学生知道,科学结论并不是冰冷地存在于课本中的,它是有温度的,可以触摸的。

2. 遗憾点及解决办法

由于时间关系,钠与硫酸铜溶液及粉末的反应采取了演示实验,可以考虑学生实验。

专家点评

　　《普通高中化学课程标准(2017 年版)》中明确提出化学研究重在两个层面(宏观和微观)、四个角度(组成、结构、性质和转化)、一个目的(创造物质)。所以从"宏观辨识与微观探析"的角度来认识物质非常重要,"宏微"素养也是化学学科核心素养的灵魂。

　　我们认识一个物质,就是见著知微的过程。赵老师在这节课的设计上,引导学生从宏观表象的感知逐渐到对微观结构的认知,再从微观角度解释宏观表象,最终形成一个系统性、全面性的认识物质的一般思路和方法。

　　学生对"是什么""怎么样"认知容易,对"为什么""怎么解决"理解困难。钠与水反应现象有趣,印象深刻,可是为什么会这样? 别的金属与水反应为什么不是这个现象? 教师的设计阶梯式递进、螺旋式上升,从宏观感知变化,到微观分析原因揭示,强化了"结构决定性质,性质决定用途、制备"等物质性质认知的观念,发挥化学核心观念对知识学习的引领作用。

　　当学生能灵活应用"宏观—微观—符号"内在联系解释现象时,就具备了解决实际问题的能力,这样有效有价值的学习,培养的是思维,养成的是品质和能力。

第 5 课　　铝及其化合物专题复习

一、教学任务分析

（一）学情分析

　　学生已经学完了高中阶段的化学课程，进入了一轮复习，有了无机元素化合物的知识储备。大部分学生感觉无机元素化合物内容繁杂，需要识记的事实性知识或陈述性知识居多，知识点琐碎，没有规律，容易混淆，还不具有无机化合物认识模型以及研究无机物性质的思路方法。

（二）教材分析

　　"铝及其化合物"属于"常见的无机物及其应用"主题，是一节二期课改沪科版高三专题复习课。《普通高中化学课程标准（2017 年版）》对常见无机物及其应用的学业要求从 7 个方面进行了规定。概括来说，要求学生具备如下的元素化合物的认识进阶：

高中生对元素化合物的认识水平

水平 1	依据物质类别和元素价态列举元素的典型代表物
水平 2	列举、描述、辨识典型物质重要的物理和化学性质及现象，能用方程式表示
水平 3	从物质类别、元素价态角度，依据复分解反应和氧化还原反应原理，预测物质性质并进行实验初步验证，能分析、解释有关实验现象
水平 4	利用典型代表物性质和反应，完成制备、分离、提纯、检验、保存、使用等问题
水平 5	利用元素化合物性质说明对社会及环境的影响，参与社会性议题的讨论

　　由此可见，要求学生记忆物质性质、背诵方程式只是元素化合物教学要求的

最低水平。选修化学的高三学生应该具备以认识物质为基础,预测、分析解释物质性质,根据性质进一步解决实际问题等不同水平的能力,其核心是:从物质类别、元素价态角度,依据复分解反应和氧化还原反应原理,预测物质性质并进行实验初步验证,能分析、解释有关实验现象,即具备研究无机物性质的思路方法,这也正是本节课所承载的育人目标。

二、目标分析与教学准备

(一) 教学目标

(1) 通过提炼、归纳、梳理铝及其化合物的转化关系,掌握铝及其化合物的主要化学性质,自主建构"铝及其化合物"的知识网络,发展分类观、转化观。

(2) 通过设计并评价实验室制备 $Al(OH)_3$ 的方案,发展物质制备中控制药品用量的计量观。

(3) 从微观角度理解"$Al(OH)_3$、AlO_2^-、Al^{3+}"的化学性质,发展学生的微粒观和平衡观。

(4) 通过实验探究"铝表面存在致密的氧化膜",增强依据实验目的和假设,设计解决简单问题的实验方案,并进行实验验证的能力,落实"科学探究与创新意识"核心素养。

(5) 强化"化学就在身边"的体验,感受化学对生产和生活的贡献。

(二) 评价目标

(1) 通过自主建构"铝及其化合物"的知识网络,诊断并发展学生对元素化合物知识的认识水平(视角水平、结构化水平)。

(2) 通过微观角度理解"$Al(OH)_3$、AlO_2^-、Al^{3+}"的化学性质,诊断并发展学生"变化观念和平衡思想"的认识水平(视角水平、内涵水平)。

(3) 通过实验探究"铝表面存在致密的氧化膜",诊断并发展学生实验探究能力和证据推理水平(孤立水平、系统水平)。

(4) 通过设计并评价实验室制备 $Al(OH)_3$ 的方案,诊断并发展学生定量思想解决问题的水平。

(三) 教学重难点

1. 自主建构"铝及其化合物"的知识网络，微观角度理解"$Al(OH)_3$、AlO_2^-、Al^{3+}"的化学性质。

2. 设计并评价实验室制备 $Al(OH)_3$ 的方案，实验探究"铝表面存在致密的氧化膜"。

(四) 教学准备

资源：轻课堂 APP、多媒体课件、一体机、学习单、易拉罐与氢氧化钠反应视频。

仪器：坩埚钳、酒精灯、烧杯、砂纸、试管、试管架。

药品：铝条、铝粉、稀盐酸、氢氧化钠溶液、硫酸铜溶液。

三、教学过程

环节一　建构"铝及其化合物"的知识网络

教师活动

【教师】　我们身边有很多的铝制品，比如铝制锅具。使用铝锅有诸多的注意事项，请同学们分析材料，完成问题一。

【提供材料】　使用铝锅注意事项。

1. 使用铝锅做饭时不要空锅点火或者是水加少了，造成干锅的情况，否则有可能将锅底烧漏。

2. 使用铝锅做饭时，一定要及时把饭和汤盛到碗里，尤其是不能长时间存放酸碱性的食物。

3. 不要使用酸碱性的清洁剂清洗铝锅。不要用钢丝球刷铝锅，否则会刮伤铝锅。

4. 使用铝锅一段时间后，会使锅体颜色变暗，不要特意把铝锅擦亮，否则会减少铝锅的使用寿命。

【任务一】　建构"铝及其化合物"的知识网络。

问题一："用途体现了性质"，从"使用铝锅注意事项"归纳铝及其化合物的性质,完成任务一中的表格。

【师生】 学生回答、生生评价、师生评价,完成任务一中的表格。

序号	性质	依据
1	铝熔点相对较低	干烧容易烧漏
2	铝能与酸或碱反应	不能长时间盛放酸碱性食物,不能用酸碱性清洁剂清洗
3	铝质软	易被钢丝球刮伤
4	铝易被氧化,氧化后生成保护作用的氧化膜	使用一段时间变暗,擦掉减少使用寿命

追问 1:小组合作,设计验证铝表面存在氧化膜的实验方案,并用提供的仪器和药品完成实验。

【师生】 小组汇报,生生评价,师生评价。

【典型方案 1】 将一根打磨过的铝条和一根未打磨过的铝条同时放入盐酸,打磨过的铝条表面马上看到产生大量气泡,未打磨过的铝条表面开始没有气泡,等待一段时间后产生气泡。得出结论:铝条表面有氧化膜。

【教师追问】 氧化膜是什么物质?从现象的差异,可否推断出氧化膜的性质?

【学生】 氧化膜是氧化铝,还可以推断出氧化膜能与盐酸反应。

【典型方案 2】 跟方案 1 思路基本一致,所不同的是用的不是盐酸,而是氢氧化钠溶液,现象与方案 1 一样,得出结论:铝条表面有氧化膜,氧化膜能与氢氧化钠反应。

【典型方案 3】 把一根打磨过的铝条和一根未打磨过的铝条分别浸入相同浓度的硫酸铜溶液中,等待一段时间,未打磨的铝条表面无明显现象,打磨过的铝条表面析出了红色固体。得出结论:铝条表面有氧化膜,氧化膜不与硫酸铜反应。

【典型方案 4】 我们组在酒精灯上加热铝片,铝片变软,看起来有点儿像液滴,但是液滴并不滴落。根据铝锅的使用注意事项,我们知道铝的熔点比较低,我们觉得在加热过程中铝熔化为液态,表面有层膜包裹着熔化的铝,这层膜应该就是氧化膜。

【教师】　酒精灯外焰温度约为 700℃,铝的熔点 660℃,氧化铝的熔点 2 054℃,数据支持了同学们的推断,特别精彩。酒精灯上加热铝片的实验,不仅能让我们"看见"了氧化膜,而且还能得出这层氧化膜很致密,这也是为什么铝锅变暗形成氧化膜后,不需要擦除,因为这层致密的氧化膜对铝锅有保护作用。

追问 2:根据金属活动顺序表,我们知道铝的活泼性很强,为什么可以用铝锅做炊具呢?

【学生】　正是因为铝在空气中表面会形成一层致密的氧化膜,保护了铝进一步被空气氧化。

追问 3:从同学们的实验中,我们知道氧化铝既可以与酸反应,又可以与碱反应,这体现了氧化铝的什么性质? 哪种铝的化合物也有类似的性质?

【学生】　体现了氧化铝的两性,氧化铝是两性氧化物,与此类似,氢氧化铝也具有两性,也能与酸或碱反应,氢氧化铝是两性氢氧化物。

追问 4:从平衡移动的角度解释,氢氧化铝为什么既可以溶于强酸中,也可以溶于强碱溶液中。

【学生】　氢氧化铝存在着电离平衡:

$$H^+ + AlO_2^- + H_2O \rightleftharpoons Al(OH)_3 \rightleftharpoons 3OH^- + Al^{3+}$$

加强碱时,碱电离出的 OH^- 与体系中的 H^+ 反应生成 H_2O,消耗 H^+,使平衡向酸式电离的方向移动,生成偏铝酸盐和水,从而使氢氧化铝溶解;加酸时,酸电离产生的氢离子与平衡体系中的氢氧根反应生成水,消耗氢氧根,使平衡向碱性电离的方向移动,生成铝盐和水,从而使氢氧化铝溶解。

【教师】　医学上使用氢氧化铝治疗胃病,从微观分析,就是因为胃酸电离出的氢离子促进了氢氧化铝的碱性电离。

追问 5:现在的铝制品价格比较亲民,铝又是地壳中含量最多的金属,但直到 1825 年,丹麦化学家用无水氯化铝与钾作用,才第一次获得了铝,当时铝被称为"银色的金子",铝如此难制得的原因是什么? 现在制取铝的方法又是什么?

【学生】 铝难制取,人类利用晚的原因是铝比较活泼,现在使用电解法生产铝。

问题二:结合问题一及所学,归纳"铝及其化合物"的转化关系,并以思维导图的形式展现。

【师生】 学生展示交流,生生、师生评析。

【典型示例 1】

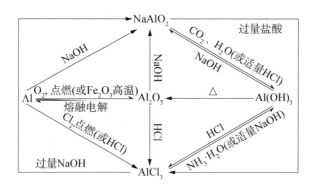

图 2-5-1 铝及其化合物转化关系图

【典型示例 2】

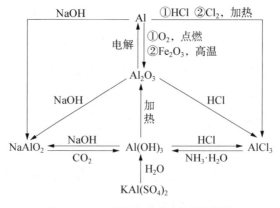

图 2-5-2 铝及其化合物转化关系图

【典型示例 3】　小序号表示的化学反应方程式作为课后练习,由学生自行完成。

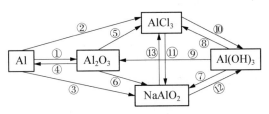

图 2-5-3　铝及其化合物转化关系图

【典型示例 4】　"铝及其化合物"转化价类二维图,详见板书。

学生活动

　　问题一中,分析资料,归纳铝及其化合物的性质,填写表格,交流汇报。

　　追问 1 中,先独立思考、小组内交流达成共识、用设计的方案进行实验检验方案的可行性,小组间交流汇报。

　　问题二中,画关系图,展示交流。

设计意图

　　问题二:从"使用铝锅的注意事项"激活旧知,同时提升信息提取能力。

　　追问 1:通过"设计验证铝表面存在氧化膜的实验方案"并进行实验探究,激活铝及其化合物的转化,提升实验探究能力。

　　通过系列追问进一步唤起学生有关铝及其化合物的主要化学性质的知识储备,为自主建构"铝及其化合物的转化"知识网络作铺垫,并促进学生从"宏微结合""平衡思想"等角度深化对原理性知识的理解和应用。

　　问题二:通过画思维导图,诊断并发展学生对元素化合物知识的认识水平(视角水平、结构化水平)。

环节二　设计并评价实验室制备氢氧化铝的方案

教师活动

【教师】　氢氧化铝是典型且常用的抗酸药,具有抗酸、吸着、局部止血和保护溃疡面等作用。请用给定的试剂,设计实验室制备氢氧化铝的方案。

【任务二】　请以铝粉为原料,其他试剂任选,用尽可能多的方案制备 $Al(OH)_3$,并对不同的方案进行评价,选出最优方案,写出相关反应的离子方程式。

【师生】　小组展示交流,教师板书每个方案的要点以便于后续的评价。

【典型方案 1】　铝粉与过量的盐酸反应生成氯化铝,然后加适量的氢氧化钠溶液,过滤、洗涤,得到氢氧化铝。

【典型方案 2】　铝粉与过量的盐酸反应生成氯化铝,然后加足量氨水,过滤、洗涤,得到氢氧化铝。

【典型方案 3】　铝粉溶解于过量的氢氧化钠溶液中,得到偏铝酸钠溶液,然后再加适量的盐酸,过滤、洗涤,得到氢氧化铝。

【典型方案 4】　铝粉溶解于过量的氢氧化钠溶液中,得到偏铝酸钠溶液,然后通入过量的二氧化碳,过滤、洗涤,得到氢氧化铝。

【典型方案 5】　一部分铝粉溶解于适量的盐酸中,制得氯化铝溶液;另取一部分铝粉溶于适量的氢氧化钠溶液中,制得偏铝酸钠溶液;混合氯化铝和偏铝酸钠溶液,过滤、洗涤,制得氢氧化铝。

【教师】　我们一般从哪些方面评价实验方案的优劣? 对于同学们设计的五种实验方案,哪种方案是最优方案? 为什么?

【学生达成共识】　好的实验方案不仅要能耗低,无污染,还要步骤简单,成本低。

【教师】　按照大家的评价标准,你们认为哪种方案最好?

【学生】　我们认为可以先比较方案 1、3、5,因为这三种方案所用的原料都是一样的,我们只要比较一下制备等量的氢氧化铝哪一种方案需要的原料少,那么它就是最好的。

【教师强调】　你用了控制变量的思想,先比较原料完全一样的,然后比较用量,大家赞成他的观点吗?(同学们表示赞同)那么,大家比较比较,这三种方案到底哪一种好?

【学生】　假如制备 4 mol Al(OH)$_3$,我们发现,如果用方案 1 制备,需要消耗 12 mol HCl 和 12 mol NaOH,如果用方案 3 制备,需要消耗 4 mol HCl 和 4 mol NaOH,而要用方案 5 制备,只需要消耗 3 mol HCl 和 3 mol NaOH,所以方案 5 最好。

【学生补充】　我们认为方案 5 不仅消耗的盐酸和氢氧化钠少,它也是这三个方案中唯一能够用 4 mol Al 制得 4 mol Al(OH)$_3$ 的方案。因为方案 1 中向氯化铝溶液中加入氢氧化钠溶液制备氢氧化铝的时候,氢氧化铝很容易溶于过量的氢氧化钠溶液里;同理,方案 3 中偏铝酸钠中加入盐酸制备氢氧化铝时,氢氧化铝也会溶于过量的盐酸,很难控制恰好反应。方案 5 只需要用 1 mol Al 与盐酸反应,3 mol Al 与氢氧化钠溶液反应,用等物质的量的 HCl 和 NaOH,然后将所得溶液混合即可。

【教师】　你们觉得方案 2 和方案 4 怎么样?

【学生】　我们觉得这两种方案也可以,因为氢氧化铝不溶于弱酸和弱碱,用氨水跟氯化铝反应或用二氧化碳跟偏铝酸钠反应都没有因氢氧化铝溶解损失的风险。如果要具体跟方案 5 比较,我们还需要更多的信息,比如药品的价格,需要更精确的计算。

学生活动

先独立思考,后小组内交流达成组内共识,小组之间交流,生生评价,师生评价。

设计意图

利用任务一中完成的“铝及其化合物”转化关系思维导图设计实验室制备氢氧化铝的方案,进一步突出转化思想,加深学生对转化观的理解。通过评价方案的优劣,渗透绿色化学思想,发展学生物质制备中控制药品用量的计量观。

环节三　铝及其化合物的应用

教师活动

【教师】　铝及其化合物在生产和生活中有着广泛的应用,你知道关于铝及其化合物的哪些应用? 这些应用对应着铝的什么性质? 完成任务三。

【任务三】　列举铝及其化合物的应用及对应的性质。

【师生】　学生回答、补充、评价,完成任务三。

序号	铝及其化合物的应用	性　　质
1	铝锅、铝壶	导热性
2	铝制电缆	导电性
3	反射镜	对光反射好
4	利乐包、易拉罐	延展性好
5	汽车车轮	硬度大
6	航空航天	密度小
7	铝制装饰品	金属光泽
8	胃舒平	氢氧化铝与酸反应
9	净水剂	铝盐水解生成氢氧化铝胶体
10	焊接钢轨、定向爆破	铝热反应
11	手表和精密机械的轴承	氧化铝硬度大

【提供资料】　铝与人体健康:铝使用不当也会产生一些副作用。有资料报道:铝盐可能导致人的记忆力丧失。世界卫生组织提出人体每天的摄铝量每千克体重不应超过 1 mg,一般情况下,一个人每天摄取的铝量

绝不会超过这个量,但是,经常喝铝盐净化过的水,吃含铝盐的食物,如油条、粉丝、凉粉、油饼、易拉罐装的软饮料等,或是经常食用铝制炊具炒出的饭菜,都会使人的摄铝量增加,从而影响脑细胞功能,导致记忆力下降,思维能力迟钝。

【教师】　铝的摄入量不能超标,但是,现在铝制易拉罐装的饮料并没有减少的趋势,国家也没有出台相应的措施限制,对此,你怎么看?

【学生 1】　我们自觉地少喝铝制易拉罐装的饮料,商家不能从中盈利,自然就不生产了。

【学生 2】　我觉得既然国家没有限制,那么,要么就是铝的摄入量超标引起人体健康的研究并没有得到共识,要么就是对易拉罐进行了处理,可以避免铝溶解在饮料里。

【教师追问】　对易拉罐进行处理这个想法很妙! 如果是你,你觉得可以做怎样的处理?

【学生】　在易拉罐内壁涂上一层保护膜,隔绝与饮料的接触。

【教师追问】　比如,涂上什么保护膜呢? (学生表情茫然)我们做个实验看看。

【演示实验】　把外壁打磨后的易拉罐进入氢氧化钠溶液中,产生大量气泡,一段时间后,铝全部反应完,但易拉罐里面的饮料并没有洒出来,完好地待在一个易拉罐形状的塑料袋里。

【学生】　(非常兴奋)原来是用一层塑料隔绝了铝与饮料的接触啊!太妙了!

学生活动

对任务三中的问题及追问进行思考、回答。观察实验现象,得出结论。

设计意图

通过铝及其化合物的应用,引导学生发现身边的铝,进一步体会"性质决定用途,用途体现性质"的思想,感受化学对生产和生活的贡献,辩证地看待铝与人体健康,深化"化学让世界更美好,但要合理使用化学品"的意识。

结课

　　铝作为一种应用广泛的金属,不仅走进了我们日常生活的方方面面,在汽车工业、航空航天、医药、材料等方面也起着不可替代的作用。铝及其合金具有质轻、耐腐蚀、韧性好等优良特性,根据生产原料和生产工艺的不同,可以分为原铝和再生铝两大类,其中再生铝是由废旧铝和废铝合金材料经重新融合提炼而得到的。与原铝相比,再生铝对能源消耗较低,环境影响较小,属于循环经济、资源再生型,受到国家产业政策的支持。课后请同学们进行小课题研究:铝制易拉罐的回收现状及回收方案探究。

板书

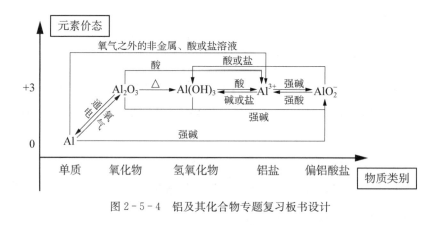

图 2 - 5 - 4　铝及其化合物专题复习板书设计

四、作业及反思

(一) 作业及评价要点

　　1. 作业

　　(1) 已知铝土矿的主要成分为 Al_2O_3,含 Fe_2O_3、SiO_2 等杂质。设计从铝土矿中提纯氧化铝的方案。

资料：SiO_2 不溶于酸，溶于强碱中；SiO_2 溶于氢氧化钠时转化为铝硅酸钠沉淀。

（2）小课题研究：铝制易拉罐的回收现状及回收方案探究。

2. 评价

（1）评价要点：设计两种提纯方案，并比较方案的优劣；用流程图表示提纯流程，简洁美观。

（2）评价要点：基于文献进行课题研究，文献来源可靠，研究报告中标注文献出处；调查、采访要留下过程性资料；研究报告格式规范、观点明确、思路清晰、语言简洁。

(二) 教学反思

1. 教学设计及实施过程中的创新点

本节课以"铝及其化合物"的性质为载体，依据"发展学生化学学科观念"的设计理念，以"任务驱动与问题引领"的教学策略，促进学生发展从化学视角认识事物和解决问题的思想、观念和方法。在建构"铝及其化合物"的知识网络环节中，通过身边的化学"铝锅使用注意事项"这一真实情境，用一项任务及系列追问，辅以实验探究，唤起学生有关铝及其化合物的主要化学性质的知识储备，促进学生从"宏微结合""平衡思想"等角度深化对原理性知识的理解和应用，诊断并发展学生对元素化合物知识的认识水平。在设计并评价实验室制备氢氧化铝的方案环节，加深学生对转化观的理解，渗透绿色化学思想，发展学生物质制备中控制药品用量的计量观。在铝及其化合物的应用环节，进一步体会"性质决定用途，用途体现性质"的思想，感受化学对生产和生活的贡献。

2. 遗憾点及解决办法

环节三中铝制易拉罐与氢氧化钠的反应非常有趣，操作也很简单，时间关系来不及让同学们动手实验，使用了演示实验和视频。可以考虑课前让同学们进行"铝及其化合物"知识网络梳理，课中进行完善，这样可以节省出来动手做实验的时间，效果会更好。

专家点评

　　化学源于生活高于生活。将学生置于真实的生活情境中,思考身边熟悉物质的性质和应用的原理,使化学学习的过程变得主动和有意义。这节课的设计就是一个范例,其特点如下:

1. 密切联系社会生活

　　本节课通过"使用铝锅注意事项"这一素材引出课题,逐步建构"铝及其化合物"的知识网络。通过贴近学生生活实际,营造真实的问题情境,使化学与生活紧密联系,赋予知识的价值意义,不仅激发了学生学习兴趣,而且也引导学生能从化学视角去观察分析社会生活,认识逐步由感性上升到理性,从而形成化学基本概念和学科核心思想。

2. 突出学生主体

　　环节一通过提供丰富的素材资料,让学生分析归纳出铝及其化合物的性质,提升学生信息提取能力;环节二设计并评价实验室制备氢氧化铝的方案,学生采取小组合作学习的方式开展制备方案的探究,通过问题驱动、结论交流、方案评价,不仅深化了对铝及其化合物性质的认识,还增强了学习体验,在问题解决中实现了学习方式的转变。环节三由学生列举铝及其化合物的应用及对应的性质,进一步领悟并感受化学对生产和生活的贡献,同时形成辩证观点。整个教学过程学生始终是主体,教师是主导。

3. 落实学生核心素养

　　本节课教师的教学设计不仅关注铝及其化合物的核心知识,而且关注元素化合物知识学习的思维和方法,同时更关注了物质结构、氧化还原理论、化学平衡等理论的再理解和再应用,同时将"宏观辨识与微观探析""证据推理和模型认知""科学态度与社会责任"等化学学科核心素养有机融合,润物细无声地进行培养和落实。

物质结构基础与化学反应规律

第1课 从葡萄干面包原子模型到原子结构的行星模型

一、教学任务分析

（一）学情分析

学生刚进入高中，有初三一年的化学学习经历。学生具有了初步的元素及化合物知识，能通过观察辨析一定条件下的物质形态及变化的宏观现象，初步掌握运用有关符号表征物质及其变化。学生对于化学研究的科学方法和思想方法的认识还比较粗浅，需要根据学习内容，设计学习活动，引导学生更加深入地认识化学科学、提升化学学科核心素养的水平。

（二）教材分析

二期课改沪科版第一章主题是"打开原子世界的大门"，作为高中阶段学习的开篇，本章内容为重要的化学基础知识，对初、高中化学学习起到承前启后的作用。"从葡萄干面包原子模型到原子结构的行星模型"，是本章的第一课时，介绍了人类认识原子结构的历程，属于科学史，蕴含着丰富的育人价值。通过本节课的学习，学生不仅了解到人类认识原子结构的每一个历史阶段中，科学家提出的主要观点和作出的重要贡献，理解人类认识物质世界是不断探索的过程，前人的经验为后人的探索奠定基础，而且能认识到生产力和科技的发展在人类认识物质世界的过程中所起的重要作用。本节课还可以帮助学生理解"模型法"和"实验法"对科学研究的重要贡献和意义，领会科学探究的一般过程，感悟科学家的创新精神和一丝不苟的科学态度。

二、目标分析与教学准备

(一) 教学目标

(1) 了解科学家认识原子结构的不同阶段及重要贡献。

(2) 理解卢瑟福原子结构行星模型的提出依据、内容和意义。

(3) 认识"模型方法"和"实验方法"在科学研究中的作用。

(4) 感悟科学家在探索原子结构过程中表现出的科学精神。

(二) 评价目标

(1) 通过"想一想"核心问题的回答,诊断并发展学生证据推理水平(孤立水平、系统水平)。

(2) 通过总结"人类认识原子结构的历程",诊断并发展学生认识思路的结构化水平(视角水平、内涵水平)。

(三) 教学重难点

1. 理解卢瑟福原子结构行星模型的提出依据、内容和意义。

2. 认识"模型方法"和"实验方法"在科学研究中的作用。

(四) 教学准备

资源:轻课堂 APP、多媒体课件、一体机、学习单。

视频:道尔顿近代原子学说,汤姆孙发现电子,α 粒子散射实验,卢瑟福提出原子结构的行星模型。

三、教学过程

环节一　古典原子论

教师活动

【引入】　同学们好,大千世界中所有的物质和材料都是由百余种元素的原子通过不同形式组合而形成的。我们只有认识了原子的结构,了解各种元素的性质,才能构建出丰富多彩的新物质、新材料,以满足各方面日益增长的需要。今天,我们就沿着人类探究原子结构奥秘的足迹,打开原子世界的大门。

【PPT 投影并讲解】　惠施、墨子、德谟克利特的观点。

学生活动

聆听,感悟。

设计意图

了解物质可分的哲学思想,感悟古时人类认识物质依据的是猜想和思辨。

环节二　近代原子学说

教师活动

【资料】　科学家们用实验方法研究气体性质;道尔顿近代原子学说视频。

【思考1】　德谟克利特的古典原子论与道尔顿的近代原子论的区别在哪里?

学生活动

阅读材料、观看视频、思考回答:德谟克利特的原子论是直观经验基础上的思辨和猜测的结果,而道尔顿的近代原子论是建立在可靠实证基础上的。

设计意图

了解道尔顿原子学说的主要观点,体会定性和定量实验对道尔顿近代原子论建立的重要作用,初步认识模型法和实验法在科学研究中的作用。

环节三　葡萄干面包原子模型

教师活动

【资料】　十九世纪末二十世纪初的三大发现:1895 年,伦琴发现 X

射线;1896 年,贝克勒尔发现了铀的放射性,并获得了 1903 年诺贝尔物理学奖;1897 年,汤姆孙做了阴极射线实验,并进行了相关计算,从而发现了电子,并因此获得了 1906 年诺贝尔奖。视频:汤姆孙发现电子。

【思考 2】 电子来自何处? 推理论证提出葡萄干面包原子模型。

【思考 3】 汤姆孙提出葡萄干面包原子模型的主要依据是什么? 主要贡献是什么?

学生活动

阅读材料、观看视频、思考回答。

思考 2:汤姆孙的阴极射线实验表明,由于阴极是通电之后唯一带电的部分,所以电子必须是电中性的原子中带负电荷的一部分结构。因此,电子从原子上脱离之后,必然留下了带正电荷的结构。汤姆孙认为,带负电荷的电子镶嵌在原子带正电荷的那一部分结构中,就像葡萄干镶嵌在面包中一样。

思考 3:电子的发现是汤姆孙提出葡萄干面包原子模型的主要依据,主要贡献是指出了原子是可分的,是有结构的。

设计意图

了解葡萄干面包原子模型的主要观点,感悟科技的发展在人类认识物质世界的过程中所起的重要作用,帮助学生进一步理解模型法和实验法在科学研究中的作用。

环节四　原子结构的行星模型

教师活动

【资料】 α 射线、β 射线和 γ 射线的发现史实。视频:α 粒子散射实验。

【思考 4】 发现 α 射线后,卢瑟福想做一个实验证明他的老师汤姆孙的原子结构模型的正确性,他用 α 粒子轰击金箔,他的预想是什么? 结果又是怎样呢? 从而得出什么结论?

【过渡】　据此,卢瑟福提出了怎样的原子结构模型呢? 请看视频。

【视频】　卢瑟福提出原子结构的行星模型。

【投影并讲解】　卢瑟福认为:原子中心有一个带正电荷的核,它的质量几乎等于原子的全部质量,带负电荷的电子在它的周围运转,就像行星环绕太阳运转一样。

【过渡】　卢瑟福做 α 粒子散射实验,本意是要证明老师汤姆孙原子模型的正确性,结果却是他提出的原子结构的行星模型推翻了葡萄干面包原子模型。可见真理永远在前方,真相永远不确定,这就是科学思维中的批判性思维。

【思考 5】　卢瑟福提出原子结构的行星模型的主要依据是什么? 主要贡献是什么?

学生活动

阅读材料、观看视频、思考回答。

思考 4:他的预想是 α 粒子能够径直穿过金箔。α 粒子散射实验主要有三个结果:①绝大多数 α 粒子直接穿过金箔,②少数 α 粒子发生小角度偏转,③个别 α 粒子大角度偏转甚至被反弹。卢瑟福认为只有金箔内部几乎是空的,才会出现现象①:α 粒子被反弹回来,一定是遇到了质量比自身大得多的微粒;对于现象②,只能从电荷角度考虑,α 粒子带有正电荷,它们一定靠近但并没有碰上原子中的正电荷,这意味着它们靠近了原子核,且原子核一定带有正电荷,同性相斥,从而发生了偏转。如果原子核集中了原子中的正电荷,那么带负电荷的电子只能在核外了,这不符合汤姆孙的葡萄干面包模型。

思考 5:主要依据是 α 粒子散射实验,主要贡献是提出了原子中存在原子核。

设计意图

了解原子结构的行星模型主要观点,提升证据推理能力,感悟科学家的创新精神和一丝不苟的科学态度,理解模型法和实验法在科学研究中的作用。

环节五　人类认识原子结构的历程

教师活动

师生一起梳理总结：人类认识原子结构的历程。

今天，我们一起重温了人类认识原子结构的历程：古代哲学家们通过思辨和猜想，提出了古典原子论；在大量气体性质实验的基础上，经过推理论证，道尔顿提出了近代原子论；随着生产力和科技的进步，汤姆孙发现了电子，并据此提出了葡萄干面包原子模型；卢瑟福用 α 粒子轰击金箔，经过多次实验、计算、推理论证，提出了原子结构的行星模型。我们发现，人类认识原子结构的过程，是"猜想思辨→提取模型→发现新的问题（现象）→再猜想思辨……的往复循环"，这也是科学研究的一般过程，而实验、假说、模型是科学研究的常用方法。

设计意图

进一步明确实验、假说、模型是科学研究的常用方法以及科学研究的一般过程，感悟辩证唯物主义认识论，促使学生形成结构化思维。

结课

【投影】　氢原子线状光谱。

【讲解】　随着科技的进步，卢瑟福的原子结构行星模型也遇到了挑战，具体体现在两个方面：①无法解释原子的稳定状态；②无法解释氢原子线状光谱，要解释这两个问题，势必有新的原子结构模型提出。

【投影】　玻尔的原子结构理论和电子云模型。

【讲解】　事实上，1913 年，玻尔提出新的原子结构理论，他认为核外电子在特定的原子轨道上运动。随着物理学的进一步发展，化学也进入了现代发展阶段，又有了现代电子云模型。但是，原子结构的电子云模型也不是完美的，仍然有不能解决的问题。这也符合辩证唯物主义的认识论：世界的本质是物质，物质是运动的，物质运动是有规律的，规律是可以被认知的，认知是不断深化的。

板书

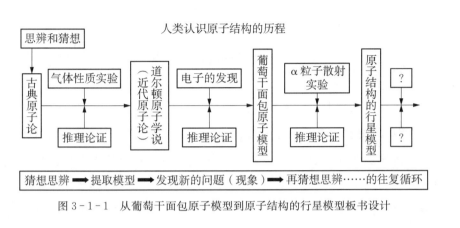

图 3-1-1　从葡萄干面包原子模型到原子结构的行星模型板书设计

四、作业及反思

（一）作业及评价要点

1. 作业

查阅资料，用原子结构的现代观点评论道尔顿近代原子论的主要观点。

2. 评价

评价要点：基于证据进行论述，表述清晰，观点正确，评价全面。

（二）教学反思

1. 教学设计及实施过程中的创新点

通常的绪言课解决两个问题："学什么"和"怎么学"。初三化学的绪言课立足于解决"学什么"，高一化学的绪言课应该立足于解决"怎么学"。本节课以化学史实：人类认识原子结构的历程为载体，引领学生重温历史的过程中，明确实验、假说、模型是科学研究的常用方法，提炼科学研究的一般过程，感悟辩证唯物主义认识论，促使学生形成结构化思维。

2. 遗憾点及解决办法

因为是以视频课的形式进行的教学设计，师生互动和生生互动环节没有课堂生成资源,缺乏思维碰撞的资料。

专家点评

本课设计主题明确,"用模型法和实验法来介绍人类认识原子结构的历程"。教材的定位既属于科学史介绍,让学生了解科学家对原子结构认识有不同的阶段性螺旋式上升,以及在人类探索自然过程中所作出的重要贡献。同时,也通过科学家走过的探究之路,让学生初步认识"模型法"和"实验法"对科学研究的重要贡献和意义,领会科学探究的一般过程和方法,为高中阶段化学学习打下方法论基础。

教师按照史料发展的时间顺序,提供详尽的资源,营造学生沉浸式学习氛围,让学生走过先哲和科学家们的求索之路,"猜想思辨→提取模型→发现新的问题(现象)→再猜想思辨……往复循坏"的科学研究之路,在这条路上,实验、假说、模型是科学研究的常用方法。教材在卢瑟福的有核模型介绍处戛然而止,但是教师的教学依旧意犹未尽。在课的结语部分,教师指出,随着科技的进步,卢瑟福的原子结构有核模型又受到质疑,出现了玻尔的原子结构理论和电子云模型,这个设计可谓画龙点睛,视野一下子宽广而深邃,"规律是可以被认知的,认知是不断深化的",将整节课的立意有效升华。

第 2 课　　化学键和离子键

一、教学任务分析

(一) 学情分析

学生初中时对物质的构成微粒有一定的认知基础,在高中第一章学习了原子结构,第二章学习了钠在氯气中燃烧生成氯化钠,这些内容的学习都有利于本节课的开展。但学生对微粒间的相互作用缺少深层次的理解,学生运用证据进行推理能力不强。

(二) 教材分析

"化学键和离子键"是二期课改沪科版高一年级第一学期第三章的内容。本章内容包括原子间的相互作用、离子键、共价键三部分,对促进学生核心素养的发展体现在:有利于学生从微观结构角度认识物质的多样性;是落实"宏观辨识与微观探析""证据推理与模型认知"的重要载体。

"化学键和离子键"是本章的第一课时,本节课包括:化学键、原子趋向稳定的途径、离子键的形成、离子化合物,是原子结构的逻辑延伸,也是化学键的重要内容。探究原子间如何通过离子键构成离子化合物对认识物质结构有重要意义,也为进一步学习晶体、电解质在水溶液中的行为等内容作了铺垫。承载的价值有:学生可以从微观角度对氯化钠的形成进行解释,形成离子间通过离子键结合成物质的认知规律;从物理性质等宏观现象猜测推理微观结构,感悟"结构决定性质,性质反映结构";让学生经历"收集证据→提出初步模型→再收集证据→改进模型"这一过程,习得科学方法,体验证据推理与模型认知。

二、目标分析与教学准备

(一) 教学目标

(1) 解释离子键的形成,建立化学键和离子键的概念;了解离子化合物概念,学会书写简单的离子化合物电子式。

(2) 从"宏观-微观-符号"三重表征角度认识离子键的形成,感悟"结构决定性质,性质反映结构",落实"宏观辨识与微观探析"核心素养。

(3) 以氯化钠为例,通过亲历"收集证据→提出初步模型→再收集证据→改进模型"这一过程,建构阴、阳离子形成物质的认知模型,提高分析判断、逻辑推理等科学思维品质,落实"证据推理与模型认知"核心素养。

(二) 评价目标

(1) 通过"解释离子键的形成""书写简单的离子化合物电子式",诊断并发展学生对原子间形成物质的规律认识水平(视角水平、结构化水平)。

(2) "宏观-微观-符号"三重表征角度认识离子键的形成,诊断并发展学生"宏微结合与符号表征"认识思路的结构化水平(视角水平、内涵水平)。

(3) 亲历"收集证据-提出初步模型-再收集证据-改进模型"这一过程,诊断并发展学生证据推理水平(孤立水平、系统水平)。

(三) 教学重难点

1. 解释离子键的形成,建立化学键和离子键的概念;了解离子化合物概念,学会书写简单的离子化合物电子式。

2. 以氯化钠为例,通过亲历"收集证据→提出初步模型→再收集证据→改进模型"这一过程,建构阴、阳离子形成物质的认知模型,提高分析判断、逻辑推理等科学思维品质,落实"证据推理与模型认知"核心素养。

(四) 教学准备

资源:轻课堂 APP、多媒体课件、一体机、学习单、氯化钠结构模型。

仪器:铁架台、铁圈、酒精灯、石棉网、镊子、滤纸。

药品:钠、一集气瓶氯气。

三、教学过程

环节一　物质分类

教师活动

【引入】　目前我们已经发现了 118 种元素,而由这些元素组成的化合物却有几千万种,并且,人类新发现和合成的物质正以每年上百万种的数量急剧增加,那么,为什么这么少的元素却能合成这么多物质,原子之间到底靠何种作用力结合的? 这节课我们一起来揭秘。

【板书】　化学键和离子键

【过渡】　我们知道物质宏观上的性质是其微观结构的反映,我们先来分析一组物质的物理性质,看看能不能给我们一些启发。

【任务一】　根据导电性及熔沸点将表一物质进行分类。

【提供资料】　表一:部分物质的物理数据

物质	熔点/℃	沸点/℃	液态时导电性
H_2	-259.1	-252.8	不导电
Cl_2	-101.0	-34.0	不导电
O_2	-218.4	-183.0	不导电
C(金刚石)	3 550	3 652	不导电
Si	1 414	2 900	不导电
CO_2	-78.5	-56.6	不导电
SiO_2	1 650	2 230	不导电
HCl	-114.2	-84.9	不导电
H_2O	0	100	不导电
NH_3	-77.7	-33.3	不导电

续　表

物质	熔点/℃	沸点/℃	液态时导电性
NaCl	801	1 465	导电
Na_2O	1 132	1 950	导电
Li_2S	938	1 372	导电

【投影】　根据导电性及熔沸点将表一物质进行分类。

	熔沸点高	熔沸点低
不导电	金刚石、Si、SiO_2	H_2、Cl_2、O_2、CO_2、HCl、H_2O、NH_3
导电	NaCl、Na_2O、Li_2S	

学生活动

阅读表一,依据物质的熔沸点及液态时是否导电,对表一中物质进行分类,完成课时活动一。

设计意图

从物质的宏观特征入手对物质进行分类,为建构"原子聚集"模型提供事实依据。

环节二　初建模型

教师活动

【过渡】　对于三类物质宏观性质上的差异,我们可能需要不同的"原子聚集"模型去解释。用怎样的"原子聚集"模型呢?要弄明白原子间是如何聚集的,我们可以先找找看自然界有没有原子"不需要"聚集的例子,看看它们能不能给我们启发。初中时,我们就知道,有一类气体,它们都是单原子分子,它们的原子不需要聚集。它们是什么?原子结构上共同特征有哪些?这给了我们什么启发?

【演示实验】　钠在氯气中燃烧。

【过渡】　在这个反应中,钠和氯的原子结构发生了什么变化呢?

【任务二】　用图式或语言表示氯化钠的聚集模型。

学生活动

1. 思考、回答相关问题。

2. 用图式或语言表示氯化钠的聚集模型。

设计意图

链接原有认知,类比惰性气体的稳定结构,提出初步模型。

环节三　修正模型

教师活动

【过渡】　同学们都能表达出在氯化钠的形成过程钠原子失去一个电子,变成了钠离子,氯原子得到一个电子,变成了氯离子,这样它们都达到了 8 电子的稳定结构。电子得失是原子趋于稳定的途径之一。钠离子和氯离子之间是不是彼此远离的呢?

【PPT 投影】　已知钠离子半径为 97 Pm,氯离子半径为 181 Pm,氯化钠形成过程中能量与离子间距离($R_0 = 282$ Pm)关系图如下,能得出什么结论?

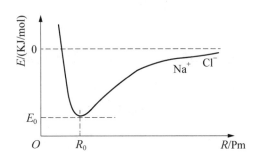

学生:修正任务二中建立的模型。

【投影】　氯化钠的形成过程。

【教师】 不稳定的钠原子和氯原子,通过得失电子,形成了较稳定的钠离子和氯离子,钠离子和氯离子通过静电作用,形成了体系能量更低、也更稳定的氯化钠。那么,如何理解"静电作用"呢？只是阴阳离子间的静电引力吗？

【师生】 共同梳理化学键和离子键的相关内容。

【投影】 化学键和离子键的相关内容。

【过渡】 离子键存在于离子化合物中。

【核心问题】

问题一：什么是离子化合物？

问题二：哪些化合物是离子化合物？

问题三：非金属元素之间形成的化合物一定不是离子化合物吗？

问题四：如何用电子式表示离子化合物。

【投影】 简单阳离子、简单阴离子、简单离子化合物的电子式书写。

【练习】 1. 用电子式表示氯化钠的形成过程；

2. 书写氯化镁、硫化钠的电子式。

学生活动

1. 基于证据修正模型。

2. 总结化学键、离子键相关内容。

3. 思考、回答有关离子化合物的四个问题。

4. 书写相关离子化合物的电子式。

设计意图

经历基于证据进行推理,不断完善模型,逐步提高分析判断、逻辑推理思维品质,落实"证据推理与模型认知"核心素养。

及时回顾推理过程,建构离子键的概念；思考回答离子化合物的 4 个问题加深对离子化合物的理解；学会书写简单的离子化合物的电子式。

环节四 形成模型

教师活动

【过渡】 大家头脑中的氯化钠模型是如下图所示吗？结合氯化钠的熔点、沸点以及液态能导电这些物理性质，想想看，模型是否合理？

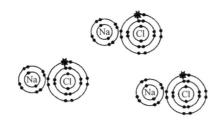

【任务三】 再次修正模型。

【教师】 同学们把氯化钠"原子聚集"模型修正为：阴阳离子紧密结合，有序堆积，形成了"巨大"的集合体。真是太厉害了！X 射线衍射实验已经证实的钠离子和氯离子在空间的排列方式，跟大家形成的模型一模一样。

【投影＋展示】 X 射线衍射实验已证实的钠离子和氯离子在空间的排列方式图，展示氯化钠晶体结构模型。

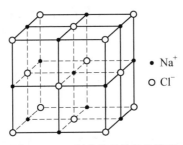

图 3-2-1 氯化钠晶体结构模型

学生活动

1. 思考，回答。

2. 再次修正模型，形成正确的氯化钠"原子聚集"模型。

设计意图

经历基于证据进行推理，不断完善模型，逐步提高分析判断、逻辑推理思维品质，落实"证据推理与模型认知"核心素养。

环节五　类比迁移

教师活动

【思考】　请用氯化钠的聚集模型解释氯化钠具有较高的熔沸点、液态时能导电。

【投影】　氯化钠代表的熔沸点高、液态导电那类物质的模型要点。

典型物质	物理性质	模型要点
氯化钠	熔沸点高，液态导电	形成阴阳离子；离子间紧密堆积；"巨大"的"分子"

【教师】　由于时间关系，对于原子结合成物质的秘密，我们仅仅揭开了一角，了解了一种化学键：离子键，并建构了离子化合物中"原子聚集"模型。那么，对于熔沸点低、液态不导电的物质以及熔沸点高、液态不导电的物质，原子间又是以怎样的形式结合的呢？大家分别以氯化氢和金刚石作为典型代表物质，类比本节课我们对氯化钠的分析过程，继续揭秘原子结合的秘密吧。

学生活动

思考回答，类比迁移。

设计意图

学以致用最能激发学生的兴趣和成就感，设置类比建模环节，不仅可以强化成就感，而且也可以诊断学生本节课的学习成效。

结课

（边讲授边板书）我们这节课，从原子结合形成物质的角度，成功分析了氯化钠的形成过程，解释了为何氯化钠具有较高的熔沸点以及液态时可以导电，并用电子式表示了氯化钠的形成过程。这种从宏观现象入手，微观角度探析，并用符号来表征的过程，正是化学学习的常用方法之一。

板书

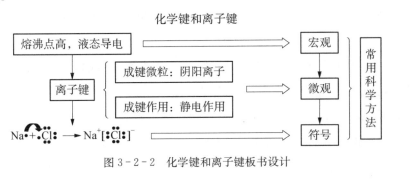

化学键和离子键

图 3 - 2 - 2　化学键和离子键板书设计

四、作业及反思

（一）作业及评价要点

1. 作业

对于表一中"熔沸点低、液态不导电"和"熔沸点高、液态不导电"两类物质，分别以氯化氢和金刚石为例，类比本节课对氯化钠的分析过程，结合资料，建构"原子聚集"模型。

2. 评价

评价要点：语言表述简洁，证据推理合理，结论无科学性错误。如果有额外添加资料，并标注资料来源，可以给予附加分数。

（二）教学反思

1. 教学设计及实施过程中的创新点

《普通高中化学课程标准（2017 年版）》提倡"素养为本"的教学。《上海市高中化学学科教学基本要求》中，也要求借助典型晶体的结构模型，通过联想、分析、类比等方法来认识微粒间的相互作用和空间排列方式，以及对物质性质产生的影响。

纵观科学的发展过程，就是一个不断建立科学模型和用新的科学模型代替旧的或不完善的科学模型的过程，"证据推理与模型认知"作为科学方法需要让学生亲历与体验。基于"学科知识要促进学生核心素养的发展"的教学理念，采用"任务驱动、问题解决"的教学模式，设置三个核心任务"根据熔沸点及液态是否导电将物质分类、初建氯化钠的聚集模型、修正并形成氯化钠的聚集模型"，引导学生在问题解决及模型建构过程中，完善原有的认知结构，提高分析判断、逻辑推理等科学思维品质，学习一种科学方法，落实两项核心素养。

按照"知识线、能力线、素养线"完成"化学键和离子键"的教学，引导学生运用课内知识、生活知识、社会知识，进行分析、推理、建模、修正模型，体会人类充满情感和智慧的科学探究过程，发展"宏微结合、证据推理、模型认知"核心素养，从"知识为本"的教学走向"素养为本"的教学。

2. 遗憾点及解决办法

由于时间关系，钠与氯气的燃烧实验教师采取了演示实验，可以考虑学生实验。

专家点评

本节课注重证据推理提升思维能力，主要表现如下：

1. 引入新颖激发兴趣

教师的引入，是从物质的宏观特征入手对一系列物质进行分类，为建构"原子聚集"模型提供了事实依据。这样的引入结合教师设置的问题"为什么118种元素能合成自然界成千上万种物质"能一下子吸引学生的目光，激发他们的学习兴趣。

2. 问题驱动发展思维

在探究"原子聚集"模型前居然先带领学生寻找自然界原子"不需要"聚集的分子。这个问题设计巧妙，反其道行之，一下切中关键。接着通过氯化钠的形成思考钠和氯元素的原子结构发生了什么变化。这第二个问题紧随其后,又一次将学生目光聚焦原子结构。

3. 借助证据建构模型

教师从一开始提供的物质宏观性质,到氯化钠形成过程中能量与离子间距离关系图,再到 X 射线衍射实验证实的钠离子和氯离子在空间的排列方式图,最后回归氯化钠这一具体物质的宏观性质,首尾呼应,一切证据指向了化学键和离子键,学生也在一系列证据中完成了对化学键、离子键模型的修正完善。

第 3 课　　化学反应的方向

一、教学任务分析

（一）学情分析

　　学习对象是高二选修化学的学生，他们在必修 2 第五章已经学过化学变化中的能量变化，选择性必修 1 第一章已经学过化学反应的热效应，这是形成能量转化观的基础，但是，学生对焓变的理解并不深刻。学生在必修课程中学过的元素化合物知识及原子结构和化学键等相关内容，是形成微粒观的基础，但是，学生第一次接触"熵""熵变"等概念，内容抽象，不易理解。学生有关化学反应方向及其判断的经验基础比较隐蔽、分散，难以"唤醒"。

（二）教材分析

　　"化学反应的方向"是沪科版选择性必修 1《化学反应原理》第二章化学反应的方向、限度和速率中第一节内容，本节课内容涉及的具体知识：化学反应的方向、焓变与化学反应方向的关系、熵变与化学反应方向的关系。普通高中化学课程标准（2017 年版）对本节课的基本要求为：知道化学反应是有方向的，知道化学反应的方向与反应的焓变和熵变有关。课程标准要求教师帮助学生初步了解（知道）反应体系的焓变、熵变与化学反应的方向的关系，不要求拓宽和加深，但是，本节课内容承载的学科核心观念：体系存在着力图使自身能量趋于"最低"和从"有序"变"无序"的趋势需要传授。学习本节课内容不仅有利于核心观念的建构，而且有利于拓展学生的眼界，为他们了解化学反应的调控原理、化学科学在生产生活中的应用打下基础。

二、目标分析与教学准备

(一) 教学目标

(1) 会利用生活场景及实验事实认识"焓变"和"熵变",知道 $\Delta H<0$ 或 $\Delta S>0$ 有利于反应的自发进行,但都不是判断反应自发的唯一依据。

(2) 能用焓判据和熵判据对常见化学反应方向作出说明,解释冶炼钛的原理,体会"体系存在着力图使自身能量趋于最低"、"体系存在着力图使自身从'有序'变'无序'"的趋势,体会化学学科的重要价值。

(3) 通过学习"熵"的发展历史,体会科学家为解决问题所作的探索,为人类作出的贡献。

(二) 评价目标

(1) 通过"探究焓变"中问题的解决,诊断并发展学生能量观。

(2) 通过"探究熵变"和"迁移应用",诊断并发展学生分析问题能力及迁移应用能力。

(三) 教学重难点

1. 理解"焓变"和"熵变"概念。知道 $\Delta H<0$ 或 $\Delta S>0$ 有利于反应的自发进行,但都不是判断反应自发的唯一依据,能基于证据对常见化学反应方向进行说明。

2. 克服迷思概念:"自发反应就是实际发生的反应""自发反应一定是常温下可以发生的反应""放热反应是自发反应,但吸热反应都不是自发反应"。

(四) 教学准备

资源:轻课堂 APP、多媒体课件、一体机、学习单、贵族金属钛合金的应用视频、盐酸与氢氧化钠反应热成像视频、氢气燃烧视频、钠在氯气中燃烧视频、$Ba(OH)_2 \cdot 8H_2O$ 和 $NH_4Cl(s)$ 反应视频、我国钛合金技术取得重大突破视频。

仪器:玻璃棒、试管、试管架、胶头滴管。

药品:浓盐酸、浓氨水、硫酸亚铁溶液、氢氧化钠溶液、墨水、高锰酸钾。

三、教学过程

环节一 引入

教师活动

【视频】 贵族金属钛合金的应用。

【教师】 钛合金在航空航天、军事、医疗等领域均有广泛应用,由于钛在高温下性质十分活泼,很容易和氧、氮、碳等元素化合,要提炼出纯钛需要十分苛刻的条件,使得钛合金价格昂贵。

【提供资料】 早在 1791 年人们就在金红石的矿物中发现了钛元素,科学家根据物质性质设计了如下的反应制备钛:

第一步:$TiO_2(s) + 2Cl_2(g) = TiCl_4(l) + O_2(g)$,

$\Delta H = 161.9\,kJ \cdot mol^{-1}, \Delta S = -38.4\,J \cdot mol^{-1} \cdot K^{-1}$

第二步:$TiCl_4(l) + 2Mg(s) = Ti(s) + 2MgCl_2(s)$。

但是,第一步就难住了科学家,因为这个反应在任何温度下都不能发生。这是为什么呢? 通过这节课的学习,希望大家能给出答案。

学生活动

聆听,感悟。

设计意图

提供真实的问题情境,激发学生的求知欲,促使学生积极主动地投入学习。

环节二 探究焓变

教师活动

【投影】 水往低处流、树叶飘落、一杯热水。

【教师】　水往低处流、树叶飘落、热水会变凉……大量事实表明,自然界中发生的变化会有一定的方向性。那么,化学反应是否也有方向性呢?

【视频】　盐酸与氢氧化钠反应热成像。

【演示实验】　浓氨水与浓盐酸靠近生成白烟。

【教师】　我们知道,常温下,盐酸与氢氧化钠反应生成氯化钠和水,而相同条件下,氯化钠和水不会反应生成盐酸和氢氧化钠。常温下,氯化氢气体和氨气相遇生成氯化铵,而相同条件下氯化铵不会分解生成氨气和氯化氢。可见,化学反应也具有方向性。

【教师】　自然界发生的自发过程,如高山流水、树叶飘落、热水变凉,与自发进行的化学反应,如酸碱中和、氨气与氯化氢气体生成氯化铵,都有两个共同特征:一是具有方向性,即过程的某个方向在一定条件下能自发进行,二是相同条件下该过程的逆方向不能自发进行。

【投影并讲述】　化学反应的方向。

在给定条件下,能"自己"进行的化学反应,称为自发反应。

【投影】　水往低处流、树叶飘落、热水变凉。

【任务一】　探究焓变。

问题一:水往低处流、树叶飘落、热水变凉,这些自发进行的过程从能量变化角度分析有何共同特点?

【师生】　朝着能量降低的方向发生。

【视频】　天然气燃烧、钠在氯气中燃烧。

【演示实验】　制备氢氧化亚铁,氢氧化亚铁逐渐被氧化成氢氧化铁。

【提供资料】　上述 3 个反应的热化学方程式。

$$2H_2(g) + O_2(g) = 2H_2O(l) \qquad \Delta H = -572\,kJ \cdot mol^{-1}$$

$$2Na(s) + Cl_2(g) = 2NaCl(s) \qquad \Delta H = -822\,kJ \cdot mol^{-1}$$

$$4Fe(OH)_2(s) + 2H_2O(l) + O_2(g) = 4Fe(OH)_3(s) \quad \Delta H = -464\,kJ \cdot mol^{-1}$$

【教师】 天然气燃烧、钠在氯气中燃烧、氢氧化亚铁被氧化成氢氧化铁,这些是我们常见的自发反应,分析它们的热化学反应方程式,说明这些反应在一定条件下为什么能自发进行?

问题二:分析信息,说明这些反应在一定条件下为什么能自发进行?

【投影并讲述】 这些反应生成物的总能量低于反应物的总能量,是放热反应。

【教师】 19世纪,科学家分析了大量化学反应及其焓变后,认为决定化学反应能否自发进行的因素是反应的焓变,即放热反应可以自发进行,而吸热反应则不能自发进行。

【投影并讲述】 化学反应的方向与焓变。

焓判据:$\Delta H < 0$ 有利于反应的自发进行。

问题三:$N_2(g) + 3H_2(g) \Longrightarrow 2NH_3(g)$,$\Delta H = -91.5 \ \text{kJ} \cdot \text{mol}^{-1}$,为什么氮气与氢气混合,看不到生成氨气?

【师生】 "自发反应"属于化学反应热力学范畴,只说明反应进行的方向,不能确定反应是否一定会发生以及反应的难易和快慢,反应的快慢属于化学反应动力学的范畴,本章的第3节我们会学到相关内容。

【投影】 盐酸和氢氧化钠反应、氢氧化亚铁被氧化成氢氧化铁、天然气燃烧的图片。

问题四:上述自发反应,为什么有的常温下可以进行,有的却需要加热或点燃?

【师生】 是否存在活化能以及活化能的大小不一样。

【提供资料】 有的放热反应活化能接近于零,如盐酸和氢氧化钠的中和反应,反应历程中能量变化如图1所示,常温下可以发生;有的放热反应活化能很小,如溶液中的氢氧化亚铁被氧化成氢氧化铁,反应历程中能量变化如图2所示,常温下也可以发生;有的放热反应活化能较大,需要加热或点燃等措施帮助克服反应过程中的能量障碍,如氢气燃烧生成水,反应历程中能量变化如图3所示。

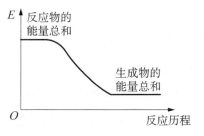

图 3-3-1　反应历程中能量变化图 1

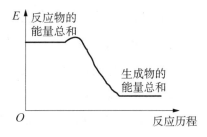

图 3-3-2　反应历程中能量变化图 2

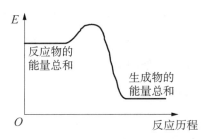

图 3-3-3　反应历程中能量变化图 3

【过渡】　真的只有放热反应才能在一定条件下自发进行吗?

问题五：一定条件下,有能够自发进行的吸热反应吗? 说出你的理由。

【提供资料】　我们熟悉的碳酸钙高温下分解是吸热反应,在常温条件下不能自发进行,但在高温下能自发进行。

$$CaCO_3(s) === CaO(s) + CO_2(g) \quad \Delta H(1\,200\,K) = 179\,kJ \cdot mol^{-1}$$

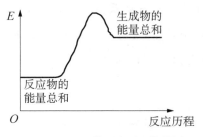

图 3-3-4　吸热反应历程能量图

【投影并讲述】　可见,如果持续加热,帮助反应克服能量障碍,那么,吸热反应也可能自发进行。

问题六：有没有常温下可以自发进行的吸热反应呢?

【教师】 我们看段实验视频。

【实验视频】 $Ba(OH)_2 \cdot 8H_2O$ 和 $NH_4Cl(s)$ 反应。

【教师】 你观察到什么现象？得出什么结论？

【师生】 我们看到玻璃片上的水结冰了,锥形瓶和玻璃片黏合在一起,推测 $Ba(OH)_2 \cdot 8H_2O$ 和 $NH_4Cl(s)$ 反应是吸热反应,结论是某些吸热反应常温下也能自发进行。

【投影并讲述】 可见,$\Delta H < 0$ 有利于反应的自发进行,但是,自发反应不一定都是 $\Delta H < 0$ 的反应,焓变不是判断反应自发的唯一因素,决定反应自发进行的一定还有其他因素。

【教师】 那是什么因素呢?

学生活动

问题一～五中,思考、归纳、回答相关问题。

问题六中,思考、观察、分析、回答相关问题。

设计意图

通过自然现象自发过程的概念迁移到化学反应的自发性,结合熟悉的自发反应的实例,感知焓变与化学反应的方向之间的关系。

帮助学生转变两个迷思概念:①自发反应就是实际发生的反应,②自发反应一定是常温下可以发生的反应。

通过问题引导学生有序分析反应微观历程的能量图以及实验事实,得出吸热反应在指定条件下,也可以自发进行,克服迷思概念:吸热反应不是自发反应,并为引出"熵"作铺垫。

环节三 探究熵变

教师活动

【演示实验】 墨水扩散、高锰酸钾溶解。

【任务二】 探究熵变。

问题一:墨水在水中扩散、高锰酸钾溶解,这些自发进行的变化过程有何共同特点?

【师生】 墨水扩散过程中,墨水分子分散在水中,体系由有序到无序,体系的混乱度增加;将高锰酸钾放入水中,开始时高锰酸钾固体以及水分子的排列都比较有序,慢慢地高锰酸钾溶于水形成溶液,该过程中,体系由有序到无序,系统的混乱度增加。这两个自发过程的共同特点是从有序过渡到无序状态,体系的混乱度增加。

【教师】 冰雪融化也是自发过程,我们从微观角度来解释一下有序状态如何过渡到无序。

【投影】 冰雪融化。

问题二:冰雪融化是自发过程,此过程中水分子的排列有什么变化?

【师生】 冰雪里 H_2O 分子的排列是很有秩序的,液态水里 H_2O 分子能在液体体积范围内做无序运动,而水蒸气里的 H_2O 分子则可在更大的空间内无序运动。冰雪融化过程,水从固态到液态再到气态,水分子的排列由有序变为无序,体系的混乱度大大增加。

水的三态　　　固态　　　液态　　　气态

图 3 - 3 - 5　水的三态变化图

【过渡】 我们用刚才的思路来说明一定条件下能自发进行的化学反应,是不是也存在从有序到无序的变化,混乱度的增加是如何造成的?

【提供资料】 氯化铵受热分解、四氧化二氮热水中分解、常温下八水合氢氧化钡和氯化铵固体反应图片以及相应的反应方程式。

(1) 高于 621 K:$NH_4Cl(s) \!=\!\!=\!\! NH_3(g) + HCl(g)$

(2) 高于 324 K:$N_2O_4(g) \!=\!\!=\!\! 2NO_2(g)$

（3）常温下：$Ba(OH)_2 \cdot 8H_2O(s) + 2NH_4Cl(s) = BaCl_2(s) + 2NH_3(g) + 10H_2O(l)$

问题三：上述三个指定条件下能自发进行的吸热反应,有何共同之处?

【师生】 三个反应除了都是吸热反应,它们还有一个共同特点,就是反应后气态生成物的分子数增加了。因为气态分子能在更大的空间范围运动,所以上述反应导致了系统内分子运动的混乱程度增大了。原来,气体分子数的增加是导致体系混乱度增加的主要原因。如何描述系统的混乱度呢? 克劳修斯引入了"熵"的概念。

【投影】 克劳修斯照片,"熵"概念的提出。

【教师】 1865 年克劳修斯在表述热力学第二定律的过程中,引入了一个新的概念——熵。

【投影并讲述】 新的物理量——熵

描述由大量微观粒子组成的系统的混乱度的物理量——熵

符号：S

【教师】 系统的状态变化前后熵的差值,称为熵变,用 ΔS 表示。

【投影并讲述】 熵变：ΔS

【教师】 化学反应过程的熵变等于生成物的熵与反应物熵的差值。$\Delta S > 0$ 为熵增反应,$\Delta S < 0$ 为熵减反应。上述的三个指定条件下自发进行的吸热反应,都是熵增反应。

【投影并讲述】 单位：$J \cdot mol^{-1} \cdot K^{-1}$

【投影并讲述】 体系有向混乱度增加(即熵增)的方向变化的倾向,像能量最低原理一样,这也是自然界的普遍规律。

【投影并讲述】 熵判据：$\Delta S > 0$ 有利于反应的自发进行。

【教师】 既然"熵"是影响反应过程自发性的重要物理量,那么物质的熵值与哪些因素有关呢?

【提供资料】 我们已经知道熵值与物质的状态有关,如水的三态的熵值。

水的三态的熵值差别很大,298 K,100 kPa 时:

水	固态(s)(273 K)	液态(l)	气态(g)
$S(J \cdot mol^{-1} \cdot K^{-1})$	16	70	189

【教师】　可见,$S_{(气态)} \gg S_{(液态)} > S_{(固态)}$。

【教师】　在化学反应中产生气体,或反应后气体分子数增加,对反应过程中的熵值增加是有利的。非常有趣的是,拉动吸热反应得以自发进行真的就是一个"大气球",其最直观也是最重要的因素,就是"气体"。

【教师】　除了物质状态,其他影响熵值的因素,大家自行阅读资料库:熵和熵变的一些规律。

【提供资料】　资料库:熵和熵变的一些规律。

> ### 🔍 资料库
> **熵和熵变的一些规律**
>
> 1. 同种物质的 $S(g) > S(l) > S(s)$;同类物质的摩尔质量越大,熵越大,如甲烷的熵小于乙烷。
>
> 2. 对于有气体参加的反应,若反应后气体分子数增加,该反应的 $\Delta S > 0$;若反应后气体分子数减少,该反应的 $\Delta S < 0$;若反应前后气体分子数不变,该反应的 ΔS 变化很小。

【教师】　那是不是熵增就是判断反应自发进行的绝对依据呢?

【提供资料】　氨气与氯化氢反应生成氯化铵,银离子与氯离子相遇生成氯化银沉淀,锌置换铜形成美丽的铜树。

$$NH_3(g) + HCl(g) == NH_4Cl(s) \qquad \Delta S = -285.1 \, J \cdot mol^{-1} \cdot K^{-1}$$

$$Ag^+(aq) + Cl^-(aq) == AgCl(s) \qquad \Delta S = -32.9 \, J \cdot mol^{-1} \cdot K^{-1}$$

$$Cu^{2+}(aq) + Zn(s) == Zn^{2+}(aq) + Cu(s) \quad \Delta S = -20.9 \, J \cdot mol^{-1} \cdot K^{-1}$$

问题四：分析上述三个反应,有何共同之处? 得到什么结论?

【师生】 常温常压下能自发反应,且都是熵减反应。

【师生】 可见,$\Delta S>0$ 有利于反应的自发进行;但自发反应不一定都是 $\Delta S>0$ 的反应;熵变不是判断反应是否自发进行的唯一因素。

【教师】 至此,关于化学反应方向的判断,我们学了焓判据和熵判据,两者均不是反应是否自发进行的唯一因素,需要综合考虑。

【教师】 你能否利用焓判据和熵判据对常见化学反应方向作出说明? 我们练一练。

学生活动

引导学生思考、归纳、演绎、回答问题。

设计意图

从自然现象到化学现象,从宏观到微观,为学生搭建起对混乱度——熵这一新的物理量的认识,知道了自发过程普遍存在的混乱度增加,即熵增加原理。同时以问题为驱动,引起矛盾,注重探索发现,激发学生深度思考,促进认知发展。

环节四 拓展提升

教师活动

【练一练】 利用焓变、熵变信息,说明下列化学反应能否自发进行。

序号	实例	焓变	熵变	反应自发性
①	$Mg+2H^+ \!=\!\!=\! Mg^{2+}+H_2\uparrow$	$\Delta H<0$	$\Delta S>0$	
②	$2CO \!=\!\!=\! C+O_2$	$\Delta H>0$	$\Delta S<0$	
③	$CaCO_3 \!=\!\!=\! CaO+CO_2\uparrow$	$\Delta H>0$	$\Delta S>0$	
④	$N_2+3H_2 \!=\!\!=\! 2NH_3$	$\Delta H<0$	$\Delta S<0$	

【师生】 对于第①个反应,是焓减反应,由焓判据可知该反应能够自

发进行;同时也是熵增反应,由熵判据可知,该反应也能自发进行。焓判据和熵判据得出的结论一致,所以该反应一定能自发进行。对于第②个反应,是焓增反应,由焓判据可知该反应不能自发进行;同时也是熵减反应,由熵判据可知,该反应也不能自发进行。焓判据和熵判据得出的结论一致,所以该反应一定不能自发进行。而对于反应③和④,焓判据和熵判据得出的结论不一致,所以不能确定反应能否自发进行。

【教师】　面对不能确定的反应,该怎么判断反应是否能够进行呢?

【提供资料】　在对化学热力学进行研究的过程中,凝聚了无数先人的努力,尤其要感谢克劳修斯、玻尔兹曼和吉布斯这三位科学家为此所作的卓越贡献。1865 年克劳修斯提出熵的概念后,1877 年玻尔兹曼具体解释了熵的物理意义,建立了熵与概率的关系,1878 年,吉布斯确立了化学反应方向的综合判据:吉布斯自由能 $\Delta G = \Delta H - T\Delta S$。一定温度、压强下,$\Delta G = \Delta H - T\Delta S < 0$ 反应能自发进行。

【教师】　我们现在再来看看钛的冶炼。

【投影】　钛的冶炼原理。

学生活动

练习、思考、分析、归纳、回答问题。

设计意图

通过应用焓判据、熵判据判断反应的自发性,发现它们自由组合产生四种不同的类型,其中,两种能直接判断,两种不能确定,从而引出化学热力学的发展历史,引出综合判据。

环节五　迁移应用

教师活动

【任务三】　迁移应用。

问题:第一步反应为什么不能自发进行?

【师生】　因为第一步反应是焓增、熵减的不能自发进行的反应。

【教师】　发现钛元素一百多年后的 1910 年,科学家们在第一步反应的体系中加入了石墨($TiO_2(s)+2Cl_2(g)\rightleftharpoons TiCl_4(l)+O_2(g)$),才第一次制得钛。

【追问1】　为什么加入石墨反应就能发生了呢?

【师生】　加入石墨后,变成了焓减、熵增的能自发进行的反应。

【追问2】　工业生产上为何采用了 1 100 K 的高温?

【师生】　为了增大化学反应的速率。

【教师】　研究反应自发性的目的是从根本上探讨化学反应的可能性,实际生产时,还需要研究化学反应的条件,以达到所需的速率和限度。

【教师】　我国钛合金技术取得重大突破,我们一起看段视频。

【视频】　我国钛合金技术取得重大突破。

【教师】　我国钛合金技术经历了从缴获到仿制再到自主研发的历程,每一步都走得十分艰辛但是颇有成效。目前,我国钛合金技术在航空、航天、医学、特种装备制造等领域均有突破性进展。在这个过程中,广大科技工作者充分展现了拼搏奉献的优良作风、严谨求实的专业精神,让我们一起向奋战在一线的科技人员致以崇高的敬意。

学生活动

引导学生思考、回答、感悟、归纳总结。

设计意图

联系本节课学习的化学反应的判据,解决引课提出的问题,首尾呼应。并在迁移应用中完善、深化认知结构,提高分析和解决问题的能力。

结课

【投影并讲述】

本节课,我们学习了如何判断指定条件下一个化学反应能否自发进行。发现化学反应的方向与反应焓变有关,$\Delta H<0$ 有利于反应自发进行,但焓变不是影响反应自发性的唯一因素;化学反应方向还与反应体系

中熵值的变化有关,$\Delta S > 0$ 有利于反应自发进行,但熵变不是影响反应自发性的唯一因素;可以利用综合判据,理解化学反应,甚至可以设计需要的化学反应。

【投影并讲述】

美国学者 1981 年发表了《熵:一种新的世界观》,此书在熵增原理的基础上提出了"熵"世界观,揭示了我们人类在发展过程中面临的环境问题的本质原因。熵世界观认为物质资源有限,能量由有利用价值变为无利用价值,熵朝着增加的方向发展,熵的增加代表着一切资源由可利用变为污染的过程,也代表着生态环境恶化的过程。熵增原理告诉我们,要实现社会可持续发展,人类必须自觉走进低能耗和低熵社会,习近平总书记在不同场合强调的可持续发展的观念,比如"环境就是民生""垃圾分类就是新时尚""绿水青山就是金山银山"等,就是这个道理。

【教师】　课下,请同学们完成作业:能否用金属钠置换金属钾以及低温有利于合成氨的自发进行,工业生产采用的却是高温条件?

板书

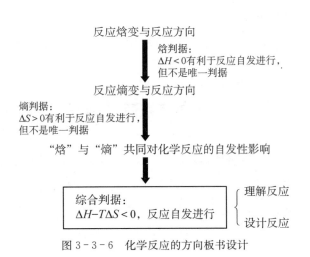

图 3 - 3 - 6　化学反应的方向板书设计

四、作业及反思

(一) 作业及评价要点

1. 作业

(1) 能否用金属 Na 置换金属 K：Na＋KCl=K＋NaCl？请解释说明。

已知：钠的熔点 97.8℃，沸点 882.9℃；钾的熔点 63.6℃，沸点 774.0℃

(2) $N_2(g)+3H_2(g)=2NH_3(g)$，$\Delta H<0$，$\Delta S<0$，低温有利于该反应的自发进行，为什么常温下氮气和氢气混合看不到反应，工业生产采用的是高温条件？

2. 评价

评价要点：语言精练，表述规范，观点正确。

(二) 教学反思

1. 教学设计及实施过程中的创新点

为了使教学行为最优化，获得预期的教学成果，在教学设计中加入五条线，分别是情境线、活动线、知识线、素养线和评价线，确保在课堂实施时真正做到"教—学—评一体化"，详见图 3-3-7。

2. 遗憾点及解决办法

学生活动以独立思考和回答为主，没有充分发挥小组合作的作用。

专家点评

本节课的教学目标明确，教学重点突出，设计能突破教学难点，教学内容符合高中化学课程标准(2017 版)要求。教学过程注重学生活动设计，重视学生思维提升，教学手段灵活多样，资源、实验、媒体技术运用得当，与化学知识有机结合，教学整体设计同时体现了教师精湛、规范、简练的语言功底，是一节优秀的课例设计。

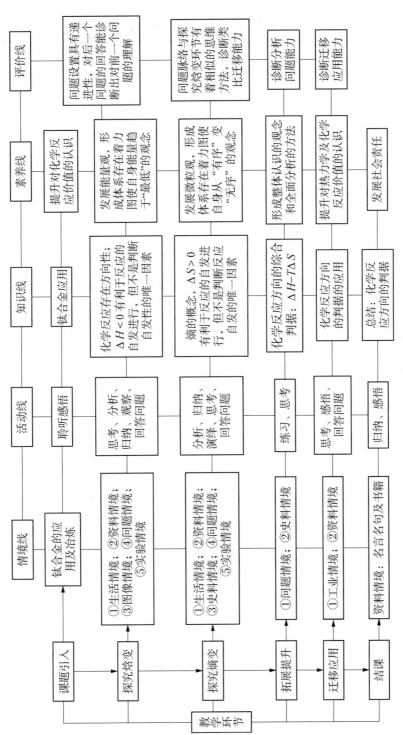

图 3 - 3 - 7　化学反应的方向教学设计流程图

第 4 课 化学变化中的能量变化

一、教学任务分析

(一) 学情分析

学生在义务教育阶段已经知道"化学反应总会伴有能量变化",本节课承上启下进一步学习"化学反应伴有能量变化的原因""认识这一原因可以为我们人类如何利用"。我校高一学生虽具有一定的理性思维能力,但抽象思维能力较弱;"宏观-微观-符号"三重表征的化学学习方法还有待加强。

(二) 教材分析

"化学变化中的能量变化"是二期课改沪科版高中化学一年级第一学期第四章的第二节,本课为第一课时,根据《上海市高中化学学科教学基本要求》,知识内容为"放热反应和吸热反应(学习水平: B 级)"、"热化学方程式(学习水平: C级)"。从核心观念建构的角度来看,基于在实验事实中感受到的化学反应中的能量变化,学生依据释放或吸收热量对化学反应进行分类(放热反应和吸热反应),从化学反应伴随着能量变化的宏观现象深入到分析其微观原因,并尝试从符号表征和定量的角度认识化学反应释放或吸收的热量,最终加以应用。由此梳理出"宏观感知→微观探析→符号表征→实际应用"的核心观念建构路径。

二、目标分析与教学准备

(一) 教学目标

(1) 知道热能是化学变化中能量变化的一种主要形式,理解不同化学反应中的热效应。理解化学变化中能量变化与化学键断裂与形成的关系,掌握热化学方程式的书写。

(2) 通过感知典型化学变化中的能量变化,学会从能量变化和微粒变化等多个视角探究化学反应;通过从能量转化到化学键变化的视角认识化学反应中的热效应,学习从宏观辨识到微观探析再到符号表征研究化学变化的方法;通过实验感受、理论分析以及用化学语言表达化学反应的热效应,认识科学研究中透过现象看本质,由定性判断到定量分析的方法。

(3) 了解化学变化中的能量变化与人类、社会的关系,增强社会责任意识。进一步体会能量守恒定律在自然科学中的应用。

(二) 评价目标

(1) 通过"热化学方程式的书写",诊断并发展学生对化学反应中的热效应认识水平(视角水平、内涵水平)。

(2) "宏观-微观-符号"三重表征角度认识化学反应的热效应,诊断并发展学生"宏微结合,符号表征"认识思路的结构化水平(视角水平、结构化水平)。

(三) 教学重难点

1. 化学键的断裂与形成和化学反应中反应物的总能量与生成物的总能量的关系,掌握热化学方程式的书写。

2. 通过从能量转化到化学键变化的视角认识化学反应中的热效应,学习从宏观辨识到微观探析再到符号表征研究化学变化的方法。

(四) 教学准备

资源:轻课堂 APP、多媒体课件、一体机、学习单、配乐朗诵《天问》视频、"胖五"点火升空视频。

仪器:铁架台、铁圈、酒精灯、石棉网、点火器、镊子、玻璃棒、试管架、试管、玻璃片、小烧杯、药匙、温度计。

药品:铁粉、硫粉、镁条、稀盐酸、稀硫酸、氢氧化钙溶液、氢氧化钠溶液、氯化铵溶液、硫酸铜溶液、八水合氢氧化钡、氯化铵固体。

三、教学过程

环节一　引入

教师活动

【配乐朗诵】　屈原《天问》片段。

【视频】　"天问一号"问天成功。

【教师】　"天何所沓？十二焉分？日月安属？列星安陈？"诗人屈原一首《天问》，寄予了一个民族对天的丰富想象。从嫦娥奔月到敦煌飞天，从墨子三年制木鸢到杨利伟成为"中国航天第一人"；从1999"神舟一号"无载人飞船实验到2016"神舟十一号"带着宇航员们遨游太空33天，再到2020年"天问一号"问天成功；从古至今，人类为了飞天的梦想付出了巨大的代价。如今我们站在巨人的肩膀上，回首这段飞天的历史，心中同样充满了好奇。帮助人类实现遨游太空梦想的火箭，它的能量来自哪里？今天就让我们一起来揭秘化学变化中的能量变化。

学生活动

观看、聆听、感悟。

设计意图

从中国的航天梦引入，激发学生的民族自豪感和自信心，引起对本节课学习的兴趣。

环节二　宏观感知

教师活动

【演示实验】　铁与硫粉反应。

问题一：仔细观察，描述观察到的现象。

【学生】　剧烈反应，发光、放热。

追问 1：发光、放热代表什么？

【学生】 化学反应中释放了光能和热能。

追问 2：为什么化学反应会伴随发光、放热？

追问 3：是否每一种化学反应都会发光、放热？

【过渡】 带着问题，我们继续探究。

【任务一】 宏观感知：实验探究化学反应的热效应。

【老师】 根据提供的仪器和试剂，设计实验方案，并按照方案完成分组实验，完成学习单上的任务一。

【问题支架】 设计实验方案时，需要小组讨论解决下列问题：

如何规范操作完成该实验？ 如何感知不同化学反应中的能量变化？

【学生实验】 学生分组实验和讨论：

分组实验	操作步骤	实验现象	结论
镁条与稀盐酸反应			
氯化铵与氢氧化钙反应			
氢氧化钠和硫酸反应			
氢氧化钠和硫酸铜反应			
八水合氢氧化钡和氯化铵固体反应			

【教师】 巡视、拍照投屏。

【师生】 小组汇报，生生评价，师生评价。

【师生】 师生之间通过汇报交流，达成共识：我们发现在化学反应中有的化学反应需要吸收热量，而有的化学反应会放出热量，那么化学反应到底是吸热还是放热呢？ 是由反应物的总能量和生成物的总能量的相对高低决定的。如果反应物的总能量高于生成物的总能量，那么化学反应就放出热量，而如果反应物的总能量低于生成物的总能量，那么这个反应就要吸收热量。

【小组讨论】

1. 化学反应中伴随的能量变化只有热量一种吗？

2. 是否有不伴随能量变化的化学反应? 为什么?

【师生】 师生之间通过汇报交流,达成共识:化学反应中伴随的能量变化,有光能、电能、声能等不同的形式。化学反应中的能量变化,通常表现为热量的变化,反应时所放出或吸收的热量就叫做反应的热效应,化学中把有热量放出的化学反应叫做放热反应,把吸收热量的化学反应叫做吸热反应。

【板书】 反应的热效应、放热反应、吸热反应以及化学反应中能量变化示意图。

学生活动

在演示实验阶段,独立思考、回答相关问题。

在学生实验阶段,先独立思考,再小组合作交流优化方案,小组分工完成实验,汇报交流。

小组讨论解决问题,汇报交流。

设计意图

充分挖掘演示实验的教育价值与功能,设置1个问题和3个递进的追问,让学生产生认知冲突,引发探究兴趣。

通过小组合作进行实验方案设计并完成实验,发展实验探究核心素养。通过汇报交流、小组之间评价、师生评价等环节,提升小组合作能力、有效倾听及回应能力。

通过体验、思考和讨论,使学生形成对认知冲突的问题解决导向:化学反应中的能量从哪里来的?

环节三 微观探析

教师活动

【任务二】 微观探析:微观角度分析化学反应伴随能量变化的原因。

小组讨论,回答下列问题:

问题一:在化学变化过程中,反应物发生了什么变化? 生成物发生了什么变化？

　　问题二：这些变化除了导致物质组成的改变，还导致哪些变化？这样的变化有可能导致哪些宏观结果？

　　问题三：如何解释铁粉与硫粉反应过程中，能量先增加后降低？

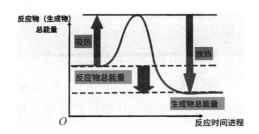

【师生】　师生之间通过汇报交流，达成共识：

　　问题一：化学反应从微观角度上分析，是反应物中旧的化学键断裂生成物中新的化学键生成的变化。

　　问题二：化学键的断裂和生成不仅导致了有新的化学物质的生成，还伴随着能量的变化，因为断裂化学键需要吸收热量，而形成化学键需要放出热量。当断裂化学键吸收的热量小于生成新的化学键放出的热量时，反应放热，属于放热反应；当断裂化学键吸收的热量大于生成新的化学键放出的热量时，反应吸热，属于吸热反应。

　　问题三：铁粉与硫粉要先吸收一定的热量达到反应条件才能发生反应。反应一旦开始，由于生成硫化亚铁放出的热量大于断裂化学键吸收的热量，或者说硫化亚铁生成物具有的总能量小于反应物具有的总能量，所以，在反应过程中会释放出大量的热量，宏观现象是"发光、放热"。并且，反应一旦开始，释放的能量满足了反应条件的需求，所以反应过程中不需要持续加热。

学生活动

　　小组讨论解决问题。

设计意图

　　体验并感受化学认识事物的独特视角：宏观辨识与微观探析。通过讨论自主建构出化学反应总会伴随能量变化的原因。

环节四　符号表征

教师活动

【过渡】　能否用简洁的方式来表示化学变化中的能量变化？

【任务三】　符号表征：书写热化学反应方程式。

【过渡】　为了简明地表达反应过程的热量变化，把反应中放出或吸收的热量写入化学方程式，这种表示化学反应所放出或吸收热量的化学方程式，叫做热化学方程式。阅读教材 P84—P85，完成学习单中的任务三。

问题一：热化学方程式中，化学式前的计量数表示什么？

问题二：热化学方程式中，能量大小与什么有关？给你什么启示？

问题三：热化学方程式：$H_2(g)+S(g)\Longrightarrow H_2S(g)+20.1\ kJ$ 的含义是什么？

问题四：归纳总结热化学方程式书写的注意事项。

【师生】　师生之间通过汇报交流，达成共识：

问题一：不同于化学方程式，化学方程式前的化学计量数表示反应物和生成物之间的微粒的个数之比，而在热化学方程式中，化学式前的化学计量数是表示物质的量。

问题二：热化学方程式中的反应热效应与反应物的物质的量有关，跟反应物的物质的量成正比。反应热效应还跟反应物和生成物的状态有关。我们知道在固、液、气三态中能量最高的是气态，最低的是固态，如果同一种反应物和同一种生成物处于不同的状态，那么反应的热效应也会随之发生改变。所以在热化学方程式中，反应物和生成物都必须注明状态。

问题三：给出的热化学方程式的意义：1 mol 氢气和 1 mol 硫蒸气完全反应，生成 1 mol 硫化氢气体时，放出 20.1 kJ 的热量。

问题四：书写热化学方程式的注意事项：①系数可以是整数,也可以是分数或者是小数,但反应热效应的数值要跟系数成正比,随着系数的改变而改变。②标明反应物和产物的状态,因为状态不同会引起热效应不同。③不论化学反应是否可逆,热化学方程式中的反应热是表示反应物完全反应时的热量变化。④如果是可逆反应,正反应的热效应和逆反应的热效应数值相同,但一个方向吸热,另一个方向放热。

学生活动

思考、讨论、回答相关问题。归纳书写热化学反应方程式书写的注意事项。

设计意图

通过科学方法中重要的类比,归纳和演绎,使学生自主构建起书写热化学方程式的注意事项。

环节五　实际应用

教师活动

【练一练】

1. 已知：$CaO(s) + H_2O(l) = Ca(OH)_2(s) + 57.86\ kJ$,此反应用于自加热食品,已知 50 kJ 能使 200 g 米饭温度升高 80℃左右,问该米饭的加热包内大约需要多少克生石灰？（Ca－40、O－16）

2. 2020 年 7 月 23 日"天问一号"发射成功,其运载火箭发射、运行需要燃料,分析下表数据,选择合适的燃料,说明原因,并进一步设想由所选燃料带来的需要解决的技术问题。

燃料	酒精	柴油	煤油	氢	偏二甲肼
热值(J/kg)	$3.0×10^7$	$4.3×10^7$	$4.6×10^7$	$1.4×10^8$	$4.25×10^7$

学生活动

当堂练习,及时反馈评价。

设计意图

以实际问题情境为载体,将能源物质热值的含义,以及人类认识能源、了解能源、关注环境、关注未来等情感目标联系起来。

结课

这节课,我们认识到化学反应不仅产生新物质,还伴随着能量的变化;重点探究了化学反应的热效应的产生原因以及热化学方程式的书写及意义。化学反应是实现能量转化的重要途径,化学在能源开发和利用方面扮演着重要角色。

板书

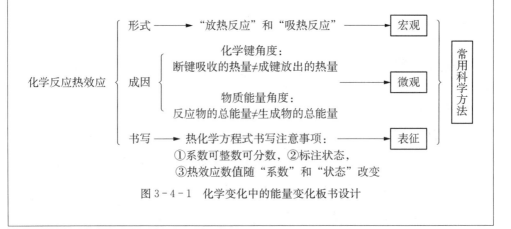

图 3-4-1 化学变化中的能量变化板书设计

四、作业及反思

(一) 作业及评价要点

1. 作业

一所学校建造食堂和宿舍时能源物质(氢气、煤、石油、天然气、太阳能)如何选择? 在查阅资料的情况下,从热值、建设成本、使用成本、环境问题、便捷性、安全性等因素进行综合分析。

2. 评价

评价要点：①能用合适的关键词在知网等网站上搜索资料；②能结合本节课所学，分析不同能源物质的利弊；③能考虑学校所处地域能源分布情况以及周边环境情况，从环境问题、安全性和便捷性等角度进行综合分析；④能充分利用社区资源，走访相关场所，取得证据，基于证据进行建设成本、使用成本等因素分析。⑤成果呈现可以是小论文、研究报告等不同形式，但均需要言语精练，表述准确，有理有据，结论合理。

（二）教学反思

1. 教学设计及实施过程中的创新点

《普通高中化学课程标准（2017 年版）》提倡"素养为本"的教学。本节课教学中注重运用实验、数据、图像、图表等证据素材，帮助学生深化对化学反应热效应的认识。注重组织学生通过独立思考、小组合作的形式，开展实验设计、实验操作、概括关联、比较说明等活动。注重发挥知识的功能价值，帮助学生发展认识化学反应的基本角度，形成基本观念。注重密切联系生活实际，从中国的航天梦引入到火箭燃料的选择应用，从自加热食品相关计算到为一所学校建造食堂和宿舍时选择能源物质进行出谋划策，让学生进一步感受化学与生产生活的密切联系。

2. 遗憾点及解决办法

实验探究环节时间控制不到位，浪费了一些时间。学生课堂实验中突发事情比较多，教师在备课时要尽可能考虑到各种情况，做好预案。

专家点评

学生在初中已经知道化学反应伴有能量变化，并且也知道能量有多种方式。但是学生不清楚能量变化的原因，更不能从微观理解能量变化的本质，从而无法正确形成科学合理使用能量的化学观念。

教师从一段屈原的激奋《天问》引到 2020 年"天问一号"的问天成功，古人的飞天梦想终于成功，不仅激发学生的民族自豪感，更激起了学生无穷的兴趣：火箭的能量来自哪里？这个情境的设计，成为本节课教学的第一个亮点。

接着教师用一组实验让学生感知不同化学反应中的能量变化，并从微观角度分析化学反应伴随能量变化的原因，将分析问题的视角从宏观辨识转向微观探析。这里既有学生动手操作，又有思维品质的发展，落实了教学要求。此为本课的第二个亮点。

教师通过科学方法中的类比、归纳和演绎法，让学生自主构建热化学方程式的书写及意义，同时要求学生思考：一所学校建造食堂和宿舍时能源物质（氢气、煤、石油、天然气、太阳能）该如何选择？自主查阅资料，从热值、建设成本、使用成本、环境问题、便捷性、安全性等因素进行综合分析。这里充分利用了旧知完成对新知的理解和学习，也考虑了与社会的接轨，体现了化学的实用价值，成为本节课的又一个亮点。

第 5 课 离子反应 离子方程式的书写

一、教学任务分析

(一) 学情分析

学生在初中时已初步了解复分解反应以及复分解反应发生的条件;进入高中后,已经知道酸、碱、盐在水溶液中的电离,会区分常见电解质、非电解质及强弱电解质,会书写常见强、弱电解质的电离方程式;对卤素等元素化合物的学习中接触了不少离子反应;学习"粗盐提纯"及"常见离子检验"时已开始试着从离子的角度去看待复分解反应;这些都为离子反应的学习作好了铺垫。但离子反应较为抽象,而高一学生抽象思维较弱,易感到困难和枯燥,需要通过多样化的学习方式维持学生的学习兴趣。鉴于上述原因,确定了以启发引导为主的教法,引导学生通过实验探究、分析推理、交流讨论、归纳总结等多种方式学习,体验过程,发展学习能力。

(二) 教材分析

二期课改沪科版第七章"探究电解质溶液的性质"包括电解质的电离、研究电解质在溶液中的化学反应、盐溶液的酸碱性和电解质溶液在通电情况下的变化四部分内容。核心知识包括电解质和非电解质、强电解质和弱电解质、电离与电离方程式、水的电离、溶液酸碱性与 pH、离子方程式、盐类水解及应用等。本节课"离子反应 离子方程式的书写"是"7.2 研究电解质在溶液中的化学反应"中的内容,包括离子反应、离子方程式的意义和离子方程式的书写等。离子反应贯穿整个高中化学,内容丰富,地位重要,离子方程式是重要的化学用语之一,本节课的内容是帮助学生建构从微观视角认识水溶液系统的思想方法以及"微粒观"等学科观念的有效载体。

二、目标分析与教学准备

(一) 教学目标

（1）复述离子反应、离子方程式的概念，解释离子方程式的意义，归纳复分解型离子反应的发生条件与规律，正确书写复分解反应的离子方程式。

（2）通过"离子反应（复分解型）发生的条件"的探究活动，增强探究能力，发展"微粒观"及"宏观-微观-符号"三重表征的学科思维。

（3）通过粗盐提纯、污水处理的分析，建立利用化学知识解决简单的实际问题的学科意识。

(二) 评价目标

（1）通过实验探究复分解反应，诊断并发展学生实验探究水平和对复分解反应的认识水平（孤立水平、系统水平）。

（2）通过粗盐提纯、污水处理的分析，诊断并发展学生认识思路的结构化水平（视角水平、内涵水平）。

(三) 教学重难点

1. 重点：离子方程式的书写。

2. 难点："离子反应（复分解型）发生的条件"的探究活动。

(四) 教学准备

资源：轻课堂 APP、多媒体课件、一体机、学习单。

仪器：废液缸、试管、试管架。

药品：$CuSO_4$ 溶液、NaOH 溶液、KOH 溶液、NaCl 溶液、酚酞试液、H_2SO_4 溶液、HCl 溶液、Na_2CO_3 溶液。

三、教学过程

环节一　实验探究

教师活动

【引入】　氯化钠是我们生活中常用的调味品,0.9%的 NaCl 溶液(即生理盐水)常用于静脉注射,除此之外,氯化钠广泛应用于工业的各个领域,如氯碱工业、制金属钠、侯氏制碱法等。氯化钠一般从海水中获取。工业上,海水晒盐所得的粗盐中往往含有 Mg^{2+}、Ca^{2+}、SO_4^{2-} 等杂质离子,为了精制食盐,将粗盐溶解后,可加入哪些试剂除去粗盐中的可溶性杂质? 除杂原理是什么? 除杂反应属于什么反应类型? 此反应类型的发生条件是什么?

【过渡】　初中我们已经学过复分解反应的条件是能生成沉淀、气体或水,原因是什么呢? 下面,我们动手做一些小实验,并试着从微观离子的角度进行分析,一起探讨这个问题。

【任务一】　实验探究。

请按照学习单上的提示,利用桌面上的实验药品和仪器,6 人一组,合作完成实验探究活动中的三组实验,并完成学习单中的相关内容。

实验一:

① 取少量 $CuSO_4$ 溶液于试管中,滴加 NaOH 溶液;②另取少量 $CuSO_4$ 溶液于试管中,滴加 KOH 溶液;③另取少量 $CuSO_4$ 溶液于试管中,滴加 NaCl 溶液。

实验二:

① 取少量 NaOH 溶液于试管中,滴加 1 滴酚酞,再滴加 H_2SO_4 溶液;②另取少量 NaOH 溶液于试管中,滴加 1 滴酚酞,再滴加 HCl 溶液;③另取少量 NaOH 溶液于试管中,滴加 1 滴酚酞,再滴加 NaCl 溶液。

实验三：

① 取少量 Na_2CO_3 溶液于试管中，滴加 HCl 溶液；② 另取少量 Na_2CO_3 溶液于试管中，滴加 H_2SO_4 溶液；③ 另取少量 Na_2CO_3 溶液于试管中，滴加 NaCl 溶液。

学生活动

【思考并回答】

1. 除去 Mg^{2+}、Ca^{2+}、SO_4^{2-} 杂质离子的试剂。

NaOH 溶液、Na_2CO_3 溶液、$BaCl_2$ 溶液

2. 除杂的原则是"不增不减"，"不增"的意思是不引入新的杂质，"不减"的意思是不减少产品的产量。除杂的原理一般是将杂质离子转化为气体或者沉淀，从而从体系中除去。

3. 除杂反应属于复分解反应。复分解反应的发生条件是生成气体、沉淀或水。

【实验探究】

小组合作完成 3 组 9 个实验。

【思考并回答】

实验现象？是否发生了化学反应？化学反应方程式？反应前溶液中大量存在的离子有哪些？反应后溶液中大量存在的离子有哪些？实际参加反应的离子有哪些？试写出相关的离子方程式。

设计意图

从粗盐提纯生活问题引入，引出复分解反应，降低学生对所学知识的陌生度，引起学习兴趣，并为后面的学以致用埋下伏笔。

以学生已有知识为平台创设问题情境，开展实验探究。将"复分解反应实质、复分解型离子反应条件、离子方程式书写、离子方程式含义"几个重要内容都渗透在探究方案中。选择现象鲜明的三组实验吸引学生兴趣，获得感性认识。引导学生分析溶液中的离子在反应前后的改变，找出实际参加反应的离子，写出离子方程式，从而发展学生的分析推理能力及抽象思维。学生交流、讨论实验结果，教师加以指导和点拨，发展了学生

的总结归纳能力。

环节二　概念建构

教师活动

（各组选代表汇报学习单中的离子方程式，并点评）

问题一：根据之前所学，你能否定义"离子反应"及"离子反应方程式"？

学生：离子反应：有离子参加的反应叫离子反应。用实际参加反应的离子符号来表示反应的式子叫离子方程式。

问题二：从离子角度看，不能发生反应的，共同点是什么？

学生：反应前后离子没有任何改变。

追问：那么，能发生反应的，共同点又是什么？

学生：离子浓度变了，某些离子浓度减少了。

追问：你能否从能反应和不能反应的共同点中，归纳出复分解反应的条件？

学生：复分解反应的条件是某些离子浓度减少，溶液成分改变。

追问：这和之前学习的复分解反应的条件"沉淀、气体、水"有何关系？

学生：生成沉淀、气体和水都可以使溶液中某些离子浓度减少。

问题三：观察书写的离子方程式，有什么发现吗？

学生：有的是一样的。

追问："一样"意味着什么？

学生：这两个反应实际参加反应的离子一样。

追问：这说明了什么？会不会还有其他反应，离子方程式也和它们一样？

追问：我们知道一个化学方程式可以表示一个具体的化学反应，那么，一个离子方程式表示什么呢？

学生：离子方程式更好地表示离子反应的实质，它跟一般化学方程式不同,离子方程式不仅表示特定物质间的某个反应,而且表示了同一类型的离子反应。

问题四:你是如何写出离子方程式的? 能不能总结一下你的书写方法?

学生:先看反应物在溶液中主要的存在形态,再看它们之间哪些能结合成沉淀、气体或者水,然后书写出离子方程式。

追问:你是怎么判断出物质在溶液中的主要存在形式的?

学生:强酸、强碱及可溶性盐在水溶液中主要以离子形式存在。

设计意图

通过汇报、交流、评价、反馈,外显思维,诊断学生对核心概念的掌握程度。

环节三　学以致用

教师活动

1. 某研究性小组提出粗盐提纯时用 $Ba(OH)_2$ 一种溶液代替 $NaOH$ 溶液和 $BaCl_2$ 溶液,该方案是否可行? 说明理由。

已知:海水中含量最高的几种离子的浓度依次为 Cl^-(约 $0.55\ mol \cdot L^{-1}$)、Na^+(约 $0.47\ mol \cdot L^{-1}$)、Mg^{2+}(约 $0.054\ mol \cdot L^{-1}$)、SO_4^{2-}(约 $0.027\ mol \cdot L^{-1}$)、Ca^{2+}(约 $0.01\ mol \cdot L^{-1}$)。

可能的回答①:可以代替,因为 $Ba(OH)_2$ 溶液中存在的形式是钡离子和氢氧根离子,可分别与杂质镁离子和硫酸根离子反应,生成沉淀除去。

可能的回答②:理论上可以,实际上,因为海水中的镁离子浓度约为硫酸根离子浓度的两倍,仅加氢氧化钡使镁离子完全除去时,必然导致重金属钡离子的大大过量,所以并不太合适。

2. 含汞废水主要来源于氯碱工业和塑料工业,未经处理不得排放。

某含汞酸性废水(主要含 Hg^{2+}、H^+、Na^+、Cl^- 等)的处理工艺流程如下图所示。

请回答:

(1) 调节废水 pH 时加入的溶液 A 可能是_____(填字母)。

a. 盐酸　　　　　　　　b. NaOH 溶液

(2) Na_2S 与 Hg^{2+} 发生反应的离子方程式是_____。

(3) 该废水经处理后,测得有关数据如下(其他离子忽略不计):

离子	Na^+	Fe^{2+}	Cl^-	SO_4^{2-}
浓度(mol·L^{-1})	3.0×10^{-4}		2.0×10^{-4}	2.5×10^{-4}

则 $c(Fe^{2+})=$_____mol·L^{-1}。

设计意图

1. 设置一道素养测评导向的粗盐提纯真实问题情境题目,两种完全相反的答案均可给分,前者是对本节课所学知识的活学活用,但后者联系实际,考虑到浪费药品等因素,具有化学学科精神和社会责任意识,化学学科素养水平更高。

2. 结合污水的处理等相关知识,认识离子反应在实际生产、生活中的应用,增进对化学科学价值的理解,建立利用化学知识解决社会性问题的学科意识。

结课

这节课你有什么收获?

你还有什么疑问没有解决吗?

板书

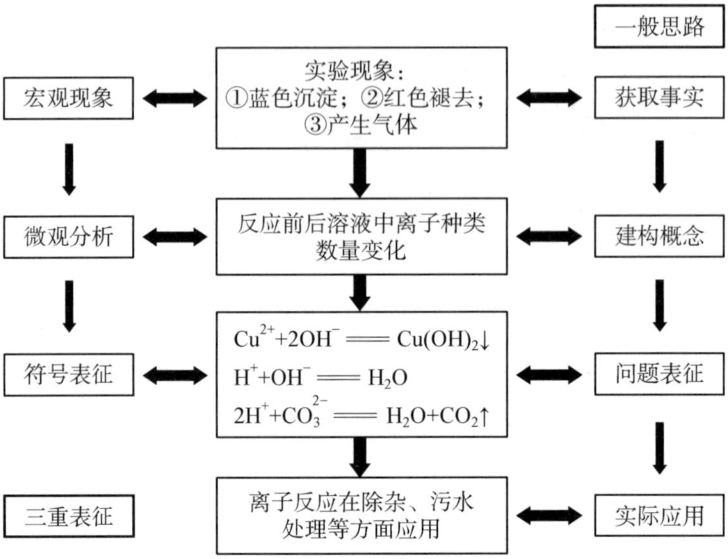

图 3-5-1 离子反应 离子方程式的书写板书设计

四、作业及反思

(一) 作业及评价要点

1. 作业

皮蛋是一种传统风味蛋制品。将鲜鸭蛋浸泡到一种药剂(其成分为碳酸钠、氧化钙和氯化钠)配制的水溶液中数天即可。食用皮蛋时,蘸上食醋可消除(减轻)皮蛋的涩味。

(1)某学生想探究皮蛋制作的相关原理。他认为,要完成此任务,先应明确浸泡液的成分。于是,将药剂溶解于水中并过滤。请你协助分析:滤液肯定存在什么离子? 可能存在什么离子? 滤渣的成分是什么? 请用化学符号、简洁的文字或图示等表达分析过程。

（2）皮蛋涩味与浸泡液含碱有关，蘸食醋后碱被中和。酸碱中和因无明显现象而难于直观证实其反应。现以 HCl、NaOH 为例（均为 0.1 mol·L^{-1}），请设计并开展实验证明：HCl 与 NaOH 溶液混合时发生反应且实质为"$H^+ + OH^- \rule[0.5ex]{1.5em}{0.4pt}\!\rule[0.8ex]{1.5em}{0.4pt}$ H_2O"；溶液中的 Na^+、Cl^- 并未参加反应。

（3）我国皮蛋加工多以小作坊为主，场地分散，生产废水排放未得到重视。请结合资料的收集和运用，撰写一篇科技小论文，介绍皮蛋生产废水所含的微粒及任意排放对环境造成的影响，分析工厂是如何处理皮蛋生产废水从而实现废水综合利用的。

2. 评价

【作业（3）】

作业目标	科技小论文：科学处理皮蛋生产中产生的废水
作业内容	结合资料的收集和运用，撰写一篇科技小论文，介绍皮蛋生产废水所含的微粒及任意排放对环境造成的影响，分析工厂是如何处理皮蛋生产废水从而实现废水综合利用的
评价建议	1. 能用合适的关键词在知网等网站上搜索资料；2. 能根据资料正确分析皮蛋生产废水中所含的微粒；3. 能正确评价工厂处理皮蛋生产废水的利弊，并能提供证据支持自己的主张；4. 基于自己的主张对废水处理给出合理的建议

（二）教学反思

1. 教学设计及实施过程中的创新点

"离子反应"这一核心概念本身具有重要的学科价值和社会价值，而且概念建构过程具有促进学生认知发展的价值。本课有三个学习关键：一是通过实验活动认识离子反应的本质及条件，发展科学探究能力；二是通过对常见酸碱盐在水溶液中反应的微观分析，建立起从微观视角认识物质在水溶液中相互作用的认识思路方法；三是运用离子反应的本质及条件解决生产生活中的相关问题，增进对化学学科价值的理解与认识。因此，在这节课中，我将"离子反应（复分解型）发生的条件"的探究活动作为课堂重点，弱化离子方程式书写步骤的教学，通过设置相关实验活动及实验事实认识离子反应的本质与条件，并用离子方程式加以表征，发展学生实验探究能力、"宏观—微观—符号"三重表征的学科思维、微粒观等学科观念。在掌握离子反应等相关知识的基础上,结合粗盐提纯、污水的处理等相关知识,认识离子反应在实际生产、生活中的应用,增进对化学科学价值的理解,建立利用化学知识解决社会性问题的学科意识。

2. 遗憾点及解决办法

学生实验环节所用时间稍多,致使学以致用环节仅仅完成了问题1,问题2没来得及解决。

专家点评

本节课注重活动设计,提升思维能力,凸显教学由"知识传授"转向"素养培养"。主要表现如下:

1. 注重整体谋虑,教学设计有"道"

教师巧妙的借助学生的已有知识"粗盐提纯"营造真实情境,引导学生从微观角度重新认识粗盐提纯的实质,教学过程注重整体谋虑通盘考虑。通过情境、问题、任务、实验,逐步建构离子反应和离子方程式等概念。环节三中"用 $Ba(OH)_2$ 溶液代替 $NaOH$ 溶液和 $BaCl_2$ 溶液完成粗盐提纯"是否可行,这一"学以致用"设计相当精妙,达到了对知识的深化理解。再看作业设计,角度趣味,形式新颖。整个教学过程"教学评"一致,设计有"道"。

2. 落实核心素养,教学实施有"为"

环节一通过一组实验活动认识离子反应的本质及条件,落实"科学探究";环节二通过对常见酸碱盐在水溶液中反应的微观分析,落实"宏观辨识与微观探析";环节三运用离子反应的本质及条件解决生产生活中的相关问题,落实"社会责任"。

第6课　　探究弱电解质的电离

一、教学任务分析

(一) 学情分析

　　学生已经知道了化学平衡的含义及应用;能够应用改变外界条件实现平衡移动的一般规律;掌握了水的电离、电解质的电离等知识;具备提出问题、分析问题和解决问题的能力,适合开展实验探究、类比迁移、讨论合作的学习方式;但学生对于如何从宏观的现象分析、理解微观的本质仍存在困难。

(二) 教材分析

　　第七章"探究电解质溶液的性质"是二期课改沪科版第六章"化学反应速率和化学平衡"理论的延伸和扩展。本节课"弱电解质的电离平衡"是"7.1 电解质的电离"第三课时的内容,重点介绍浓度、温度对弱电解质电离平衡的影响,并运用平衡移动原理加以分析。弱电解质的电离平衡是研究物质在水溶液中行为的重要环节,既可以巩固之前所学的有关化学平衡的知识,又能为理解水解平衡的移动及水解原理的应用打下基础,起着承前启后的重要作用。

二、目标分析与教学准备

(一) 教学目标

　　(1) 能自主概括电离平衡的概念、电离平衡的特征;能列举温度、浓度等影响电离平衡的外界因素。

　　(2) 通过自主探索、合作学习,能将化学平衡原理迁移到弱电解质的电离平衡。

（3）通过实验探究，增强自主学习意识、团队协作能力和分析、解决问题的能力。

（4）通过弱电解质电离平衡的学习，体会化学知识在生产、生活中的作用，初步形成"化学平衡观"。

（二）评价目标

（1）通过自主概括电离平衡的概念，诊断并发展学生对平衡的认识水平（视角水平、结构化水平）。

（2）通过实验探究电离平衡的影响因素，核心问题的探究和解决，诊断并发展学生实验探究能力以及认识思路的结构化水平（视角水平、内涵水平）。

（三）教学重难点

探究温度、浓度对弱电解质电离平衡的影响。

（四）教学准备

资源：轻课堂 APP、多媒体课件、一体机、学习单。

仪器：小烧杯、pH 试纸、比色卡、表面皿、玻璃棒、pH 计。

药品：醋酸钠固体、$0.1\,mol \cdot L^{-1}$ 的醋酸钠、醋酸铵固体、$0.1\,mol \cdot L^{-1}$ 的醋酸铵、$0.1\,mol \cdot L^{-1}$ 的醋酸、冰醋酸、蒸馏水。

三、教学过程

环节一　情境创设，引发迁移

教师活动

【引入】　你知道吗？①当人受到蚊子、蚂蚁叮咬时，皮肤上会起小包，过一段时间后小疱会自行痊愈。②如果婴儿长时间啼哭不停，会发生手脚抽搐。这是什么原因呢？学完这节课，你就可以解释了。

【学习情境】　健康人的血液的 pH 范围为 $7.35 \sim 7.45$，因为血液中存在如下平衡：$H_2O + CO_2 \Longleftrightarrow H_2CO_3 \Longleftrightarrow H^+ + HCO_3^-$。医学上称之

为血液酸碱平衡,若血液的 pH 值低于 7 或高于 7.8,就会出现酸中毒或碱中毒,有生命危险。现在你能用所学的平衡知识解释遗留的两个问题了吗?

学生活动

引导学生聆听、思考。

设计意图

引入生活问题,激发学生学习兴趣,引导学生带着疑问学习。在课程结束时,投影出学习情境,首尾呼应。学生在解决生活中的问题时,学会用化学的视角去发现和解决生产、生活中的问题,提高了学生化学学科素养,增强了知识迁移应用能力。

环节二　问题讨论,形成网络

教师活动

【过渡】　我们这节课的研究课题是"弱电解质的电离平衡","弱电解质""电离"及"平衡"的概念我们已学过,大家回忆一下,回答下列问题:

【任务一】　问题讨论,形成网络。

问题一:什么是弱电解质?

问题二:什么是电离?

问题三:弱电解质的电离有哪些特点?

问题四:化学平衡状态是如何建立的? 有什么特征? 类比得出电离平衡的定义和特征。

问题五:根据化学平衡的影响因素猜测:弱电解质的电离平衡移动受哪些因素影响? 又是如何影响的?

问题六:完善思维导图。

【板书】　探究弱电解质的电离思维导图。

学生活动

学生经过独立思考、小组讨论得出结论。师生共同完善思维导图。

设计意图

通过问题支架,引发学生的认知冲突,激发学生的求知欲望,引出新课的内容,层层深入在学生的最近发展区搭建支架,引导学生不断探索。共同归纳形成思维导图支架,作为下面实验探究的理论依据,同时,使中学化学知识系统化、结构化和网络化,并在教材基础上进行拓宽和加深,从而形成一个系统的、完整的知识体系。

环节三　实验探究,协作学习

教师活动

【任务二】　实验探究,协作学习。

【问题支架】

你的猜想是否正确,需要实验验证,请设计实验方案,填写在学习单上。

【建议支架】

① 设计实验的一般思路: 明确原理→选择仪器和药品→设计实验装置和步骤→记录现象数据→分析得出结论;

② 设计实验的原则: 原理正确,装置简单,操作方便,现象明显;

③ 实验操作要注意变量的控制;

④ 答题要领: 实验操作、实验现象(如导电性、pH 值、反应的快慢等)、作出判断,三元素缺一不可。

【实验支架】

用给出的实验仪器和药品,做实验验证你的猜想。

【工具支架】

实验药品及器材: 小烧杯、pH 试纸、比色卡、表面皿、玻璃棒、pH 计、醋酸钠固体、$0.1\ mol \cdot L^{-1}$ 的醋酸钠、醋酸铵固体、$0.1\ mol \cdot L^{-1}$ 的醋酸铵、$0.1\ mol \cdot L^{-1}$ 的醋酸、冰醋酸、蒸馏水。

【建议支架】

1. pH 试纸的使用方法：①取一小块试纸在表面皿上；②用洁净的玻璃棒蘸取待测液点滴于试纸中部，观察变化稳定后的颜色；③与比色卡对照，读出 pH 值。

2. pH 计的使用方法：①电极头部先用蒸馏水清洗一次，再用被测液清洗一次；②将电极浸入被测溶液中，用玻璃棒搅拌溶液，使溶液均匀，在显示屏上读出溶液的 pH 值。

学生活动

1. 学生独立设计实验方案。2. 小组交流讨论实验方案的可行性，完善形成组内的最佳方案。3. 小组汇报设计的实验方案。4. 师生一起评析实验方案。5. 选用合适的实验方案、实验药品和仪器进行实验探究，动手操作，记录现象，分析归纳。

设计意图

通过设置问题支架、建议支架、实验支架、工具支架，为学生的实验探究指明方向。学生在独立探索、协作学习中，增强了设计简单实验的能力；学生通过实验现象，推理和归纳出实验结论，在此过程中，增强了团队合作及解决问题的能力。

环节四 实验数字化，内化认知

教师活动

【任务三】 实验数字化，内化认知。

【问题情境】 展示数字化实验系统 DIS 测出来的 $0.1\,mol \cdot L^{-1}$ 的醋酸溶液随温度升高 pH 值的变化曲线，以及 $0.1\,mol \cdot L^{-1}$ 的醋酸溶液稀释 10 倍的过程中 pH 值的变化曲线。从中你能得出什么结论？

【问题支架】 上述两种情况，如果换成 $0.1\,mol \cdot L^{-1}$ 的盐酸，pH 值的变化又是怎样的呢？

学生活动

引导学生思考、回答。

设计意图

通过问题情境,展示 DIS 作出的 pH 值变化曲线图,感悟数字化实验技术对化学研究的支持,锻炼从图表中读取信息的能力,并结合问题支架,化解难点,落实重点。

结课

师生共同解决:现在你能用所学的电离平衡知识解释遗留的两个问题了吗? 问题一:当人受到蚊子、蚂蚁叮咬时,皮肤上会起小包,过一段时间后小疱会自行痊愈。问题二:如果婴儿长时间啼哭不停,会发生手脚抽搐。

板书

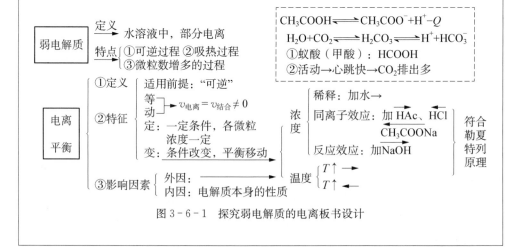

图 3-6-1 探究弱电解质的电离板书设计

四、作业及反思

(一) 作业及评价要点

1. 作业

(1) 有同学往 $0.1\,mol\cdot L^{-1}$ 醋酸溶液中加少量醋酸钠固体,发现 pH 变大,得出结论：醋酸的电离平衡向左移动。有同学提出了质疑，你觉得质疑的理由是什么？如何改进？

（2）以 $CH_3COOH \rightleftharpoons CH_3COO^- + H^+$ 平衡体系为例，填写下列表格。

	平衡移动方向	$c(H^+)$	$c(CH_3COO^-)$	溶液导电能力
加少量冰醋酸				
加少量 HCl(g)				
加少量 NaOH(s)				
加少量 CH₃COONa(s)				
加水				

2．评价

（1）评价要点：

质疑理由是醋酸钠的水溶液显碱性，pH 变大不能得出醋酸的电离平衡向左移动。

优化：若要证明加入的醋酸根离子抑制了醋酸的电离，可以加入水溶液显中性的醋酸铵固体。

（2）有标准答案，不再列出。

（二）教学反思

1．教学设计及实施过程中的创新点

基于课程标准及化学观念为统领设计教学整体框架，知识建构始终贯穿两条线索，一条是以"化学平衡观"为统领建构教学内容主线，围绕"电解质有强弱之分、弱电解质存在电离平衡、影响电离平衡的因素、电离平衡的实际应用"几个方面展开教学，发挥"化学平衡观"对弱电解质电离平衡教学的指导作用，类比迁移；一条是运用中心问题（如何证明醋酸是弱电解质？影响电离平衡的外界因素有哪些？怎样影响？如何设计实验证明？）结合实验探究，分析对比、归纳总结。

"弱电解质的电离平衡"是研究物质在水溶液中行为的重要环节，比较抽象难懂，也是学生学习过程中的难点。本节课利用支架式教学模式，针对学生感兴趣的日常生活中的问题搭建问题支架，设置学生活动来驱动学生进行思考，在不断的提出问题、解决问题的螺旋式上升过程中建构新知识。大胆放手让学生探究，给予学生充分的信任，让学生在做中成长，在试错中进步，使学生体验到理论建构的过程，有效帮助学生顺利地建构电离平衡基本原理，很好地突破了难点，落实了重点。"弱电解质的电离平衡"既体现了化学宏观研究与微观研究结合、以实验为基础等特点，又体现了化学平衡等核心化学观念，还彰显了化学思维方法，具有典型性和挑战性。

2. 遗憾点及解决办法

数字化实验如果能够让学生课堂上动手做，效果应该更好。怎样进一步创新《弱电解质的电离平衡》的教学设计，值得我们不断探索。

专家点评

落实学生的学科核心素养，离不开学生思维培养。抓住了学生的思维培养就抓住了学科核心素养的"关键点"。本节课的启迪主要包括以下方面。

1. 重视实验设计

弱电解质的电离平衡是较抽象难懂的，通过实验设计可以有效加深对弱电解质、电离、平衡等概念的理解。传统的教学都是教师直接演示实验，学生根据实验现象推导结论，得出弱电解质电离平衡的影响因素。这样的教学明显没有凸显学生思维能力的培养。

2. 重视实验分析

实验分析是应用比较、分析、综合、抽象、概括等思维方法对材料进行加工的过程。通过实验获得信息后，就要去分析：为什么会产生这样的现象？这些现象说明了什么？教师并没有直接告知学生弱电解质的影响因素，而是让学生在不断经历的分析过程中，自己去推导实验结论，从中逐步感悟思维技巧，有效地落实了科学探究与创新思维能力的培养。

第 7 课　　化学平衡常数

一、教学任务分析

（一）学情分析

　　学生对化学反应的限度的认识发展层级：在初中阶段,学生对化学反应的认识仅局限于物质种类的变化和物质变化中的定量关系,还没有建立"反应限度"这一认识化学反应的角度。在高中必修阶段,学生了解了可逆反应的含义,初步建立了"化学反应限度"这一认识角度,但仅局限于"可逆反应是有限度的,在一定条件下可逆反应达反应限度时即达化学平衡状态"这一定性认识阶段;尚未建立起体系的性质（即可逆反应的限度、化学平衡状态）与环境（含温度、压强等要素）的关系,对化学反应限度的认识处于孤立认识阶段。由于高中必修阶段并未讨论外界条件对化学平衡状态的影响,因此,学生此时仅能分析达平衡状态的化学反应的特征,对化学反应的限度的认识处于静态认识的阶段。在选择性必修课程的《化学反应原理》模块,学生已经通过实验探究,了解了浓度、压强、温度对化学平衡状态的影响,对勒夏特列原理已有初步的认知,从定性的角度对化学平衡有了一定的认知,但是学生还没有形成从定量的角度认知化学平衡,在实际应用中,学生经常出现"无法定义影响平衡状态相关与不相关因素,误用勒夏特列原理判断平衡"的现象。

（二）教材分析

　　"化学平衡常数"这节课适用于各版本新教材新授课。在 2017 年版的课标中,对本节课的内容要求：认识化学平衡常数是表征反应限度的物理量,知道化学平衡常数的含义,了解浓度商和化学平衡常数的相对大小与反应方向间的联系;学业要求：能书写平衡常数表达式,能进行平衡常数的简单计算,能利用平衡常数和浓度商的关系,判断化学反应是否达到平衡及平衡移动的方向。

"化学平衡常数"是平衡理论体系中的核心知识,可以定量描述可逆过程的限度,是深入认识可逆过程的工具和方法,它增进学生对化学反应的限度的理解,为学生找到了进行理性分析的思维"支架",对于突破学生认识发展障碍点、发展学生对化学反应限度的认识、实现认识方式转变具有重要意义。"化学平衡常数"具有促进平衡知识结构化的作用,又承载分析、解决平衡问题的思路方法,具有重要的促进学生认知发展的功能。

二、目标分析与教学准备

(一) 教学目标

(1) 能书写平衡常数表达式,能进行平衡常数、转化率的简单计算,能利用平衡常数和浓度商的关系,判断化学反应是否达到平衡及平衡移动的方向。

(2) 通过事实、实验证据、推理建模等方法建构化学平衡常数的数学模型,建立基于平衡常数的知识结构和平衡观,构建基于平衡常数的平衡问题的分析思路和方法。

(3) 通过运用平衡常数定量分析解决勒夏特列原理难以定性解释的平衡问题,突出平衡常数的应用价值,领悟定量分析是定性分析的延伸、拓展和升华,增强定量分析的意识。

(二) 评价目标

(1) 通过"讨论化学反应限度和平衡状态的关系",诊断并发展学生对化学反应限度的认识水平(孤立水平、系统水平)。

(2) 通过"讨论利用平衡常数表征和比较温度、压强等外界条件对化学平衡状态的影响",诊断并发展学生对化学反应限度的认识水平(定性水平、定量水平)。

(3) 通过对"化学平衡移动规律的讨论",诊断并发展学生调控化学反应的限度或化学平衡状态的认识思路(静态认识、动态认识)。

(三) 教学重难点

1. 重点:书写平衡常数表达式,利用平衡常数和浓度商的关系,判断化学反应是否达到平衡及平衡移动的方向。

2. 难点：建构化学平衡常数的数学模型,建立基于平衡常数的知识结构和平衡观,构建基于平衡常数的平衡问题的分析思路和方法。

(四) 教学准备

资源：轻课堂 APP、多媒体课件、一体机、学习单。

仪器：二氧化氮平衡球、热水、冰水、烧杯。

三、教学过程

环节一　引入

教师活动

【引言】　化学平衡状态是一定条件下可逆反应进行到最大限度,此时各物质的浓度保持不变。

【演示】　二氧化氮平衡球放在热水中的实验。

【教师】　写出平衡球内的可逆反应。

【学生】　$2NO_2(g) \Longleftrightarrow N_2O_4(g)$

【教师】　如何判断上述可逆反应达到了平衡?

【学生】　当颜色不再发生变化时表明反应达到了平衡；当二氧化氮浓度不再改变时反应达到平衡；当体系中压强不再变化时反应达到平衡……

【教师】　已知,100℃时,某时刻二氧化氮平衡球内各物质的浓度：$c(NO_2) = 0.10 \text{ mol} \cdot L^{-1}$, $c(N_2O_4) = 0.05 \text{ mol} \cdot L^{-1}$,请问此时,反应 $2NO_2(g) \Longleftrightarrow N_2O_4(g)$ 是否处于化学平衡状态?

【学生】　不知道在一定温度下,平衡浓度之间是否存在定量关系?可否通过计算求出?

【教师】　思路很正确! 这节课,我们一起来探究一定温度下,反应平衡浓度之间的定量关系及应用。

学生活动

思考,回答。

设计意图

温故知新,复习温度对化学平衡的影响以及可逆反应达到平衡状态时的特征,为平衡常数的建立夯实定性认知的基础,为化学平衡常数的引出作好铺垫。

环节二　建立概念

教师活动

【**任务一**】　建立概念:认识化学平衡常数的客观性及表达方式。

【**教师**】　小组合作,完成学习单任务一中的问题一。

问题一:已知,100℃时,反应 $2NO_2(g) \rightleftharpoons N_2O_4(g)$ 中各物质的初始浓度和平衡浓度如下表,小组合作,探究平衡浓度之间存在什么定量关系?

实验序号	初始浓度/(mol·L^{-1})		平衡浓度/(mol·L^{-1})	
	NO_2	N_2O_4	NO_2	N_2O_4
1	0.10	0	0.072	0.014
2	0	0.10	0.12	0.04
3	0.10	0.10	0.16	0.07
4	0.20	0	0.12	0.04

【**小组1**】　我们小组计算了四组实验的 $\dfrac{c(N_2O_4)}{c(NO_2)}$ 的比值,没有发现定量关系。

【**小组2**】　我们小组计算了四组实验的 $\dfrac{c(N_2O_4)}{2c(NO_2)}$ 的比值,没有发现定量关系。

【小组 3】　我们小组计算了四组实验的 $\dfrac{c(\mathrm{N_2O_4})}{c^2(\mathrm{NO_2})}$ 的比值,发现四组实验的比值为一定值,都约为 2.7。

追问：这一定值与体系中各物质的起始浓度有没有关系?

【学生】　没有关系。

【教师】　也就是说,这一定值与投料方式没有关系。那么,这样的定值在其他可逆反应中存在吗? 我们再算一组数据进行求证。请大家小组合作完成问题二。

问题二：根据反应 $\mathrm{H_2(g)+I_2(g)\rightleftharpoons 2HI(g)}$ 在 425.6℃时的检测数据,请小组合作说明平衡浓度之间的定量关系。

初始浓度/(mol·L⁻¹)			平衡浓度/(mol·L⁻¹)		
$\mathrm{H_2}$	$\mathrm{I_2}$	HI	$\mathrm{H_2}$	$\mathrm{I_2}$	HI
0.010 67	0.011 96	0	0.001 831	0.003 129	0.017 67
0.001 135	0.009 044	0	0.003 560	0.001 250	0.015 59
0.011 34	0.007 510	0	0.004 565	0.000 737 8	0.013 54
0	0	0.004 489	0.000 479 8	0.000 479 8	0.003 531
0	0	0.010 69	0.001 141	0.001 141	0.008 410

【教师】　问题二中的反应平衡浓度之间存在怎么样的定量关系?

【学生】　跟问题一的结论一样,五组实验中虽然投料比不同,但 $\dfrac{c^2(\mathrm{HI})}{c(\mathrm{H_2})\cdot c(\mathrm{I_2})}$ 的比值都约为 54,为一定值。

【教师】　这一定值关系,就是平衡常数,平衡常数表达式如何书写? 怎么表述? 完成问题三。

问题三：可逆反应 $m\mathrm{A(g)}+n\mathrm{B(g)}\rightleftharpoons p\mathrm{C(g)}+q\mathrm{D(g)}$,平衡常数表达式如何书写? 怎么表述?

【师生】　学生回答、生生评价补充、教师引导达到共识：

平衡常数的表述：在一定温度下,可逆反应无论从正反应开始,还是从逆反应开始，又无论反应开始时反应物浓度的大小是否相同，当达到平衡时，把生成物浓度指数幂的乘积除以反应物浓度指数幂的乘积，得到的比值是个常数。这个常数叫做该反应的化学平衡常数，简称平衡常数，用符号 K 表示。

$$K = \frac{c^p(\mathrm{C}) \cdot c^q(\mathrm{D})}{c^m(\mathrm{A}) \cdot c^n(\mathrm{B})}$$

学生活动

先独立思考、计算，再小组内交流讨论，形成共识，然后小组之间再汇报交流。

设计意图

开放性的推测过程或推导方式可激发学生对科学数据探究的兴趣，增强科学探究多样性的直观感受，完善对科学探究方法的认识，同时感受科学数据探究的艰辛。初步认识平衡常数是与投料方式无关的客观存在。

问题二是迁移应用问题一的思维过程和方法。同时提供更多的具体认识，进一步理解平衡浓度间存在着与化学计量数相关的定量关系，为平衡常数表达式的推导作更多的铺垫。

先具体后一般，问题三归纳平衡常数表达式，发展学生符号表达和语言表述的转化能力。

环节三　深入理解

教师活动

【教师】 从任务一中，我们发现，对于可逆反应，在一定温度下，不论反应物、生成物的浓度如何变化，达到平衡时，化学反应平衡常数是一定值，那么，化学平衡常数的含义是什么？我们通过任务二继续研究。

【任务二】 深入理解：认识平衡常数与反应限度及温度的关系。

问题一：以反应 $2\mathrm{NO}_2(\mathrm{g}) \Longleftrightarrow \mathrm{N}_2\mathrm{O}_4(\mathrm{g})$ 为例，根据上文数据计算转化率？结果说明什么？

【学生】　第 1 组转化率为 28%，第 2 组转化率为 60%，第 3 组转化率为 30%，第 4 组转化率为 40%。

追问：4 组实验，哪一组反应进行得更彻底？或者说，反应的限度更大？说明理由。

【学生 1】　第 2 组，因为第 2 组的转化率更高。

【学生反驳】　不对吧？应该反应限度一样大，因为 4 组实验，平衡常数是相同的。

【学生质疑】　转化率能够表示反应的限度的，是吧？那么，"转化率高表示反应的限度大"没问题啊？平衡常数也能够表示反应的限度的，是吧？"平衡常数不变表明反应的限度没变"这种表述也没问题吧？为什么用转化率和用平衡常数表征反应的限度，得出的结论不一致呢？

【教师点拨】　同学们问得很好！我提醒一点，在做实验时，为了探究某一因素对实验结果的影响，我们一般会控制变量，这有没有给你们启发？

【学生】　（恍然大悟的表情）我明白了！转化率和平衡常数都可以表示化学反应的限度，但是，一定温度下，平衡常数跟起始浓度无关，转化率却跟起始浓度有关系。（其他同学表示赞同）

【教师强调】　回答得很好！(1)在某一温度下，一个反应只有一个特征平衡常数，而投料不同，转化率可能不同。(2)平衡常数和转化率均可表示反应的限度，前者与起始浓度无关，后者与起始浓度有关。

问题二：根据所学，推测下列 4 个反应在同一温度下平衡常数 K 的变化趋势，并说明理由。

$$H_2(g) + F_2(g) \rightleftharpoons 2HF(g) \qquad K_1$$

$$H_2(g) + Cl_2(g) \rightleftharpoons 2HCl(g) \qquad K_2$$

$$H_2(g) + Br_2(g) \rightleftharpoons 2HBr(g) \qquad K_3$$

$$H_2(g) + I_2(g) \rightleftharpoons 2HI(g) \qquad K_4$$

【学生】　根据元素周期律的相关知识，从氟气到单质碘，元素的非金属性逐渐减弱，单质与氢气反应程度逐渐减小，平衡常数可以表示反应进行的程度,所以,同一温度下下,4 个反应的平衡常数逐渐减小:$K_4 < K_3 < K_2 < K_1$。

【投影】 某温度下,4 个反应的平衡常数:$K_1 = 1.8 \times 10^{36}$,$K_2 = 9.7 \times 10^{12}$,$K_3 = 5.6 \times 10^7$,$K_4 = 43$。

【教师】 实验数据也证明了同学们的猜测。一般来说,如果一个反应的平衡常数大于 10^5 时,通常认为该反应可以进行得比较完全;平衡常数小于 10^{-5} 时,通常认为该反应很难进行。

问题三:反应 $2NO_2(g) \rightleftharpoons N_2O_4(g)$ 正反应是放热反应,某一温度达到平衡,升高温度,反应如何移动?再次达到平衡时平衡常数如何变化?理由是什么?

【学生】 正反应是放热反应,由勒夏特列原理可知,升高温度,反应向吸热方向移动,也就是向生成二氧化氮的方向移动。再次达到平衡时,二氧化氮浓度升高,四氧化二氮浓度降低,由平衡常数表达式可知,平衡常数较之前减小。

【教师】 我们发现,温度改变时,用勒夏特列原理定性分析平衡移动与用平衡常数定量分析,结果是一致的。

问题四:已知反应:$2HI(g) \rightleftharpoons H_2(g) + I_2(g)$,425.6℃时 $K = 0.018$,457.6℃时 $K = 0.021$,据此推断正反应是"吸热反应"还是"放热反应"? 说明理由。

【学生】 正反应是吸热反应。因为温度升高,K 变大,表明正反应限度变大,由勒夏特列原理可知,温度升高,平衡向吸热方向移动,所以,该反应的正反应是吸热反应。

学生活动

小组合作,组内每人计算一组,交流对结果的认知,汇报交流。

设计意图

问题一增进学生对化学反应的限度和化学平衡状态的关系的理解。平衡常数不变时,可以有多种浓度组合,每种组合都处于化学平衡状态。

即同一反应的限度可以对应很多不同的平衡状态,平衡状态改变,化学反应限度不一定改变。

问题二迁移学生的已有认知,先由元素周期率的相关知识定性判断,再用数据佐证推测,认识定性与定量相辅相成的关系,建立反应进行程度的判断方法,理解平衡常数表达式的含义,强化定性与定量相结合的思维意识。

问题三引导学生活学活用勒夏特列原理,进一步理解平衡常数表达式的含义以及平衡常数与反应限度的关系。

环节四　理论应用

教师活动

【过渡】　可否由化学平衡常数判断反应的平衡状态?我们继续探究。

【任务三】　理论应用:定量判断平衡移动。

问题一:已知反应: $H_2(g) + I_2(g) \rightleftharpoons 2HI(g)$, $K = 50.3(440℃)$。选择下列投料方式时是否达到平衡?若未达到平衡,化学反应如何移动?理由是什么?你又得到什么启示?小组合作,完成任务三中的表格。

【学生】　汇报交流,完成表格。

序号	初始浓度/$(mol \cdot L^{-1})$			移动方向	理由
	H_2	I_2	HI		
1	0.22	0.22	1.56		
2	0.22	0.22	2.56		
3	0.22	1.22	1.56		
4	1.00	1.00	1.00		
5	1.00	1.00	0.001		

实验 1:刚好平衡,因为 $Q = K$。

实验 2:向逆反应方向移动,因为 $Q = 135.4 > K$。

实验 3：向正反应方向移动，因为 $Q=9.1<K$。

实验 4：向正反应方向移动，因为 $Q=1<K$。

实验 5：向正反应方向移动，因为 $Q=1×10^{-6}<K$。

【教师】 从中能得出什么启示？

【师生】 学生汇报，生生评价，师生评价，达到共识：

（1）用任意时刻的浓度商 Q 与 K 比对，可从定量角度得出某一时刻，化学反应是否达到平衡，以及化学反应移动方向。

（2）浓度商判据较勒夏特列原理判据更直接，应用更广泛。

（3）Q 和 K 的关系不仅可以判断化学反应移动的方向，还可表明起始状态与平衡状态间的差距，Q 与 K 相差越大，移动幅度越大。

问题二：$t℃$时，反应 $3H_2(g)+N_2(g)\rightleftharpoons 2NH_3(g)$ 达到平衡。温度不变，缩小体积将压强变为原来的 2 倍，平衡是否移动？怎样移动？说明理由。

【学生 1】 平衡移动，向正反应方向移动，因为反应物的压强增大的更多，由勒夏特列原理可知，平衡向减小压强的方向移动。

【学生 2】 平衡移动，向正反应方向移动，压强增大，相当于浓度增大，因为反应物浓度增大的更多，由勒夏特列原理可知，平衡向浓度减小的方向移动。

【学生 3】 根据今天学的浓度商判据，设原平衡时 N_2、H_2、NH_3 的平衡浓度分别为 a、b、c，则 $K=\dfrac{c^2}{ab^3}$；压强变为原来的 2 倍时，3 种物质的瞬时浓度为 $2a$、$2b$、$2c$，$Q=\dfrac{(2c)^2}{2a(2b)^3}=\dfrac{c^2}{4ab^3}=\dfrac{K}{4}$，$Q<K$，平衡正向移动。

【教师】 我们发现，从勒夏特列原理定性分析和从浓度商判据定量分析，得出的结论一致：温度不变，缩小体积增大压强，该反应正向移动。

问题三：反应 $2NO_2(g)\rightleftharpoons N_2O_4(g)$ 达到平衡，向其中加入惰性气体。①若温度、容积不变，平衡怎样移动？说明理由。②若温度、压强不变，平衡怎样移动？说明理由。

【学生】 对于①，若温度、容积不变，加入惰性气体，压强增大，由勒夏特列原理可知,平衡右移。

【学生反驳】　不对,对于①若温度、容积不变,加入惰性气体,虽然压强增大,但是,对于反应体系中的物质,浓度都没有改变,浓度不变,速率不变,速率不变,那么平衡就不移动。

【学生附和】　对,根据今天所学的浓度商判据,对于①若温度、容积不变,加入惰性气体,反应体系中的物质,浓度都没有改变,$Q=K$,所以平衡不移动。

【教师】　大家赞成①平衡不移动吗?(同学们表示赞同)可见,利用浓度商和平衡常数的关系判断平衡的移动,有着突出的优势。那么,对于第②种情况呢?

【学生】　根据①的分析,温度、压强不变的情况下,加入惰性气体,原平衡体系的容积一定增大,体系中物质的浓度减小,不论是勒夏特列原理定性分析,还是利用浓度商判据进行定量分析,均能得出平衡向逆反应方向移动的结论。

【教师】　对于加入惰性气体的体系,判断平衡是否移动的关键是要看是否改变了体系中各物质的浓度。

【教师】　我们回头再看看本节课开始时留下的问题,看看现在是否能解决。

【投影】　已知,100℃时,某时刻二氧化氮平衡球内各物质的浓度:$c(NO_2)=0.10 \text{ mol} \cdot \text{L}^{-1}$,$c(N_2O_4)=0.05 \text{ mol} \cdot \text{L}^{-1}$,请问此时,反应$2NO_2(g) \Longleftrightarrow N_2O_4(g)$是否处于化学平衡状态?

【学生】　仍然不能解决,因为缺少条件。

【学生反驳】　可以解决,我们任务一时已经求算出,100℃时,该反应的平衡常数约为2.7,此时计算出来的浓度商为5,大于平衡常数,不是平衡状态,反应应该向逆反应方向移动。(其他同学表示赞同)

学生活动

小组成员合理分工,每人计算一组,小组汇总,汇报交流。

设计意图

　　将勒夏特列原理的定性分析和化学平衡常数的定量分析有机结合,相互渗透,使学生在学习化学平衡常数新知识的同时,能多角度、深层次理解化学平衡移动规律。从不同角度体验浓度商判据的应用,显示定性分析的局限性和定量分析的优越性,突出"定性与定量相结合"的内涵和平衡常数的应用价值。

结课

　　本节课,我们认识了化学平衡常数的含义、表达式以及应用,丰富了我们对化学平衡规律的认知,大家可以通过课后作业检测自己的学习效果。

板书

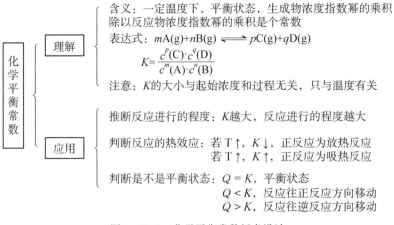

图3-7-1　化学平衡常数板书设计

四、作业及反思

(一) 作业及评价要点

　1. 作业

(1) 以思维导图的形式描述你对"化学平衡常数"的认知。

(2) 以反应"$3H_2(g)+N_2(g)\rightleftharpoons 2NH_3(g)$,$\Delta H<0$"为例,当改变什么条件时,化学平衡将发生移动? 如何移动? 归纳外界条件对化学平衡的影响的本质原因是什么?

2. 评价

(1) 评价要点：排版美观,逻辑清楚,内容不仅包含有关"化学平衡常数"的具体知识,还能把化学平衡常数与化学平衡状态建立联系,意识到化学平衡常数是分析、讨论平衡移动问题的工具等。

(2) 评价要点：至少能列举出三种使平衡发生移动的措施,能够意识到"正反应速率不等于逆反应速率"是化学平衡移动的本质原因,而"平衡常数和浓度商不相等"是判断平衡移动的常用方法,并能进一步分析出哪些因素使得什么改变而造成 Q、K 不等。

(二) 教学反思

1. 教学设计及实施过程中的创新点

本节课依据"促进学生认识发展为本"的教学理念,发挥"化学平衡常数的功能与价值"进行"化学平衡常数"的教学设计。以化学平衡常数及其表达式所具有的定性和定量双重特征为问题研究的切入点,结合实验事实和数据,利用定性与定量研究的互补性,设计符合学生认知的驱动性问题,运用实验证据的对比分析、科学数据的探究整合、推理建模的应用拓展等方法,推动学生建构平衡常数的数学模型,促进学生理解平衡常数的丰富含义,体会运用定性和定量相结合的方法分析平衡问题的思维方式,使思维视角更开阔,解决策略更具全面性、系统性、逻辑性和层次性。

2. 遗憾点及解决办法

通过课后检测发现,学生对化学平衡移动规律的本质理解还有进一步提升的空间,说明实现化学平衡常数功能价值的教学仍有待进一步完善。

专家点评

"证据推理和模型认知"是化学学科主要的科学研究视角和思维方式。赵老师在这节课中很好地应用了证据推理和模型认知,整堂课做到言必有据,让证据说话。特色如下：

1. 使化学课堂恢复理性本色

   学生在整个过程中，不是被动地接受知识而是主动地建构学习。教师通过一个"二氧化氮平衡球在热水中"的实验，让学生定性感悟反应达到平衡状态。但很明显，这时缺乏"理性"的感觉和实质。教师提供两组实验数据，让学生发现平衡浓度之间是否存在定量关系。这样一个证据推理的过程比记住一个现成结论更有价值。

2. 改变了学生的思维品质

   基于证据推理的课堂，学生思考和注重的就不仅是知识本身，而是知识是怎样形成的。课堂上，教师并不满足于学生归纳出平衡常数表达式，而是进一步深入理解平衡常数与反应限度及温度的关系。这一段设计是先猜测"从氟气到单质碘与氢气反应，在同一温度下平衡常数 K 的变化趋势"这样一个知识定性判断，再到用数据佐证推测，认识定性与定量相辅相成的关系，建立反应进行程度的判断方法，理解平衡常数表达式的含义。学生完成了结论与意义的建构，在这个过程中，学生证据推理的能力、提出假设的能力、搜集证据的能力、逻辑推理的能力在不断提高。

   基于证据的教学，教师应具备问题设计能力、寻找证据的能力、语言解释证据的能力。这样的课多去尝试，必然促进教师的专业化发展。

简单的有机化合物及其应用

第1课　乙酸丁酯的制备

一、教学任务分析

（一）学情分析

　　学生已经学过溴苯、硝基苯、乙酸乙酯的制备，对于有机物质的制备与合成，有了一定的知识储备，学生能够结合探究材料中提供的乙酸丁酯的反应条件，反应物和产物的相关性质，设计制备乙酸丁酯简易装置和提纯的方法。

（二）教材分析

　　"乙酸丁酯的制备"是二期课改沪科版高三化学拓展型课程第 9 章"化学实验探究"第 5 小节化学实验探究中的内容，教材设计是通过资料的呈现让学生探究实验装置，并在讨论模块中引导学生比较该实验与其他有机物制备实验的异同点，通过探究活动的设计使有机实验知识系统化，引导学生在观点碰撞、意见争论、交流解惑的过程中，实现对相关化学知识来龙去脉的清晰把握和深层感悟。

二、目标分析与教学准备

（一）教学目标

　　（1）通过回顾总结溴苯、硝基苯、乙酸乙酯的制备原理及装置，依据提供的资料设计乙酸丁酯的实验装置，领会物质的性质与制备方法之间的内在联系。

　　（2）通过乙酸丁酯的提纯方法分析，初步建立有机混合物提纯的认识模型。

　　（3）通过对比乙酸乙酯和乙酸丁酯的制备，对有机物的制备规律形成初步的认识。

（4）通过对乙酸丁酯实验装置的改进,初步形成绿色化学的意识,增强社会责任感。

（二）评价目标

（1）通过对乙酸丁酯实验装置的探究实验设计方案的交流和点评,诊断并发展学生实验探究的水平。

（2）通过乙酸丁酯的提纯、乙酸乙酯和乙酸丁酯的制备不同之处的判断和分析,诊断并发展学生对有机物质制备与合成的认识水平和认识思路的结构化水平。

（3）通过对乙酸丁酯的实验装置改进方案的讨论和点评,诊断并发展学生对化学价值的认识水平。

（三）教学重难点

1. 设计乙酸丁酯的实验装置和提纯方法。

2. 初步建立有机混合物制备和提纯的认识模型。

（四）教学准备

资源：轻课堂 APP、多媒体课件、一体机、学习单。

三、教学过程

环节一　引入

教师活动

【引入】　乙酸丁酯是无色透明液体,具有强烈香蕉味,是我国 GB2760—86 规定允许使用的天然等同食用香料,也是重要的有机化工原料,被广泛用于溶剂、涂料和医药等行业。请根据以下材料,设计乙酸丁酯的实验室制备装置。

学生活动

聆听、感悟。

设计意图

认识乙酸丁酯的作用,激发学生本节课的学习兴趣。

环节二　设计制备乙酸丁酯的实验装置

教师活动

【提供资料】

资料一：实验室制备原理及相关物质的密度、沸点和溶解性。

乙酸丁酯由乙酸和 1-丁醇在浓硫酸，环境温度 115～125℃条件下通过酯化反应制得。

物质	乙酸	1-丁醇	乙酸丁酯	98％浓硫酸
密度（g/cm³）	1.049	0.81	0.88	1.84
沸点（℃）	117.9	117.2	126.3	338.0
溶解性	溶于水和有机溶剂	溶于水和有机溶剂	微溶于水，溶于有机溶剂	与水混溶

资料二：学生课前绘制的实验室制备溴苯、硝基苯和乙酸乙酯的实验装置图。

资料三：实验室制备硝基苯相关物质的沸点。

物质	硝酸	苯	硝基苯	98％浓硫酸
沸点（℃）	83	80.1	210.9	338.0

资料四：实验室制备乙酸乙酯相关物质的沸点。

物质	乙酸	乙醇	乙酸乙酯	98％浓硫酸
沸点（℃）	117.9	78.0	77.2	338.0

【任务一】　设计制备乙酸丁酯的实验装置。

问题一：什么因素决定了实验室制备乙烯和乙炔采用目前的装置？

问题二：制备硝基苯和乙酸乙酯的实验装置有何异同？

问题三：为何制备硝基苯和乙酸乙酯的实验装置不同？

问题四：是否所有的酯都可以用制备乙酸乙酯的实验装置？

问题五：设计制备乙酸丁酯的实验装置。

【巡视】 教师巡视,拍照投屏。

【师生】 评价各组设计的实验装置图。

【过渡】 请继续完善小组装置图。

【板书】 实验装置设计核心要素。

学生活动

根据材料先独立思考、再小组合作,讨论解决任务一中的五个问题,学习单上绘制制备乙酸丁酯的实验装置图。

小组汇报实验装置图。

完善装置图。

设计意图

通过5个核心问题,复习回顾常见有机物实验室制备装置,温故知新,引导学生在观点碰撞、意见争论、交流解惑的过程中,实现对相关化学知识来龙去脉的清晰把握和深层感悟。在设计实验室制备乙酸乙酯的装置过程中,感悟物质性质、反应条件和制备装置的关系,使有机物制备相关知识结构化和系统化。

环节三　乙酸丁酯的提纯

教师活动

【过渡】 有机物制备中,不可避免会存在反应物反应不完全以及有副反应发生,存在着提纯问题。请在独立思考的基础上,小组讨论完成学习单上的任务二。

【任务二】 乙酸丁酯的提纯。

问题一：制备乙烯和乙炔时,杂质气体如何产生？怎么除去？

问题二：制备硝基苯时有哪些杂质？如何提纯？

问题三：制备乙酸乙酯时有哪些杂质？如何提纯？

问题四：制备乙酸丁酯时有哪些杂质？如何提纯？

问题五：归纳总结有机物提纯核心要素。

【巡视】　教师巡视,拍照投屏。

【师生】　小组汇报,师生共同评价。

【板书】　有机物提纯核心要素。

学生活动

独立思考、组内讨论完成任务二,小组汇报。

设计意图

通过 5 个核心问题,复习回顾乙烯、乙炔、硝基苯、乙酸乙酯的提纯,温故知新,自主探究完成乙酸丁酯提纯方案的设计,使有机物提纯相关知识结构化和系统化。

环节四　迁移引用

教师活动

【任务三】　课堂检测,完成题目。

某化学小组以环己醇制备环己烯

已知：

	密度(g/cm^3)	熔点(℃)	沸点(℃)	溶解性
环己醇	0.96	25	161	能溶于水
环己烯	0.81	−103	83	难溶于水

（1）制备装置的选择

① 实验室制备环己烯,可以采用类似制备下列哪种物质的装置
（　　）

A. 乙烯　　　B. 硝基苯　　　C. 乙酸乙酯　　　D. 乙酸丁酯

② 选用上述装置的理由是_____。

（2）环己烯的提纯

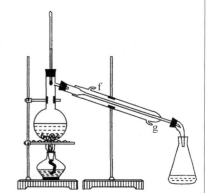

① 环己烯粗品中含有环己醇和少量酸性杂质等。加入饱和食盐水，振荡、静置、分层，环己烯在_____层（填"上"或"下"），分液后用_____（填入字母）洗涤。

A. $KMnO_4$ 溶液　　B. 稀 H_2SO_4

C. Na_2CO_3 溶液

② 再将环己烯按右图装置蒸馏，冷却水从_____口进入。蒸馏时要加入生石灰，目的是_____。

③ 收集产品时，控制的温度应在_____左右，实验制得的环己烯精品质量低于理论产量，可能的原因是（　　）。

A. 蒸馏时从 70℃ 开始收集产品

B. 环己醇实际用量多了

C. 制备粗品时环己醇随产品一起蒸出

设计意图

巧妙设计一道综合题，检测当堂课所学，及时评价与反馈，提高学习效率，发展迁移运用能力。

结课

本节课，我们学习到在有机物制备时，反应温度会决定采用的加热方式，不同的加热方式有不同的优缺点，应根据实际情况进行取舍。我们还学到反应物和产物的性质决定了产物的分离方式和提纯方式。产物在体系中沸点的相对高低，决定了制备时是采用"边反应边分离"还是"先反应后分离"。根据产物中可能存在的杂质的状态及性质，采取不同的除杂方式，除杂的原则仍然是"不增不减"，即不增加新的杂质，不减少产品的产量。

板书

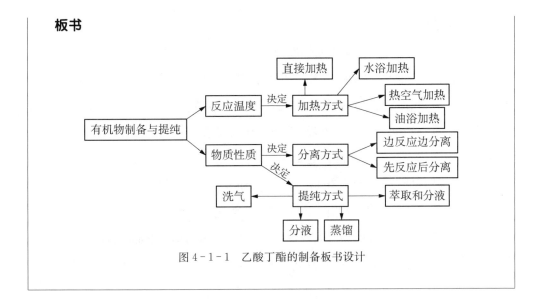

图 4-1-1　乙酸丁酯的制备板书设计

四、作业及反思

(一) 作业及评价要点

1. 作业

苯甲酸苯甲酯(

可用作香料、食品添加剂,同时还有灭杀跳蚤、虱子的作用,对皮肤的刺激也很微弱。

完成下列问题:

(1) 写出由苯甲酸和苯甲醇生成苯甲酸苯甲酯的化学方程式。

(2) 通过查阅文献,了解相关物质的性质,设计实验室制备苯甲酸苯甲酯的装置并画出装置简图,设计提纯苯甲酸苯甲酯的方案。

2. 评价

评价要点:化学方程式书写正确;清楚需要查阅的具体物质和具体性质;能根据物质性质及反应条件设计制备装置;绘制的制备装置简图准确美观;提纯方案选用的除杂试剂合理,步骤简单,符合绿色化学原则。

（二）教学反思

1. 教学设计及实施过程中的创新点

通过创设逻辑性"问题串"锻炼学生的逻辑思维，通过探究性活动：设计乙酸丁酯的制备装置和乙酸丁酯的提纯方法，落实"实验探究与创新意识"化学学科核心素养。注重真实问题情境的创设，促使学生阅读材料、设计方案和讨论交流，并在这一过程中体会化学科学的社会价值，增强学好化学造福人类的信念。注重基于"学习任务"开展"素养为本"的教学，重视和发挥学习任务的素养导向功能，实现知识结构化。注重认识思路的结构化和显性化，注重"教、学、评"一体化，通过学生在实验探究、小组讨论、方案设计等活动中的表现，运用提问、点评等方式，对学生的学习质量和学科核心素养发展水平给予准确的把握，并给出进一步深化的建议，充分发挥化学日常学习评价的诊断与发展功能。

2. 遗憾点及解决办法

容量有点儿大，一节课的时间稍显不足，在设计乙酸丁酯的提纯环节，如果把对乙烯、乙炔、硝基苯和乙酸乙醇的提纯放在课前，让学生自主梳理总结，课堂上进一步聚焦重难点，效果会更好。

专家点评

本节课目标设置合理，教学设计符合学生的认知发展规律，教学主线清晰，教师引导清晰，突出了教学重点。亮点如下：

1. 设计注重了问题的真实性和学生的熟悉度

乙酸丁酯是学生比较陌生的有机物，更何况要制备。教师先进行知识铺垫，课前复习绘制实验室制备溴苯、硝基苯和乙酸乙酯的实验装置图。课上提供制备硝基苯、乙酸乙酯、乙酸丁酯等相关物质的沸点等资料库，充分考虑了从学生已有经验出发，降低认知难点。同时考虑到有机实验的复杂和缓慢，教师课上只是抓住制备和提纯两个实际问题展开理论研究，有效地在短时间内进行问题聚焦。

2. 设计注重了建模和科学思维的培养

　　教师围绕乙酸丁酯的制备与提纯这一情境，由浅入深地设置了多个学习活动，学生在问题链引导下，逐步建立有机物制备及其提纯的模型，探究过程中，体会并学习了抽象建模、逻辑推演等科学思维方法，感受学习化学的乐趣。

第 2 课　认识催熟剂——乙烯

一、教学任务分析

（一）学情分析

本班学生是高考加试化学的高二学生，刚刚学完甲烷及烷烃，之前已经学过卤素、硫及氮的化合物、氧化还原反应等物质的变化相关知识，对化学学习有较大的兴趣、较强的求知欲。在之前学习无机物相关内容时，学生对于实验探究流程已经比较熟悉，但学生对于多角度分析解决问题，证据推理能力不强。学生对于有机物还比较陌生，学习和研究有机物的一般方法还不太熟悉。

（二）教材分析

"认识催熟剂——乙烯"是二期课改沪科版高二年级第二学期第 11 章第 2 节的内容。本节课知识层面主要学习内容有：书写乙烯的分子式、结构式、结构简式、电子式，描述乙烯分子的空间构型；能说出乙烯的物理性质；掌握乙烯的化学性质并书写相关的化学方程式；了解乙烯的用途。

本节课内容承载的价值有：学生在对乙烯的学习中可以进一步建立有机物分子结构的空间概念；通过对乙烯性质的学习，为烯烃的结构特征和典型性质的学习作好铺垫，发展"结构决定性质"核心观念；通过实验探究乙烯的性质，理解学习和研究有机物的一般方法，感受科学实验的严谨和求实精神；通过对乙烯的用途的了解，认识化学对人类生活和社会进步的影响。

二、目标分析与教学准备

(一) 教学目标

(1) 书写乙烯的分子式、结构式、结构简式、电子式,描述乙烯分子的空间构型;能说出乙烯的物理性质;掌握乙烯的化学性质并书写相关的化学方程式;了解乙烯的用途。

(2) 通过搭建乙烯的球棍模型和比例模型,理解乙烯碳原子成键方式与分子空间构型。

(3) 通过实验探究乙烯的化学性质,促进并发展学生观察能力、基于证据的推理能力、实验方案设计能力。

(4) 比较甲烷与乙烯性质差异,感悟"结构决定性质"核心观念。

(二) 评价目标

(1) 通过乙烯结构式、电子式的书写,诊断并发展学生对结构式、电子式的理解和掌握情况。

(2) 通过实验探究乙烯的化学性质,诊断并发展学生观察能力、基于证据的推理能力、实验方案设计能力。

(3) 通过对甲烷与乙烯性质的对比,诊断并发展学生"结构决定性质"核心观念。

(三) 教学重难点

1. 掌握乙烯的化学性质并书写相关的化学方程式。

2. 实验探究乙烯与溴水的加成反应原理。

(四) 教学准备

资源:轻课堂 APP、多媒体课件、一体机、学习单、球棍套装、乙烯和乙烷的比例模型、乙烯加成反应动画模拟。

仪器:铁架台、铁圈、酒精灯、温度计、圆底烧瓶、双孔塞、导管、洗气瓶、集气瓶、玻璃片、水槽、pH 计。

药品:无水乙醇、浓硫酸、氢氧化钠溶液、品红溶液、溴水、高锰酸钾溶液、稀硝酸、硝酸银。

三、教学过程

环节一 引入

教师活动

【视频】 对比实验:使用催熟剂和不用催熟剂的两袋青桔子放置一天后的对比。

【过渡】 根据生活经验我们知道:把青桔子和熟苹果放在同一个塑料袋里并系紧袋口,青桔子可以较快变黄、成熟。熟苹果和催熟剂发挥了一样的作用,你知道什么物质在起作用吗? 它就是乙烯,今天,我们一起来认识乙烯。

学生活动

观看、聆听、感悟。

设计意图

激发学生的学习兴趣,引入乙烯课题。

环节二 探究乙烯的结构

教师活动

【任务一】 探究乙烯的结构。

问题一:乙烯的分子式是 C_2H_4,对比乙烷,猜测乙烯的空间构型。

问题二:小组合作,搭建乙烯分子的球棍模型和比例模型。

问题三:写出乙烯的结构式、结构简式和电子式,填写学习单任务一中的表格。

【师生】 生生、师生共同评价小组汇报的内容。

【投影】 乙烷、乙烯的结构式,乙烯的比例模型和球棍模型。

【强调】　乙烷分子中每个碳上各去掉一个氢,碳与碳之间形成碳碳双键,这就是乙烯结构式,在乙烯分子中,碳原子仍然满足 8 电子稳定结构。观察乙烯的球棍模型和比例模型,我们发现乙烯分子是平面结构,分子中 6 个原子共平面,键角为 120°。

学生活动

先独立思考并搭建乙烯的球棍模型和比例模型,再小组讨论确定乙烯的空间结构猜测,根据小组讨论的结果完成学习单任务一的相关内容,小组汇报。

设计意图

类比乙烷,借助球棍模型和比例模型,理解乙烯碳原子成键方式与分子空间构型。

环节三　探究乙烯的物理性质

教师活动

【任务二】　探究乙烯的物理性质。

问题一:从物质类别结合已知信息,猜测乙烯的物理性质。

问题二:根据乙烯的物理性质,实验室如何收集乙烯气体?

【师生】　小组汇报,生生、师生点评。

【投影】　投影猜测的依据和结论。

猜测依据	结论
乙烯属于烃类化合物	难溶于水
乙烯是含有 2 个碳原子的烃	常温为气体
乙烯分子量 28	密度略小于空气

【讲解】　由于乙烯的密度跟空气非常接近,不能用排空气法收集,又由于乙烯难溶于水,可以用排水法收集。

学生活动

独立思考,回答问题。

设计意图

从物质类别角度,结合已学习的甲烷及烷烃的物理性质推测乙烯的物理性质及实验室收集方法,类比迁移,温故知新,同时发展证据意识。

环节四　探究乙烯的化学性质

教师活动

【任务三】　探究乙烯的化学性质。

问题一:从物质类别结合已知信息,猜测乙烯的化学性质,填写学习单中的表格。

【师生】　小组汇报,生生、师生点评。

【投影】　投影猜测的依据和结论。

猜测的依据	结论
乙烯属于烃类化合物	可以燃烧
乙烯结构不同于乙烷	可能会与酸性高锰酸钾溶液反应
乙烯结构不同于乙烷	可能会与溴水反应
乙烯结构不同于乙烷	……

问题二:观察实验,描述现象,得出结论,完成表格。

【演示实验】　演示串联实验:制备的乙烯依次通过溴水、酸性高锰酸钾溶液,最后点燃。

【师生】　小组汇报,生生、师生点评。

实验	现象	结论
乙烯通入酸性高锰酸钾溶液	紫色褪去	乙烯能与酸性高锰酸钾溶液反应

续　表

实验	现象	结论
乙烯通入溴水	溴水褪色,生成油状液体	乙烯能与溴水反应
点燃乙烯	火焰明亮,伴有黑烟现象	乙烯可以燃烧

问题三：点燃乙烯,为什么会产生黑烟？试写出乙烯燃烧的反应方程式

【讲解】　烃分子中碳的质量分数与烃燃烧时的现象有着很大的关系。一般来说,含碳量越大,燃烧时发生不完全燃烧的可能性以及程度也就越大,产生的黑烟也就越浓,火焰也会越明亮。乙烯的含碳量比乙烷大,所以,火焰明亮,伴有黑烟现象。

【投影】　乙烯燃烧的反应方程式。

问题四：乙烯与酸性高锰酸碱钾反应,产物之一是二氧化碳,此反应属于什么反应类型？

【讲解】　对于有机物参与的氧化还原反应,一般只考虑有机物的变化,如果反应后,有机物氢少了或氧多了,我们就说发生了氧化反应；反之,如果氢多了或氧少了,我们就说发生了还原反应。乙烯与高锰酸钾的反应,生成了二氧化碳,对乙烯来说,既少了氢又多了氧,所以,属于氧化反应。

【提供资料】　碳碳单键和碳碳双键的键能数据。

化学键	键能(kJ/mol,25℃)
碳碳单键	347
碳碳双键	612

问题五：阅读教材 P21—P23,结合资料及所学,猜测乙烯与溴分子可能发生了怎样的反应？

【教师】 巡视,拍照,投屏。

【师生】 小组汇报,师生、生生评价。

反应类型	猜 测 依 据
取代反应	与甲烷一样均属于烃
加成反应	与甲烷不同,存在碳碳双键,并且碳碳双键的键能小于碳碳单键的 2 倍,猜测其中一根键容易断裂,发生加成反应

问题六:设计实验证明乙烯与溴水的反应类型。

【师生】 小组汇报、师生、生生评价。

【讲解】 根据取代反应生成溴化氢,而加成反应不生成溴化氢,可以通过检测反应前后溶液 pH 的变化来证明,如果 pH 明显变小,发生了取代反应,如果变化不大,发生了加成反应。

【演示实验】 检测溴水与乙烯反应前后的 pH。

【讲解】 pH 变化不显著,证明乙烯与溴水发生了加成反应。

【视频】 乙烯与溴的加成反应。

【讲解】 乙烯中碳碳双键断开一根键,每个碳上各加上一个溴原子,生成 1,2-二溴乙烷,1,2-二溴乙烷不溶于水,密度比水大,所以能在试管底部看到油状液体。像这样,有机物分子里不饱和碳原子和其他原子或原子团直接结合生成新物质的反应,称为加成反应。碳碳单键中的碳原子为饱和碳原子,而碳碳双键、碳碳三键中的碳原子称为不饱和碳原子。

问题七:阅读教材 P21—P23,结合动画视频,总结乙烯还有哪些化学性质。

【视频】 乙烯的加聚反应。

【投影并讲解】 由相对分子质量小的化合物分子互相结合成相对分子质量很大的化合物的反应,称为聚合反应,像生成聚乙烯的反应,既是加成反应,也是聚合反应,称为加成聚合反应,简称加聚反应。

【过渡】　你知道吗？PVC 字体、防静电 PVC 板是由乙烯合成的。许多个乙烯分子，各断开碳碳双键中的一根键，不同乙烯分子中的碳原子结合成新键，生成长链结构的分子量很大的化合物，这就是聚乙烯。我们一般用重复单元 $\text{CH}_2 - \text{CH}_2$₍ₙ₎ 来表示聚乙烯，在聚乙烯中，因为 n 的数值不确定，所以聚乙烯为混合物。

【小结】　乙烯的化学性质。

学生活动

问题一中，先独立思考填写表格，再小组讨论完善优化，小组汇报结果。

问题二中，先仔细观察实验，再独立思考填写表格，然后进行汇报。

问题五中，先独立思考填写表格，再小组讨论优化，小组汇报交流。

问题七中，观看视频，思考回答。

设计意图

"问题引领，任务驱动"探究乙烯的化学性质。用 7 个核心问题引领学生根据证据进行猜想、根据猜想设计实验方案、依据证据得出结论。对乙烯与溴水的反应进行了深度的探究，发展了学生"证据推理""科学探究"核心素养。

结课

【投影】　以乙烯为原料的典型化工产品。

【讲解】　由乙烯出发，可以生产聚乙烯等各种化工产品，乙烯是一种重要的石油化工原料，通常用乙烯的产量来衡量一个国家化工产业发展的水平。除此之外，乙烯可以用作植物生长调节剂，催熟水果的乙烯利主要成分就是乙烯。这也揭秘了之前青橘子更快成熟之谜，原因就是熟苹果能产生乙烯气体，催熟了青橘子。

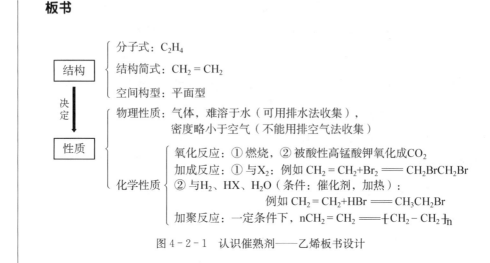

图 4-2-1 认识催熟剂——乙烯板书设计

四、作业及反思

(一) 作业及评价要点

1. 作业

(1) 有同学认为,可以通过用稀硝酸和硝酸盐溶液检验溴离子来验证乙烯与溴水的反应不是取代反应,你认为可行吗? 说明理由。如果认为不可行,请提出优化方案。

(2) 在实验室里制备的乙烯中常含有 SO_2,设计实验检验 SO_2 的存在并验证乙烯的还原性。

2. 评价

(1) 评价要点:不可行,溴水中存在溴单质与水的可逆反应,产生溴化氢。优化方案:可把溴水换成溴的四氯化碳溶液,合理即可。

(2) 评价要点:设计方案操作简单,步骤科学严谨。要有检验二氧化硫、除去二氧化硫、检验除尽二氧化硫、检验乙烯的还原性等关键装置。选用的试剂合理。

（二）教学反思

1. 教学设计及实施过程中的创新点

本节课设置真实的情境,采取"任务驱动与问题引领"的教学方式,提出核心问题,让学生通过"实验、小组合作"学习方式,体验问题解决手段的多样化。在问题解决的基础上,让学生反复经历"依据证据进行猜想、根据猜想设计实验方案、依据实验方案进行实验验证、根据证据得出结论"的科学探究核心过程,促进并发展学生的科学探究能力。通过乙烯利的引入,乙烯的用途结课等素材的利用,让学生感悟乙烯在日常生活和社会经济发展中的应用,认识有机化学的发展对人类生活和社会进步的影响。

2. 遗憾点及解决办法

由于时间关系,在探究乙烯的化学性质时,教师采取了演示实验,如果能够适当增加学生实验,效果可能会更好。

专家点评

本节课意在探究学习乙烯的结构和化学性质。

教师对学情进行了认真分析,考虑到学生刚学习有机物不久,对有机物还处于比较陌生阶段,所以采用了与乙烷进行对比的方式,通过提供资料、实验等方式让学生猜想、验证,逐步分析出乙烯的结构和性质。

整个教学过程组织和环节的开展,环环相扣,学生在积极的参与过程中,发现和认识烷烃和烯烃的不同,感受观察、对比、归纳等科学方法,最终完成对烯烃定义和烯烃性质的建构。

第3课　认识青蒿素

一、教学任务分析

（一）学情分析

　　学生已经学完了有机化学模块"有机化合物的结构和性质　烃""官能团与有机化学反应　烃的衍生物"和"有机合成及其应用合成高分子化合物"，有了烃及其衍生物的性质和应用、有机化学反应类型、有机合成等知识储备，也有了初步的认识有机化合物分子结构的思路和方法，但还没有形成观念，还不能在陌生情境中灵活运用，分析问题和解决问题的能力还不强。学生对科学家研究有机化合物的过程和方法不了解，不能感悟到科学家研究有机物的内容、过程和创新，不能深刻体会到有机化学的价值。

（二）教材分析

　　本节课适用于任一版本教材，是学完高中"有机化学基础"选修模块后的复习课。本节课学习过程包括3个核心环节：青蒿素的分离、青蒿素组成和结构测定、青蒿素结构修饰及合成。

　　与2003版的旧课标相比，2017版的新课标精简了"元素含量测定"，弱化了"实验方法"，强化了"仪器分析"。《普通高中化学课程标准（2017年版）解读》指出，弱化化学分析手段，适当强化仪器分析手段的原因是新型仪器技术已经成为当前有机化学研究的基本工具。由于学生仍旧使用旧教材，本节课并未过多弱化实验方法，同时强化仪器分析的内容，考虑到本节课素材青蒿素结构的测定不仅需要红外光谱、核磁共振，更依赖于X射线衍射，它是确定有机物空间结构的重要手段，故而本节课简要介绍X射线衍射的测定方法。

本节课承载的育人价值有：①中国科学家对青蒿素的提取、结构测定、合成和应用均进行了大量的研究，完整地展现了科学家研究有机物的全过程，而且青蒿素的发现和研究本身就是科学创新，是我国对世界科学发展的重要贡献，有利于增进学生对"科学态度和社会责任"的认识。②基于模型和图谱从多个角度探索青蒿素分子结构的奥秘，有利于形成多角度认识有机化合物分子结构的思路和方法，进一步体会"结构决定性质，性质反映结构"的学科思想。

二、目标分析与教学准备

（一）教学目标

（1）知道红外光谱、核磁共振等现代仪器分析方法在有机化合物分子结构测定中的应用，能结合简单图谱信息分析、判断有机化合物的分子结构。

（2）通过对青蒿素的组成和结构的测定，形成多角度认识有机化合物分子结构的思路和方法，进一步体会"结构决定性质，性质反映结构"的学科思想。

（3）通过对青蒿素的发现、研究与应用的交流讨论，感悟我国科学家对青蒿素研究作出的杰出贡献，发展"科学态度和社会责任"等学科核心素养。

（二）评价目标

（1）通过"青蒿素的分离"，诊断并发展学生"物质分离与提纯"的认识水平。

（2）通过"青蒿素组成和结构测定"，诊断并发展学生有机化合物分子结构的认识角度。

（3）通过对"青蒿素结构修饰及合成"，诊断并发展学生有机化合物分子"结构-性质-用途"的认识水平。

（三）教学重难点

1. 能结合简单图谱信息分析、判断有机化合物的分子结构。

2. 通过对青蒿素的组成和结构的测定，形成多角度认识有机化合物分子结构的思路和方法，进一步体会"结构决定性质，性质反映结构"的学科思想。

（四）教学准备

资源：轻课堂 APP、多媒体课件、一体机、学习单。

视频：瑞典，屠呦呦中文演讲"青蒿素是传统中医献给世界的礼物"。

三、教学过程

环节一　走近青蒿素

教师活动

【视频】　瑞典：屠呦呦中文演讲"青蒿素是传统中医献给世界的礼物"。

【投影】　感动中国人物屠呦呦颁奖词：青蒿一握，水二升，浸渍了千多年，直到你出现。为了一个使命，执着于千百次实验。萃取出古老文化的精华，深深植入当代世界，帮人类渡过一劫。呦呦鹿鸣，食野之蒿。今有嘉宾，德音孔昭。

【讲述】　2015 年 12 月 10 日，屠呦呦因开创性地从中草药中分离出青蒿素应用于疟疾治疗而获得当年的诺贝尔医学奖。这是在中国本土进行的科学研究首次获得诺贝尔奖。青蒿素问世 44 年来，共使超过 600 万人逃离疟疾的魔掌。未来，屠呦呦希望通过研究，让青蒿素应用于更多地方，为更多人带来福音。

学生活动

观看，聆听，感悟。

设计意图

从屠呦呦的事迹引入，让学生感悟科学家不畏艰难，通力合作，勇于创新的科研精神，为战胜疟疾作出的贡献，激发民族自豪感。

环节二　青蒿素的分离

教师活动

【提供资料】

资料一：1968 年，中药研究所开始抗疟中药研究，39 岁的屠呦呦担任该项目的组长。经过两年的研究对象筛选，并受到中国古代药典《肘后备急方》的启发,项目组将重点放在了对青蒿的研究上。1971 年,在失败了 190 次之后,项目组终于通过低温提取、乙醚冷浸等方法,成功提取出青蒿素,并在接下来的反复试验中得出了青蒿素对疟疾抑制率达到 100% 的结果。在没有先进实验设备、科研条件艰苦的情况下,屠呦呦带领着团队攻坚克难,面对失败不退缩,终于胜利完成科研任务。

资料二:在《肘后备急方》卷三治寒热诸疟方中,收有一方——青蒿一握,以水二升渍,绞取汁,尽服之。意思是说,取一把青蒿,用水浸泡,然后捣碎绞取汁,尽量一次服用完毕。

【任务一】 青蒿素的分离与提纯。

分析资料,回答下列问题:

问题一:归纳物质分离的常见方法,小组合作完成学习单中表格。

【师生】 小组汇报、学生补充、师生评价达成共识,完成表格:

常见方法	应用实例	应用范围
加热升华	I_2 和食盐固体的分离	固固分离
过滤	海带灰悬浊液的分离	固液分离
萃取、分液	含 I_2 的水溶液的分离	液液分离
蒸馏、分馏	石油的分馏	液液分离
纸层析	彩色墨水的分离	液液分离
洗气	除去乙烯中的 SO_2	气气分离

问题二:归纳物质分离方法的选择思路,并用思维图表示。

【师生】 小组展示,师生评价。

【作品示例】

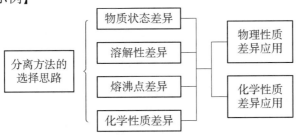

图 4-3-1 分离方法的选择思路

问题三：《肘后备急方》哪一点给了屠呦呦启发？她采取了什么方法提取出的青蒿素？你觉得她为什么要采取此种方法？

【学生】 从"绞取汁"收到启发，采用了"乙醚浸泡提取"的方法。我们觉得她采取这种方法,可能是因为用水浸泡提取的浓度不够。

追问：你们为什么会觉得用乙醚浸泡比用水浸泡提取出来的青蒿素浓度大？

【学生】 相似相溶,青蒿素是有机物,乙醚是有机溶剂,有机物更易溶解在有机溶剂里。

【教师】 很好！确实如此！你们有没有注意到资料里有"冷浸"这个词？你们觉得为什么是"冷浸"而不是"热浸"？温度高不是反应速率等都加快吗？岂不更好?!

【学生】 可能是因为温度高会破坏青蒿素的活性。

【教师】 非常棒,你们都可以像科学家一样思考了！1969 年,屠呦呦研究小组发现中药青蒿具有抗疟疾效果,但用水煎熬青蒿所得的提取剂无效,青蒿的乙醇提取物药效也不高,屠呦呦看了东晋葛洪《肘后备急方》中将青蒿"绞汁"用药的经验,从"青蒿一握,以水二升渍,绞取汁,尽服之"截疟,想到高温可能会破坏青蒿提取物,改用沸点比乙醇低的乙醚萃取。经反复实验,于 1971 年分离获得的青蒿中性提取物样品显示对鼠疟原虫 100％抑制率。

学生活动

学生先独立思考,后小组合作,讨论交流达成组内共识,小组汇报交流,生生评价,师生评价。

设计意图

通过任务一的 3 个问题,归纳总结物质分离的常用方法,感悟物质分离的基础是物质性质的差异,理解物质分离常见方法的应用范围和选择思路。领会这些方法的使用价值,提高解决问题的实践能力。通过分析青蒿素的分离,提升提取信息能力。

环节三 青蒿素组成和结构测定

教师活动

【过渡】 屠呦呦研究小组成功分离并结晶出青蒿素后,紧接着面临的关键问题是测定其组成和结构,你觉得可以从哪些角度认识有机化合物的分子结构?

【任务二】 **青蒿素组成和结构测定。**

问题一:青蒿素的组成是什么? 如何确定的?

【提供资料】 1972 年,青蒿素分子结构的测定工作启动,一大批化学工作者为此进行了艰苦卓绝的奋斗,借助元素分析仪,测出青蒿素中 C 的质量分数为 63.72%、H 为 7.86%,不含有奎宁等抗疟药物中常含有的氮元素,含有氧元素;利用质谱仪测得青蒿素的相对分子质量为 282。

【学生】 通过计算,求出青蒿素的分子式为 $C_{15}H_{22}O_5$。借助元素分析仪和质谱仪结合计算确定的青蒿素的分子组成。

问题二:如何确定青蒿素的分子结构?

【教师】 要想确定青蒿素的分子结构,需要知道哪些信息?

【学生】 需要知道青蒿素分子中 42 个原子的空间排布,需要测定碳骨架结构,官能团的种类、位置,以及碳骨架和官能团的空间结构。

【教师】 请大家相互讨论,可以通过哪些方法进一步探索青蒿素的分子结构?

【学生 1】 可以通过化学反应来判断,比如,如果有醛基,就应该能发生银镜反应。

追问:青蒿素能被硼氢化钠还原,且还原产物分子式为 $C_{15}H_{24}O_5$,已知硼氢化钠不与碳碳双键或碳碳叁键反应。你觉得这一实验说明青蒿素中存在何种官能团?

【学生】 还原前后分子式相差 2 个氢原子,说明青蒿素分子中含有 1 个羰基。

【教师】 除了上述实验外,科学家用碘量法和三苯磷定量方法证明青蒿素分子内存在过氧键。通过化学反应并不能确定分子结构,还有别的方法吗?

【学生 2】 可以写出 $C_{15}H_{22}O_5$ 所有的同分异构体,逐一验证。

【学生反驳】 这个方法不可行,因为同分异构体太多了。

【学生 3】 可以借助仪器确定官能团。

【教师】 你知道哪些仪器? 各有什么作用?

【学生】 我知道通过红外光谱可以获得分子中所含有的化学键或官能团的信息,我还知道可以通过核磁共振氢谱获得不同化学环境的氢及个数比。

【教师】 非常棒! 红外光谱是利用有机化合物分子中不同基团的特征吸收频率不同,测试并记录有机化合物对一定波长范围的红外光吸收情况,根据红外光谱分析,可以初步判断该有机化合物中具有哪些基团。核磁共振氢谱获得不同化学环境的氢及个数比。

【练一练】 为了确定分子式为 $C_4H_{10}O$ 的有机化合物的结构,测出的红外光谱和核磁共振氢谱图如下,请确定该分子的结构并说明理由。

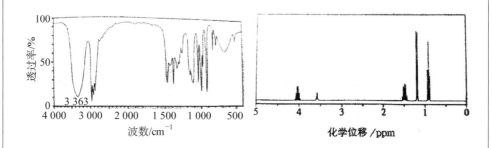

【学生】 红外光谱中,在 $3\ 363\ cm^{-1}$ 处有强而宽的吸收峰,对照谱图,我们可以确定该分子结构含有羟基。其核磁共振氢谱图中有 5 种信号,说明该分子结构中有 5 种不同化学环境的氢原子,由此可确定该分子可能是 1-丁醇或 2-丁醇,又根据不同位置的信号峰的面积比为 1∶1∶2∶3∶3,说明不同化学环境的氢原子的数目比为 1∶1∶2∶3∶3,由此可

确定该分子的结构为 2-丁醇。

【教师】 科学家通过红外光谱发现,青蒿素具有一个六元环内酯(1 745 cm^{-1})和过氧键(831 cm^{-1},881 cm^{-1},1 115 cm^{-1}),通过核磁共振氢谱,确定了青蒿素中每个碳原子所连的氢原子数目。但是,据此,仍然不能确定青蒿素的空间结构,怎么办呢? 仍然依靠仪器。X 射线衍射也是测定有机化合物分子结构的重要方法之一,它可以确定原子间的距离和分子的三维结构,从而确定有机化合物分子的空间结构,区分有机化合物的对映异构体,进一步研究有机化合物的性质等。1975 年底,我国科学家正是通过 X 射线衍射最终测定了青蒿素的分子结构。

问题三:回顾青蒿素分子结构的确定历程,小组合作,归纳有机物分子结构的认识思路和方法。

【师生】 汇报、总结、完善,达成共识。

【示例】 有机物分子结构的认识思路和方法。

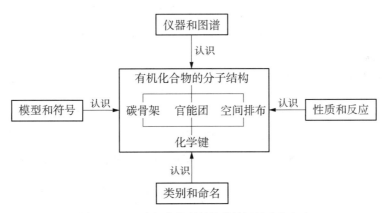

图 4-3-2 有机物分子结构的认识思路和方法

学生活动

学生先独立思考,后小组合作,讨论交流达成组内共识,小组汇报交流,生生评价,师生评价。

设计意图

通过 1 个任务 3 个递进的问题,步步深入引领学生形成多角度认识有机化合物分子结构的思路和方法,进一步体会"结构决定性质,性质反映结构"的学科思想。

环节四　青蒿素结构修饰及合成

教师活动

【过渡】　科学家发现青蒿素可治疗疟疾并了解其中的原理后,又发现其存在一些缺陷。研发疗效更高的抗疟药物,就需要改变青蒿素的结构,这称为有机物结构的修饰。

【化学史料】　在青蒿素的结构中,过氧键是主要的抗疟活性基团。在保留过氧键的基础上,将内酯环的羰基还原成羟基可以增加药效,还原产物称为双氢青蒿素,这是新一代抗疟药,其药效比青蓄素高十倍。若在羟基上引入乙酰基,抗疟活性可进一步提高。这表明,在保留过氧键的基础上,修饰部分结构可以提高药物的生物活性。这一构效关系的发现为新药创制提供了思路。在此思路指导下,青蒿琥酯、蒿甲醚等抗疟药先后研发上市。

【教师】　从天然物中提取青蒿素满足不了人们的需求,科研人员便开始致力于其化学全合成工作。从 1978 年到 1984 年初,研究人员历时 5 年多实现了青蒿素的全合成,目前青蒿素的全合成已经有多种途径。上海有机化学研究所许杏祥等完成了我国首次青蒿素的全合成,他们以香草醛为原料,经过中间体青蒿酸最后合成青蒿素,整个过程需要近 20 步反应。

学生活动

阅读史料,聆听,感悟。

设计意图

再次体现中国化学家在药物合成方面的贡献,增强学生文化自信,发展学生"科学态度和社会责任"核心素养。

结课

始于 20 世纪 六十年代的青蒿素研究历程,反映了我国科学家们的执着与坚韧、智慧与才能、开拓与进取,群策群力追求科学的精神。本节课我们以"青蒿素的发现、研究和应用"为线索了解科学家是如何研究有机物的,课下,以思维导图的形式总结本节课的收获。

板书

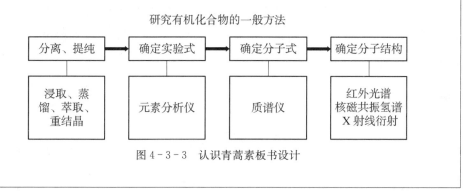

图 4 - 3 - 3 认识青蒿素板书设计

四、作业及反思

(一) 作业及评价要点

1. 作业

以思维导图的形式总结本节课的收获。

2. 评价

评价要点:①内容翔实,体现知识、方法和情感等方面的收获。②思维图排版美观,可以利用艺术的视角进行修饰和美化。

(二) 教学反思

1. 教学设计及实施过程中的创新点

化学教学内容的组织,应有利于促进学生从化学学科知识向化学学科核心素养的转化,而内容的结构化则是实现这种转化的关键,结构化是本节课的鲜明特征。比如,分离方法的选择思路结构化;再如,从多角度认识有机化合物分子结构的思路和方法的结构化;又如,研究有机化合物的一般方法的结构化。

精心选取中国科学家研究青蒿素的情境素材,贯穿本节课的始终,整合"青蒿素发现、研究和应用"过程中的科学知识的信息价值、探究价值和情意价值,讲好中国科学家的故事,促进学生"科学态度与社会责任"核心素养的发展。

2. 遗憾点及解决办法

由于时间关系,最后一个环节"青蒿素结构修饰及合成"没有设置学生活动,没来得及展开。如果时间允许,在这一环节挖掘一个关于有机合成的学生活动,内容会更丰满。

专家点评

基于问题解决的深度学习,是所有自然科学学科的教学特点。化学作为自然科学课程之一,赵老师在这节课的设计中,就是围绕这一教学特点,基于"青蒿素如何发现、如何分离、组成和结构如何及目前的研究和应用现状"四个环节深度展开探究学习。

首先,教师结构化设计简明清晰。引入部分精心选择了资料一和资料二,让学生的思维在教师有意识的资料提示中"活"起来。在这一过程中,学生自主完成第一张思维导图"物质分离方法的选择思路"。在课中完成了从"多角度认识有机化合物分子结构的思路和方法"。课最后形成了"研究有机化合物的一般方法"的思维导图。

其次,教师给予问题解决的教学活动设计层次鲜明,重难点的解决有方法有策略。本节课的重难点是"通过对青蒿素的组成和结构的测定,形成多角度认识有机化合物分子结构的思路和方法"。教师通过实验方法,同时强化现代仪器分析,基于模型和图谱,从多个角度探索青蒿素分子结构的奥秘,帮助学生形成多角度认识有机化合物分子结构的思路和方法,进一步体会"结构决定性质,性质反映结构"的学科思想。

　　第三，这节课很好地彰显了中国传统文化和中国化学家在药物合成方面的贡献，既弘扬了传统文化增强学生文化自信，又突出反映了我国科学家们的坚韧与智慧的科学精神，使得情感态度与价值观得到升华。

第4课　有机合成

一、教学任务分析

（一）学情分析

学生已经初步掌握了烃、卤代烃、醇、醛、羧酸、酯等有机物的结构、物理性质、化学性质，为有机合成奠定了基础。知识层面，学生初步掌握了烃以及烃的衍生物相互转化关系，但在基于烃和烃的衍生物转化关系图来合成新物质方面还比较薄弱，还不能灵活应用所学知识解决合成问题。

（二）教材分析

"有机合成"是上完二期课改沪科版高二年级第二学期第 12 章《初识生活中的一些含氧有机化合物》后的一节复习课。本节课是对卤代烃、醇、醛、羧酸和酯相互转化关系的复习与应用，深化学生"官能团决定物质性质以及物质性质反映官能团存在"的观念；通过有机物合成分析法的推理，发展学生逻辑思维能力以及信息的迁移能力；了解和感悟有机合成在生产、生活和医药等方面的广泛应用，认识有机化学对科技和社会发展作出的贡献。

二、目标分析与教学准备

（一）教学目标

（1）知道一些重要官能团的引入方法，知道有机合成路线设计的一般程序和方法，学会用合成路线流程图表示有机物合成路线的设计方案。

（2）通过"聚氯乙烯的合成""戊酸戊酯的合成""苯甲酸苯甲酯的合成"，理解逆向合成法在有机合成中的应用,领悟逆合成分析法的思维路径。

（3）通过对"苯甲酸苯甲酯合成路线"的评价和分析,知道绿色合成思想是优选合成路线的重要原则,树立可持续发展的观念。

（4）通过有机合成问题解决的一般策略的提炼,建构有机合成问题解决的思维模型。

（5）认识有机合成对人类生产生活的重要影响,赞赏有机化学家们为人类社会所作出的重要贡献。

(二) 评价目标

（1）通过归纳整理一些重要官能团(羟基、卤素原子、碳碳双键)的引入方法,诊断并发展学生对有机化合物官能团之间的转化认识水平(视角水平、结构化水平)。

（2）通过"聚氯乙烯的合成""戊酸戊酯的合成""苯甲酸苯甲酯的合成",诊断并发展学生对有机物合成的分析水平(孤立水平、系统水平)。

（3）通过优选合成路线及建构有机合成问题解决的思维模型,诊断并发展学生有机合成认识思路的结构化水平(视角水平、内涵水平)。

(三) 教学重难点

1. 逆合成分析法在有机合成过程中的应用及逆合成分析法的思维路径。

2. 建构有机合成问题解决的思维模型。

(四) 教学准备

资源：轻课堂 APP、多媒体课件、一体机、学习单。

视频：天和核心舱发射。

三、教学过程

环节一　太空漫步

教师活动

【视频】　天和核心舱发射。

【引入】　从神舟到天和,中国航天不断创造世界奇迹。新材料对我国的航空航天产业作出了极大贡献,仅以舱外航天服为例,我国的航天服从20世纪70年代的"曙光一号"开始,已经发展了三代。最近,我国新一代舱外航天服被航天员从"天舟二号"货运飞船里取了出来,颜值满发,科技感爆棚,应用了百余种新型材料,其中多数是有机合成材料。有机合成与我们的生活密不可分,世界上每年合成的近百万个新化合物中约70%以上是有机化合物。诺贝尔奖获得者、学术界公认的有机合成之父伍德沃德说过:在上帝创造的自然界的旁边,化学家又创造了另一个世界。

【过渡】 今天我们一起初识有机合成的魅力。

学生活动

观看,聆听,感悟。

设计意图

创设前沿科技与有机合成密切关联的情境,引入新课,激发学生学习兴趣。

环节二 激活基础,温故知新

教师活动

【任务一】 合成聚氯乙烯(PVC)。

夏天穿的塑料拖鞋,耐酸耐碱耐腐蚀又轻便,主要材料是聚氯乙烯。

根据已学知识,利用常用原料,设计合成PVC的流程,完成学习单中的活动一。

【提供资料】 合成路线流程图示例。

$$H_2C\!=\!\!=\!\!CH_2 \xrightarrow{\text{HBr}} CH_3CH_2Br \xrightarrow[\triangle]{\text{NaOH 溶液}} CH_3CH_2OH$$

【教师】 巡视、拍照、投屏。

【师生】 汇报、生生和师生评价。

【投影】 以PVC的合成为例,引出有机合成的过程,以流程图直观展现。

$$CH \equiv CH \xrightarrow[\text{催化剂　}\triangle]{HCl} CH_2 = CHCl \xrightarrow{\text{催化剂}} \left. +CH_2 - CHCl \right._n$$

图 4 - 4 - 1　PVC 的合成流程图

【归纳】　有机合成的方法——正向合成分析：

基础原料 ——→ 中间体 ——→ …… ——→ 目标化合物。

【过渡】　一般情况下，有机合成是不能一步到位的，需要分析比较目标化合物和基础原料之间在骨架构建和官能团转化的联系，并引入或转化所需的官能团。

【任务二】　请结合课前归纳的"烃和烃的衍生物相互转化关系图"讨论归纳引入"碳碳双键""卤原子""羟基"的常用方法。

【提供资料】　学生课前归纳的"烃和烃的衍生物相互转化关系图"

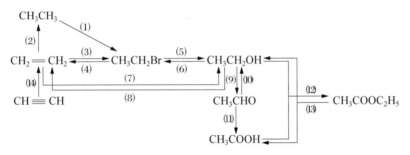

图 4 - 4 - 2　烃和烃的衍生物相互转化关系图

【归纳】　师生一起，归纳引入氯原子、碳碳双键、羟基的方法。

1. 如何引入卤素原子？

①烷烃（或苯及其同系物）与卤素单质的取代，②烯烃（或炔烃）与卤化氢或卤素单质的加成，③醇与卤化氢的取代。

2. 如何引入碳碳双键？

①卤代烃的消去，②醇的消去，③炔烃的不完全加成。

3. 如何引入羟基？

①卤代烃的水解，②烯烃与水的加成，③醛（或酮）与氢气加成，④酯的水解。

学生活动

任务一中,独立思考设计聚氯乙烯的合成方案,用合成路线流程图表示。

任务二中,独立思考后,小组讨论交流:有机物结构中引入"碳碳双键""卤原子""羟基"的常用方法。最后是汇报交流。

设计意图

任务一:联系生活实际,以合成聚氯乙烯为过渡,形成对有机合成的基本过程的认识,初步学会合成路线流程图的表示方法。

任务二:从官能团变化的视角探析有机物相互转化的实质,从反应条件的视角辨识有机物相互转化的方向,落实"变化观念"核心素养。

环节三　建构方法,规范表达

教师活动

【任务三】　合成戊酸戊酯。

苹果香味饮料中加入了戊酸戊酯,你能利用 1-戊烯为原料合成戊酸戊酯这种香料吗?

问题一:写出合成戊酸戊酯逆合成分析过程。

问题二:写出戊酸戊酯的合成流程。

问题三:归纳逆合成分析思路。

【资料一】　1964 年柯里(E. J. Corey)首先用逆推的方式设计合成路线。所谓逆合成法就是采取从产物逆推出原料,设计合理的合成路线的方法。在逆推过程中,需要逆向寻找能顺利合成目标分子的中间有机化合物,直至选出合适的起始原料。只要每步逆推是合理的,就可以得出科学的合成路线。

【教师】　巡视,拍照、投屏。

【师生】　汇报交流,评价分析过程、合成流程,完善逆合成分析方法的思路。

【投影】　逆合成分析法：

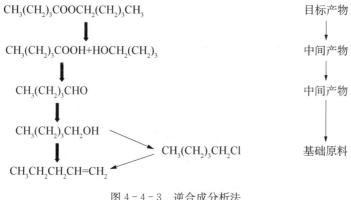

图 4 - 4 - 3　逆合成分析法

【小结】　逆合成分析思路：

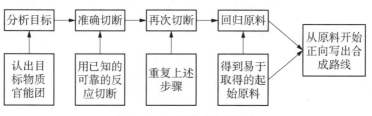

图 4 - 4 - 4　逆合成分析思路

学生活动

自主阅读学习资料,建构"逆合成分析法"解决问题的策略,独立思考设计戊酸戊酯的合成方案,用合成路线流程图表示。

小组讨论优化,汇报交流并评价戊酸戊酯的合成路线流程图。

设计意图

选择兼具学科价值和社会价值的戊酸戊酯的合成,建构并体验"逆合成分析法"在有机合成中的应用,学会用合成路线流程图表示有机物合成路线的设计方案,落实"社会责任"核心素养。

环节四 解决问题,优化路径

教师活动

【任务四】 合成苯甲酸苯甲酯。

苯甲酸苯甲酯(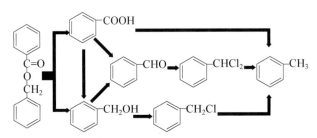)是一种治疗疥疮的药物,如何选择合适的原料实验室进行合成?

问题一:利用逆合成分析思路找到合适的基础原料。

问题二:写出苯甲酸苯甲酯合成流程图。

问题三:对比不同设计方案的优劣,归纳有机合成遵循的原则。

【提供资料】 已知:$LiAlH_4$ 是一种强还原剂,可以把—COOH 还原为—CH_2OH。还原剂 $LiAlH_4$ 价格昂贵,需要在无水环境中使用。

【教师】 巡视,拍照投屏。

【师生】 汇报交流,评价分析过程、合成流程。

【投影】 逆合成分析合成苯甲酸苯甲酯需要的基础原料。

图 4-4-5 逆合成分析合成苯甲酸苯甲酯需要的基础原料

【归纳】 选择有机合成路线应遵循的原则:原料低毒、低污染、廉价;反应条件温和;产率较高。

学生活动

讨论交流:逆合成分析找到合成苯甲酸苯甲酯的原料。小组讨论设计合成苯甲酸苯甲酯的路线。展示设计的合成路线流程图。讨论交流比较不同设计方案的优劣,归纳选择有机合成路线应遵循的原则。

设计意图

　　运用逆合成分析法设计苯甲酸苯甲酯的合成路线,比较不同合成路线的思维路径,激发学生的批判性思维与创新意识,形成绿色设计思想的基本原则,落实"科学态度与社会责任"核心素养。

环节五　提炼策略,思维建模

教师活动

【任务五】　提炼有机合成问题解决的思维模型。

　　反思"苯甲酸苯甲酯的合成"问题解决过程,从"官能团转化的目标、途径、条件"提炼并建构有机合成问题解决的思维模型。

【归纳】　有机合成问题解决需要完成的任务。

①比较目标物质和原料的结构差异:官能团的变化,碳骨架的变化。②探究实现结构转化的途径:官能团的变化从基础知识储备或题给信息中检索,碳骨架变化一般是从题给信息中检索。③合理安排各步反应的顺序:兼顾官能团保护及基团定位。④规范写出合成路线流程图:聚焦反应条件与有机物结构简式。

【投影】　有机合成问题解决的思维模型。

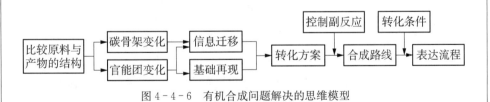

图 4-4-6　有机合成问题解决的思维模型

学生活动

　　自主建模,讨论交流有机合成问题解决的思维模型。

　　思维建模,用思维导图呈现有机合成问题解决的思维模型。

设计意图

通过有机合成问题解决的一般策略的提炼,形成结构化的认知策略,建构有机合成问题解决的思维模型,落实"模型认知"核心素养。

结课

有机合成是化学学科中最活跃、最具创造性的领域。通过有机合成制得的许多药物、材料、催化剂广泛地应用于农业、轻工业、重工业、国防工业等众多领域。本节我们要重点掌握:1. 逆合成分析法在有机合成过程中的应用及逆合成分析法的思维路径。2. 建构有机合成问题解决的思维模型。

板书

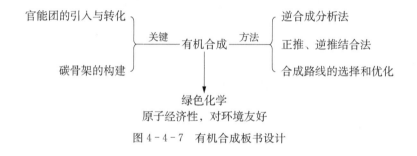

图 4-4-7　有机合成板书设计

四、作业及反思

(一) 作业及评价要点

1. 作业

(1) 逆合成法应用:乙二酸二乙酯是重要的化工原料,主要用于医药工业,是苯巴比妥、硫唑嘌呤等药物的中间体,工业上以乙烯为主要原料进行合成,请用合成路线流程图表示乙二酸二乙酯的合成方案。

(2) 社会议题:目前我国对二甲苯(PX)是供不应求,但民众会认为 PX 有害而反对发展 PX 项目。假如你是行政决策者、化工科技人员或普通民众,请抉择你在 PX 议题上的立场。

2. 评价

【作业 1】　逆合成法的应用

作业目标	学会用合成路线流程图表示有机物合成路线的设计方案,形成绿色设计思想
作业内容	以乙烯为原料合成乙二酸二乙酯
评价建议	设计方案的可行性,流程图表达的规范性,是否体现绿色设计思想

【作业 2】　社会议题

作业目标	根据不同角色的立场对 PX 议题进行论证与决策
作业内容	目前我国 PX 供不应求,但民众会认为 PX 有害而反对发展 PX 项目。假如你是行政决策者、化工科技人员或普通民众,请抉择你在 PX 议题上的立场
评价建议	能否通过使用网络搜索引擎、阅读纸质期刊获得比较翔实的 PX 相关信息;能否认识到 PX 在有机合成中的重要性;能否正确评价化学与社会、环境的关系;能否基于证据对 PX 议题进行决策

(二) 教学反思

1. 教学设计及实施过程中的创新点

本节课从引入到三个需要合成的化合物的选择,要么紧扣航空航天的发展,要么从生活中熟悉的身边的实例入手,学生在潜移默化中认识到有机合成与生活的密切联系,感受到化学对人类的重大贡献,激发学生的爱国热情与民族自豪感,落实"科学态度与社会责任"核心素养。

采取"任务驱动与问题引领"的教学方法,小组合作的学习方法,由简单到复杂,环环相扣,行云流水。本节课,通过梳理与交流,建构起了典型有机物相互转化的关系网络图,加深了对有机物之间转化关系的认识。在问题解决中,充分让学生暴露思维过程,引导小组内和小组之间进行充分的思维碰撞,在深度学习中体验到活动探究的乐趣,体会到成功的喜悦和自豪,增强自信。在活动中注重引导学生方法提炼、思维建模,落实"模型认知"核心素养。

2. 遗憾点及解决办法

时间稍显不足,结课稍显匆促。

专家点评

　　有机合成是高三的重要教学内容,但是历来几乎有固定的模式。这节《有机合成》打破了固有的复习模式,做了大胆的尝试。在引导学生建构主干知识的基础上,更是通过情感的介入,情境的引入,方法的体验,激发学生求知的欲望,还原化学的"灵魂"——学科内涵。

1. 充分挖掘人文素材,还原化学课堂的"魂"

　　课堂通过"天和核心舱"发射创设前沿科技与有机合成密切关联的情境引入新课,激发学生的学习兴趣和爱国热情。伍德沃德的一段话,"在上帝创造的自然界的旁边,化学家又创造了另一个世界"精辟地指出了化学合成对推进社会发展所起的不可估量的作用。情感教育是课堂的"灵魂",只有触动了学生的情感,才能进一步转化为人的态度,完善人格

2. 关注课程"知识性"的同时,更重视课程的"社会性"

　　讲有机合成离不开习题教学,但步子迈得过大,学生容易对有机合成产生畏惧。赵老师这节课在关注形成有机合成知识体系的同时,更关注有机合成在实际生活中的具体作用。教学的教育功能,就要"小题大做"。围绕一个主题,进行情境化教学,让教学内容与学生的社会生活背景发生联系,这样的知识建构才是有意义的。赵老师精心选取了经典习题中的合成片段,强调贴近生活生产和现代科技,让学生在"真实"情境中有意义地建构知识,在化学的实用价值中形成科学方法。

3. 加强体验和感悟,传递解题思想和方法

　　摒弃题海,根据教学内容精选习题片段,一点也不影响学生体验和感悟化学思想和方法。赵老师引导学生自己回忆、归纳,整理有机官能团的引入、消去,以及有机合成的一般方法和途径,包括合成官能团的保护,合成路线的优化选择,直至提炼并建构有机合成问题解决的思维模型。

第 5 课　　研制解酒药

一、教学任务分析

(一) 学情分析

　　学生已经学习了烃类衍生物中卤代烃、醇类的基础知识，了解了化学键极性、饱和程度以及基团相互影响的简单分析方法，具备了从简单官能团到复杂官能团微观分析物质的基础。但学生还没有形成完整的结构分析和性质预测模型，对有机物的认识还未系统化，没有形成有机物分析的一般思路。

(二) 教材分析

　　"研制解酒药"适用于新教材拓展性选修课程模块 3《有机化学基础》中醛类新授课的学习。《普通高中化学课程标准(2017 年版 2020 年修订)》对于选择性必修模块 3"有机化学基础"中"烃及其衍生物的性质与应用"主题做了如下重要变化：(1)外显认识有机化合物结构的基本角度和思路，确认了"官能团"的概念以及"原子间的连接顺序、成键方式和空间排布"的观念性认识。(2)明确学生应该认识的官能团种类，与生命科学相联系的官能团进一步明确：氨基、酰胺基等。课程标准不仅要求学生认识醛基官能团及常见醛类代表物，知道其物理性质、化学性质，会写相应化学方程式，还要求学生能够从化学键类型、官能团及官能团之间相互影响角度分析和推断有机物的性质，能够利用构建的有机物分析思维模型分析和设计有机化合物合成，解决实际应用问题。

　　本微项目通过对有机物乙醛性质的学习，让学生认识醛类官能团是醛基，理解从官能团及化学键角度掌握乙醛的组成、结构、性质及转化关系，形成完整的结构分析模型和性质预测模型，构建有机物分析的一般思路，使认识角度系统化，更进一步深刻理解醛类在有机物合成、有机化工及在生产生活中的重要应用。本项目承载的育人目标：锻炼学生多角度分析问题的方法，提升认识系统化、思维模型化，发展学生"宏观辨析与微观探析""证据推理与模型认知""科学探究与创新意识""科学态度与社会责任"等化学学科核心素养。

二、目标分析与教学准备

(一) 教学目标

(1) 认识乙醛的组成、结构、性质、转化关系及其在生产、生活中的重要应用。

(2) 能够基于官能团、化学键特点以及反应规律分析和推断含有典型官能团有机化合物的化学性质，落实"宏观辨识与微观探析"核心素养。

(3) 通过"研制解酒药"项目学习，从实际生产生活中典型物质性质的研究，提炼出结构分析和性质预测模型，利用思维模型解决陌生有机化合物性质的分析与研究。

(二) 评价目标

(1) 通过"由乙醛结构推测断键部位和性质"，诊断并发展学生对有机物的认识角度。

(2) 通过"设计实验探究乙醛性质"，诊断并发展学生证据推理与科学探究水平。

(3) 通过"取法古人，研制解酒药"，诊断并发展学生模型应用及创新水平。

(三) 教学重难点

1. 从物质结构分析得出分析模型，形成有机物性质的预测模型，进而总结出有机物研究的一般思路。

2. 利用"研制解酒药"项目的学习，全面研究乙醛性质，深化有机物官能团的认识角度。

(四) 教学准备

资源：轻课堂 APP、多媒体课件、一体机、学习单、新闻视频。

仪器：铁架台、烧杯、酒精灯、玻璃棒、试管、试管架、胶头滴管、pH 计。

药品：乙醛溶液、硝酸银溶液（硝酸酸化）、5％过氧化氢（酸化）、浓氨水、银氨溶液、高锰酸钾溶液（酸性）、溴水、新制硫酸铜溶液、稀硫酸、蒸馏水。

三、教学过程

环节一　引入

教师活动

【播放视频】　新闻：吃头孢后又饮酒，男子抢救无效死亡。

【教师】　日常生活中都有这样的常识，如果服用了头孢类药物，在 1 周之内不能饮酒。同样的，如果饮酒之后，在 1 周之内也不能服用头孢类药物。为什么呢？因为头孢类药物和酒精接触会出现双硫仑反应。表现为：面部潮红、眼结膜充血、视觉模糊、头颈部血管剧烈搏动或搏动性头痛、头晕、恶心、呕吐、出汗、口干、胸痛、心肌梗塞、急性心衰、呼吸困难、急性肝损伤，惊厥甚至死亡等。

【提供资料 1】　双硫仑反应：双硫仑（disulfiram）是一种戒酒药物，在与乙醇联用时，肝脏中乙醛脱氢酶被抑制，乙醇在体内氧化为乙醛后，不能再继续分解氧化，从而导致体内乙醛蓄积，引发双硫仑反应。

【驱动性总任务】　假如你作为一名药物研发师，又该如何做呢？

【学生】　研发快速消除双硫仑反应的药物。

【追问】　研发此类药物，要从哪几方面展开？

【学生】　首先要探查致命物质是何物，弄清双硫仑反应的原理及产物，寻找快速消除此类致命物质的方法，达到快速缓解、治病救人的目的，制备对应药物。

学生活动

观看，聆听，感悟。

小组讨论，任务拆解，代表发言，学生补充，师生讨论，明确研制解酒药的步骤，形成完成任务的思路。

设计意图

以日常生活酒后误服头孢类药物危及生命,研发药物快速治病救人的真实情境、真实任务,引导学生开展项目探究,同时让学生了解喝酒吃药有害健康的严重性。

环节二 探寻致命物质

教师活动

【提供资料 2】 文献:药物解酒护肝机制的研究进展(熊大艳,刘万云.宜春学院学报,2017,39(6):35—38)。

【任务一】 探寻致命物质,锁定致命元凶。

问题一:酒精进入人体后如何转化? 具体原理是什么?

【学生】 由资料得知,酒精进入人体后,首先在乙醇脱氢酶(ADH)作用下迅速转化成乙醛,乙醛又会在"乙醛脱氢酶(ALDH)"催化下转变为乙酸。人体内有 19 种 ALDH,其中 ALDH2 活性最强,承担了大部分工作。虽说乙醇脱氢酶(ADH)广泛存在于人体中,但将近一半的东亚人体内的乙醛脱氢酶(ALDH2)有缺陷,不能迅速把乙醛转变为无害的乙酸。于是,这些人喝酒后,体内乙醛含量就迅速聚集升高,甚至能达到正常值的 20 倍之多。乙醛能加速心跳频率,扩张血管,脸红,严重者头晕、呕吐,以致醉酒。

问题二:请解释双硫仑反应危害人体健康的原理。

【学生】 根据资料得知,双硫仑是一种戒酒药物,在与乙醇联用时,肝脏中乙醛脱氢酶被抑制,乙醇在体内氧化为乙醛后,不能再继续分解氧化,从而导致体内乙醛蓄积,引发双硫仑反应。

【教师】 许多药物尤其是头孢类都具有与双硫仑相似的作用而导致体内乙醛急速升高,产生双硫仑反应危及生命,所以此类药物一定不要与酒精一起服用。

问题三：如何快速消除双硫仑反应？

【学生】　我们小组认为要想快速救人，要么快速消除引发双硫仑反应的乙醛，要么快速消除服用的药物（头孢类药物）。而服用的药物主要用于治病且种类较多，消除难度很大，所以快速消除乙醛是最好的途径。

【追问】　要想消除乙醛，需要知道哪些信息？

【学生】　需要知道乙醛的性质，根据性质选择与乙醛快速反应的试剂。

学生活动

小组合作，组内讨论，小组交流汇报，补充评价。

设计意图

结合具体问题探究讨论，丰富学生对有机物的认识角度，发展"宏观辨识与微观探析"核心素养。

环节三　探究乙醛的性质

教师活动

【任务二】　分析乙醛的结构，探究乙醛的性质。

问题一：结构决定性质，请同学们分析乙醛的结构，预测其具有哪些化学性质，并说明判断依据。

【学生观点 1】　乙醛分子中含有碳氧双键，我们之前学过含有碳碳双键的烯烃可以发生加成反应，据此我们组预测到乙醛应该也能发生加成反应，比如，可以与 H_2、NH_3、HCN、Br_2 等试剂反应。

【学生观点 2】　含有碳碳双键的烯烃和碳碳叁键的炔烃，遇到强氧化剂，可以断键，连接上氧原子，发生氧化反应，据此我们组猜测乙醛应该也能发生氧化反应。

【追问】　除了官能团醛基的性质外，根据资料，推测乙醛中的其他化学键可能发生的反应。

【提供资料3】 当 A 和 B 这 2 个原子以共价键结合时,电负性大的原子带有较多的负电荷(用 δ^- 表示),电负性小的原子带有较多的正电荷(用 δ^+ 表示)。2 个原子的电负性相差越大,键的极性就越强。在一定条件下,键的极性越强,越容易成为反应的活性部位。

【学生观点1】 乙醛的还原性主要从醛基中的碳氢键极性增强、易断裂方面考虑,强氧化剂如氧气、酸性高锰酸钾溶液,或弱氧化剂银氨溶液、新制氢氧化铜悬浊液应该都能与之反应。

【学生观点2】 乙醛中与醛基相邻的 α-碳上碳氢键由于醛基的影响,其极性增强应该也容易断裂。

【追问】 对于 α-碳中的碳氢键易断裂,会发生怎样的反应?类型如何? 如何用实验验证呢?

【学生观点1】 α-碳的碳氢键断裂可以与另一分子的醛基发生加成反应,这样就生成了既有醛基又有羟基的化合物,其产物在碱性条件下可脱水生成碳碳双键。

【学生补充】 可以先做银镜反应,氧化醛基后加稀硝酸酸化,再加入溴水,若能够使溴水褪色即可证明碳碳双键已形成,进而证明了 α-碳的碳氢键断裂而发生了以上反应。

【投影】 根据乙醛结构预测其可能具有的性质分析结果小结:

活性位置(断键位置)	推测依据	反应类型及试剂	产物预测
醛基中的碳氧双键	乙烯和乙炔中含有不饱和键	加成反应,与 H_2、NH_3、HCN、Br_2 等试剂反应	生成醇、羟基胺等
醛基中的碳氢键	与羰基相连的碳氢键易断裂	氧化反应,与强氧化剂如氧气、酸性高锰酸钾溶液,或弱氧化剂银氨溶液、新制氢氧化铜悬浊液反应	生成酸
α-碳中的碳氢键	卤代烃的消去反应	取代反应,α-碳的活性大	生成羟醛类

问题二:预测有机物性质的一般思路是什么?

【学生观点 1】　对于有机物性质的推断,首先应该确定其官能团和碳骨架,因为不同的官能团具有不同的性质,碳骨架决定着物质的整体性质及相互作用。

【学生观点 2】　还应该考虑化学键的饱和性、极性以及基团内部、外部之间的相互影响。

【师生互动总结】　分析有机化合物结构预测性质的一般思路:

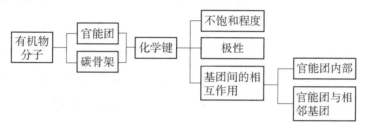

图 4-5-1　分析有机化合物结构预测性质的一般思路

活动探究:小组合作,设计实验方案并按方案完成实验,验证根据结构预测性质的合理性。

【提供资料 4】　①如何配制银氨溶液:往 $1\,mL$ $AgNO_3$ 溶液中逐滴加入氨水,直至最初产生的沉淀恰好完全溶解为止,得到的澄清溶液即为银氨溶液 $[Ag(NH_3)_2]OH$。②如何配制新制 $Cu(OH)_2$ 悬浊液:向试管中加入 10% 的 NaOH 溶液 $2\,mL$,滴入 2% 的 $CuSO_4$ 溶液 $4\sim6$ 滴,振荡即成。

【师生】　小组汇报,教师引导学生展示出每一种实验的设计思路及原理,板书相应的化学反应方程式,引导学生描述实验现象与性质的对应关系。

【学生汇报 1】　我们取样乙醛溶液于试管中,滴加溴水,振荡,溴水褪色,证明溴水能跟乙醛反应。

【追问】　乙醛与溴水的反应是加成反应还是氧化反应? 如何证明?

【学生】　如果发生加成反应,反应前后溶液 pH 变化不明显;如果发生氧化反应,还原产物是溴化氢,反应后溶液 pH 明显变小。可以测反应前后 pH 来确定是加成反应还是氧化反应。

【学生汇报实验结论】 测溴水溶液 pH,反应后明显变小,确定为氧化反应。

【学生汇报 2】 我们取样乙醛溶液于试管中,滴加酸性高锰酸钾溶液,振荡,高锰酸钾溶液褪色,证明酸性高锰酸钾溶液能氧化乙醛。

【学生汇报 3】 我们在新制备的银氨溶液中滴加 3~6 滴乙醛,水浴加热,等待一段时间,发现试管壁上有明亮的银镜出现,溶液变为黑色。证明乙醛具有还原性,能与弱氧化剂银氨溶液反应,生成的部分单质银悬浮在溶液中而呈现黑色。

【学生汇报 4】 我们在新制备的氢氧化铜悬浊液中滴加约 1 mL 乙醛,加热煮沸,有砖红色沉淀产生。证明乙醛具有还原性,能与弱氧化剂新制的氢氧化铜悬浊液反应,生成了砖红色的氧化亚铜沉淀。

【教师】 实验结论完美地验证了猜想,表明通过结构分析物质的性质是可靠的,这也再次印证了"结构决定性质"。

【思考】 甲醛、乙醛有毒,福尔马林(甲醛水溶液)防腐的理论依据是什么?

【学生】 醛基与氨基能发生加成反应,生成 α-羟基乙胺。甲醛有毒,它进入人体后,分子中的羰基与蛋白质分子中的氨基发生类似的反应,使蛋白质失去原有的生物活性,达到防腐的目的。

学生活动

问题一和二中,先独立思考,后小组讨论,然后再组间交流汇报。

活动探究中,各小组讨论,根据预测的性质以及试剂,设计实验方案,方案形成后填写学习单中的表格,与老师探讨审核确认后,利用提供的药品和仪器,以小组为单位完成实验,汇报交流实验现象与结论。

设计意图

问题一和二:构建结构分析、性质预测的思维模型,形成研究有机物的一般思路,落实宏微结合与模型认知核心素养。

活动探究:微观分析、大胆预测,设计实验方案,完成实验,让学生进一步体会项目学习过程中探究实验设计的一般步骤与方法,依据实验结果证实结构预测的正确性,建立"猜想-证据-结论"探讨物质性质的逻辑关系,进一步体会"结构决定性质"的有机化学学习核心思想,使"证据推理与模型认知"化学核心素养落到实处。

环节四　研制解酒药

教师活动

【任务三】　依据乙醛性质,研制解酒药。

问题:你对快速消除乙醛(双硫仑反应)药物的研发有何构想?

【学生】　根据探究,溴水、酸性高锰酸钾溶液、银氨溶液、新制氢氧化铜悬浊液均可以与乙醛反应,除去乙醛。但是这些氧化剂对人体有毒,应该不可以作为解酒药。根据教材,乙醛也能够与氧气反应,通过吸氧气除去体内的乙醛应该可以。

【学生反驳】　氧气浓度大时对身体也是有伤害的。根据提供的资料,乙醇转化为乙醛,乙醛转化为乙酸,均需要相应的酶作为催化剂,我们认为可以服用乙醇脱氢酶和乙醛脱氢酶,加速乙醇和乙醛快速分解。

【学生反驳】　乙醇脱氢酶和乙醛脱氢酶均为蛋白质,服用后,可能还没发挥作用就被水解吸收了。

【教师追问】　那如何操作才能不被消化直接进入肝脏呢?

【学生】　采用注射器注射入肝脏?

【学生反驳】　不可以,那样会伤害肝脏。

【学生】　现在有一些缓释胶囊药物,比如治感冒的缓释阿司匹林肠溶片,效果不错。我们可不可以制备类似于缓释胶囊一样的解酒药呢?

【学生赞成】　应该可以,制成解酒药纳米胶囊,纳米级药物不易被消化分解,直接进入血液,放入胶囊中的乙醇脱氢酶、乙醛脱氢酶可以直达肝脏,缓慢释放,起到快速救人的目的。

【追问】　不错,很有创意!那么,乙醇脱氢酶和乙醛脱氢酶如何获取呢?

【学生】 比较迷茫。

【教师点拨】 我们可以取法于古人,大家阅读资料后回答。

【提供资料5】 在我国四川、云南等地,葛花常在生活中被用来当作解酒之物。据中医古籍《滇南本草》记载:"葛花可解酒醒脾,治伤酒、发热、烦渴、不思饮食、呕逆吐酸。"在现今中医临床治疗中葛花也是最具有代表性的解酒药物之一。田代华等通过动物实验表明在注射葛花中的异黄酮后,酒精中毒小鼠的血清中乙醇显著下降,证实了葛花通过激活乙醇脱氢酶(ADH)活性促进了机体对乙醇的氧化代谢,并保护肝脏,减轻细胞损伤的解酒作用。

【提供资料6】 枳椇子在中医治疗中具有清热利尿、解酒毒之功效。中医古籍《医方考》中记载"枳椇子(俗呼鸡距子)……解酒,过于葛花。今后凡遇伤酒中酒者,宜用之"。时至今日,我国各大中医药房也保留着用于缓解酒精中毒的枳椇子药材。在现代医学科技的帮助之下,试验表明枳椇子的水提液可以显著提高乙醛脱氢酶(ALDH)的活性,加快乙醛的催化转化,发挥良好的解酒作用。

【学生】 葛花通过激活乙醇脱氢酶(ADH)活性促进人体对乙醇的氧化代谢,并保护肝脏,减轻细胞损伤;枳椇子可显著提高乙醛脱氢酶(ALDH)的活性,加快乙醛催化转化。可以借助现代科技手段把以上2种酶提取出来。

【教师】 大家研制解酒药的创意跟目前市售解酒药不谋而合,有说明书为证。同学们真是了不起,如果给大家工具和材料,大家完全可以制作出一款快速消除双硫仑反应的解酒药。

【提供资料7】 便携式解酒酶胶囊说明书。

产品	便携式解酒酶胶囊
成分	由 DHM、葛花、枳椇子、刺梨提取物等组成
效果	超细小微囊小30纳米,保证渗透率+吸收率的双重提升,见效快
见效	通过 AI 计算延长有效成分半衰期,强效控释

学生活动

此时,教师应将重点放在引导学生思考、回答上。

设计意图

借助古人智慧与现代科技,创新性地开展寻药探究活动,落实科学态度与社会责任。

结课

本节课我们了解了醉酒的原理,认识到头孢类药物与酒精接触会出现双硫仑反应,危及生命。我们以药剂研发师的身份,明确了药物研发的步骤及注意事项,探秘致命物质,寻求救命方法。当然了,最好的解酒药就是"不喝酒"。课下,请以本节课的思维方法结合已有知识分析羧酸的结构、预测性质并实验探究。

板书

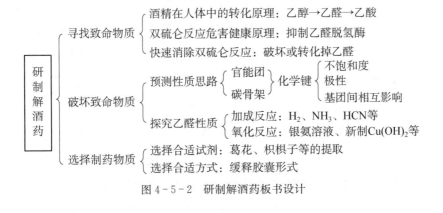

图 4 - 5 - 2　研制解酒药板书设计

四、作业及反思

(一) 作业及评价要点

1. 作业

我们即将学习羧酸,根据已有知识分析下列问题:

（1）分析羧酸的结构，预测可能发生的反应，并说明预测的依据。

（2）如何获取证据验证预测的性质的正确性？

2. 评价

评价要点：

（1）利用构建的结构分析模型及性质预测模型，从官能团羧基及化学键角度研究羧酸的组成、结构、性质与转化关系。

（2）根据预测，设计实验并探究羧酸的性质，实验的设计思路及原理正确，现象与性质的对应关系合理，选用的试剂合适，方程式表达正确。

（二）教学反思

1. 教学设计及实施过程中的创新点

本节课以日常生活酒后误服头孢类药物危及生命，研发药物快速治病救人——"研制解酒药"为真实任务，学生通过小组合作制定出研发步骤：寻找致命物质——如何破坏此物质（性质、结构、效果如何？）——选出合理试剂作为药物。利用问题驱动，借助资料卡片，逐一探究。从寻找致命物质，利用资料卡思考如何快速消除双硫仑反应，到利用电负性分析醛类价键极性、基团影响，预测化学性质，并进一步构建了有机物结构分析模型。从实验设计、实验探究求证，到小组汇报交流、相互补充、教师追问等措施，使思维外显化，进一步发展并诊断学生是否构建起"结构决定性质"的有机化学学习思维。学生从多种破坏乙醛试剂的选择，到取法于古人、借助现代科技寻找无毒解酒药快速治病救人，进一步落实了传承中华文明、体味现代科技发展、树立社会责任感意识的核心素养。本节课在真实任务的驱动下，基于真情境，解决真问题，在问题中建模、在任务中用模，落实素养，提升能力。本节课还为后面章节"羧酸"等内容的学习提供了项目思路和可借鉴的模板。

2. 遗憾点及解决办法

由于时间关系，课堂上更偏重于思维方法、活动探究，对于乙醛性质相关的基础知识强调不够，比如，银氨溶液的配制、为什么要使用"新制"氢氧化铜悬浊液、相关反应方程式的推导等。

专家点评

1. 注重基于"学习任务"开展"素养为本"的教学

   本节课赵老师以"研制解酒药"为学习任务,将核心知识与具体知识点串联起来,实现了知识结构化。学生已经学习了卤代烃、醇类的基础知识,具备了从简单官能团到复杂官能团微观分析物质的基础。但学生还没有形成完整的结构分析和性质预测模型。赵老师引导学生探寻致命物质、探究乙醛的性质,最终研制出解酒药,多角度分析问题,提升了认识系统化、思维模型化。

2. 注重"教学评"一体化

   一体化有助于教学组织和实施。学习评价应该与教学活动有机结合。这节课以发展学生学科核心素养为宗旨,注重教学目标和评价目标的一致性、学习任务与评价任务的整体性。如教学目标中提及"能够基于官能团、化学键特点以及反应规律分析和推断含有典型官能团有机化合物的化学性质",对应评价目标中的"由乙醛结构推测断键部位和性质",诊断并发展学生对有机物的认识角度,对应"环节三探究乙醛的性质"的学习任务等等,在此不一一赘述。

   另外,教学中通过资料 5 和资料 6,将中医古籍《滇南本草》《医方考》介绍给学生,同时通过资料 7"便携式解酒酶胶囊说明书",再一次证明古代劳动人民的聪明才智,中华文明的博大精深,到今天依旧在现代医学中发光发热。传承、发展、创新等德育要素润物无声、有机融合。

化学与社会发展

第1课　科学使用含氯消毒剂

一、教学任务分析

（一）学情分析

我校高一学生已经有了一定的知识储备和探究意识。但是，在探究意识、证据推理、模型认知、动手能力这些方面，比较薄弱；在真实的情境中解决问题的能力不强；从化学视角解决生活问题能力不强；对与化学有关的社会问题作出正确的价值判断的意识和能力不强。

（二）教材分析

"科学使用84消毒液"主题选自高中化学必修第一册（2019新版鲁科版）第2章"元素与物质世界"的微项目模块。本节课是在学生学习了氧化还原反应、氯及其化合物后的一节拓展探究课。本节课继续发展学生"科学探究与创新意识""科学态度与社会责任"，重点促进"宏观辨识与微观探析""变化观念与平衡思想"中的"变化观念"和"证据推理与模型认知"化学学科核心素养的发展。

二、目标分析与教学准备

（一）教学目标

（1）会用价类二维的方法，从物质类别、元素化合价的角度预测84消毒液有效成分的化学性质。

（2）能设计实验方案并实施方案验证次氯酸钠的化学性质，反思并完善问题解决过程中的思路方法，进一步提升实验探究能力，发展"证据推理与模型认知"

核心素养。

（3）能利用氧化还原反应分析并解释 84 消毒液在使用过程中产生的现象和出现的问题，增强合理使用化学品的意识，科学使用含氯消毒剂。

（二）评价目标

（1）通过"猜测次氯酸钠的化学性质"，诊断并发展学生对物质的认识水平（视角水平、结构化水平）。

（2）通过"设计实验验证次氯酸钠的化学性质"，诊断并发展学生实验探究水平（孤立水平、系统水平）。

（3）通过"解读 84 消毒液的注意事项"，诊断并发展学生从化学的视角解决问题的水平（视角水平、结构化水平）。

（三）教学重难点

1. 利用价类二维分析法预测次氯酸钠的化学性质。

2. 设计实验验证次氯酸钠的化学性质。

（四）教学准备

资源：轻课堂 APP、多媒体课件、一体机、学习单、物业消毒视频。

仪器：胶头滴管、培养皿、表面皿、棉花、玻璃棒。

药品：稀释的 84 消毒液（84 消毒液和蒸馏水 1∶1 体积混合）、稀盐酸、稀硫酸、NaOH 溶液、淀粉碘化钾溶液、酚酞溶液、淀粉碘化钾试纸、pH 试纸。

三、教学过程

环节一　走近 84 消毒液

教师活动

【教师】　2020 年新冠病毒全球蔓延。在抗击疫情的过程中，中国人民众志成城，向世界展示了中国力量，贡献了中国智慧。现在，防疫常态化，今天我们能安心地上课，后勤老师们的辛勤劳动功不可没。请大家观看一段视频。

【视频】　后勤职工早晚消毒视频。

【过渡】　视频中早晚喷洒在教室内外的"含氯消毒剂",是 84 消毒液,我们一起走近 84 消毒液。

【投影并讲述】　"84 消毒液"名称由来及贡献。

1982 年乙型肝炎有流行趋势,1984 年消毒液研制成功,因为是"84 年"研制成功的,所以命名为"84 消毒液"。这种价格低廉、使用简单、效果可靠的消毒液在 1988 年上海甲肝疫情中发挥重要作用,一举成名,在 SARS 疫情时也发挥了巨大作用,并在新冠肺炎疫情爆发后再次走红,堪称防疫"神器"。

【探究性问题】　有新闻报道 84 消毒液和洁厕灵(通常含盐酸)等酸性产品混合使用反而产生负面效果,甚至危害人类健康。84 消毒液真正起到消毒作用的成分究竟是什么? 为什么 84 消毒液不能与洁厕灵同时使用?

学生活动

观看,聆听,感悟,思考。

设计意图

从"84 消毒液"的名称由来以及在防疫中的贡献引入,激发学生的兴趣,感悟化学品对人类健康的贡献。同时提出探究性问题使学生产生认知冲突,对 84 消毒液背后的科学知识产生学习兴趣。

环节二　认识 84 消毒液有效成分的化学性质

教师活动

【提供资料】　84 消毒液的说明书(摘录)。

产品特点:本品是以次氯酸钠为主要成分的液体消毒剂,有效氯含量为 $5.1\%\sim6.9\%$,可杀灭肠道致病菌、化脓性球菌、致病性酵母菌,并能灭活病毒。注意事项:1. 外用消毒剂,须稀释后使用,勿口服。2. 如原液接触皮肤,立即用清水冲洗。3. 本品不适用于钢和铝制品的消毒。4. 本品易使有色衣物脱色,禁用于丝、毛、麻织物的消毒。5. 置于避光、阴凉处保存。6. 不得将本品与酸性产品(如洁厕类清洁产品)同时使用。7. 消毒果蔬,按 1:600 的比例用水稀释,果蔬清洗后进行浸泡消毒,10 min 后用生活饮用水将残留消毒剂冲净。

【任务一】 预测 84 消毒液有效成分的化学性质。

问题一:结合已有知识,画出典型含氯物质转化关系思维图。

【师生】 在交流汇报的基础上,生生评价,师生评价,达成共识:

氯及其典型化合物转化关系图

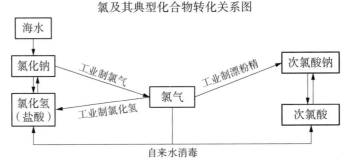

图 5 - 1 - 1 典型含氯物质转化关系图

问题二:阅读资料,结合所学,猜测 84 消毒液有效成分的化学性质。

【师生】 在交流汇报的基础上,生生评价,师生评价,达成共识:

84 消毒液的有效成分是次氯酸钠($NaClO$)。从物质类别角度来看,$NaClO$ 是一种盐,其盐溶液可能呈酸性、碱性或中性,可能会跟盐酸等其他酸反应,生成次氯酸。从核心元素"氯"的化合价来看,$NaClO$ 中的 Cl 呈 $+1$ 价,是氯的中间价态,可能既有氧化性又有还原性,因 $NaClO$ 具有氧化性,则很可能会具有杀菌消毒、漂白性。

【任务二】 设计实验验证 84 消毒液有效成分的化学性质。

根据预测的性质,小组合作设计及实施实验方案验证猜测是否正确。

注意:①学习单上的《实验方案设计及实施》表格要详细填写,实验内容要写清楚使用的仪器药品及实验步骤。②要小组分工合作,明确每个人的具体任务。③对于现象和结论组内成员充分讨论达成共识,确定一人交流汇报。

【教师】 巡视,拍照投屏。

【师生】 在交流汇报的基础上,生生评价,师生评价,达成共识:

预测性质	实验内容	实验现象	实验结论
有氧化性	实验一:取 1 mL 稀释后的 84 消毒液于洁净的试管中,向试管中滴加 3～4 滴淀粉碘化钾溶液	变蓝	说明有单质碘生成。证明次氯酸钠具有氧化性
有碱性、漂白性	实验二:取一张 pH 试纸于洁净的培养皿中,用玻璃棒蘸取少量的稀释后的 84 消毒液点在 pH 试纸中央	pH 试纸先变蓝再褪色	试纸先变蓝,说明有碱性,再褪色说明有漂白性
发生复分解反应:强酸制弱酸	实验三:取一张 pH 试纸于洁净的培养皿中,用玻璃棒蘸取少量的硫酸酸化的稀释后的 84 消毒液点在 pH 试纸中央	pH 试纸先变红再褪色,且颜色立即褪去	立即褪色,说明与稀硫酸反应生成了漂白性更强的次氯酸
氧化性	实验四:①取 1 mL 稀释后的 84 消毒液于洁净的试管中,向试管中滴加 0.5 mL 稀盐酸溶液;②取一张湿润的淀粉碘化钾试纸放在试管口,观察现象;③实验结束时,向试管口塞上加有氢氧化钠溶液的棉花	加入稀盐酸溶液有气泡产生,淀粉碘化钾溶液变蓝	产生了能与碘化钾反应生成单质碘的氯气。证明了次氯酸钠的氧化性

追问一:实验二中,使 pH 褪色的是次氯酸钠还是次氯酸? 你的理由是什么?

【学生】 应该是次氯酸,有两个理由:①实验二中不是立即褪色,是等待了一段时间才褪色,猜测是因为次氯酸钠与空气中的二氧化碳和水反应,生成了次氯酸,次氯酸有漂白性。②对比实验二和实验三,发现实验三加入稀硫酸后,pH 立即褪色,也证明了实验三硫酸与次氯酸钠发生复分解反应生成了次氯酸,次氯酸使得 pH 立即褪色。基于以上两个理由,我们认为使 pH 褪色的是次氯酸。

【教师】 同学们的分析很有道理,还有一种可能性,那就是次氯酸钠也有漂白性,只不过漂白能力不如次氯酸强。科学证明次氯酸钠也是具有漂白性的。

追问二:你认为84消毒液和洁厕灵(通常含盐酸)不能混用,会产生对人体有害的气体,原因是什么?结合方程式解释说明。

【学生】 $NaClO + 2HCl = NaCl + H_2O + Cl_2\uparrow$,氯气有毒,所以不能混用。

追问三:从"价类二维"分析,为什么盐酸与次氯酸钠反应,可能发生氧化还原反应,也可能发生复分解反应?

【师生】 在交流汇报的基础上,生生评价,师生评价,达成共识:

盐酸有酸性,能与碱性物质反应。盐酸中的氯呈-1价,处于最低价态,有还原性,能与氧化剂发生氧化还原反应。盐酸酸性的增强会导致盐酸还原性变强,所以稀盐酸与次氯酸钠发生复分解反应,浓盐酸与次氯酸钠发生氧化还原反应。

【过渡】 根据同学们的实验结论。我们可以知道$NaClO$具备这些化学性质:1. $NaClO$属于盐,其盐溶液呈碱性。2. 能与酸反应。3. 由于氯呈$+1$价,容易变成-1价的氯离子,形成8电子稳定结构,所以有比较强的氧化性,能与某些还原性物质反应,如KI。现在,我们来解读一下84消毒液的注意事项。

学生活动

重点是独立思考、交流汇报、评价总结,完成任务一。

先独立思考、后小组内交流优化实验方案,然后交流汇报实验方案。小组内成员分工合作,完成实验方案,并根据证据得出结论,交流汇报完成任务二。

对于系列追问:要求独立思考、回答交流。

设计意图

以已经学过的氯及其化合物相互转化思维图为支架,引导学生从物质类别和元素化合价的视角预测84消毒液中有效成分的化学性质,建立探究物质性质的思路和方法。

　　强化实验设计应有利于实验证据的获取的意识,基于证据进行推理,发展"科学探究与创新意识"。

　　通过 3 个追问,引导学生学会质疑和评价,从氧化还原的视角分析解释 84 消毒液和洁厕灵不能混用的原因,初步形成合理使用消毒剂的意识。

环节三　解读 84 消毒液的注意事项

教师活动

【任务三】　解读 84 消毒液的注意事项。

根据所学,完成学习单上的任务三:解读 84 消毒液的注意事项。

【师生】　在交流汇报的基础上,生生评价,师生评价,达成共识:

注意事项	科学解读
外用,勿口服	有强氧化性与碱性,会对人体造成伤害
原液接触皮肤,立即用清水冲洗	有碱性,会腐蚀皮肤
不适用于钢和铝制品的消毒	有氧化性,金属是典型的还原剂,应该会发生氧化还原反应。(高一不考虑铝表面有致密的氧化膜)
易使有色衣物脱色,禁用于丝、毛、麻织物的消毒	有漂白性,使衣物脱色
置于避光、阴凉处保存	不稳定,见光易分解
果蔬消毒,浸泡 10 min 后用生活饮用水将残留消毒剂冲净	浸泡 10 分钟,是为了让次氯酸钠与空气中的水和二氧化碳充分反应,生成次氯酸。冲净是因为有强氧化性与碱性,会对人体造成伤害

　　追问一:为什么 84 消毒液禁用于丝、毛、麻织物的消毒?

　　【实验视频】　对比实验:两片从同一条丝巾上剪下的两块丝布,一块放在 84 消毒液中浸泡了 48 小时,另一块放在等量蒸馏水中浸泡 48 小时。

　　【演示实验】　手撕分别用 84 消毒液和蒸馏水浸泡过的丝布。

【现象】 84 消毒液浸泡过的丝布会变脆,甚至腐烂。

【提示】 结合生命科学课上所学,解释原因,回答问题。

【师生】 学生回答,生生、师生评价后达成共识:

NaClO 能与丝、毛中的主要成分"蛋白质"发生化学反应,从而导致其性质和功能部分或全部丧失。这个过程称为蛋白质变性。蛋白质变性后,分子结构松散,丝或毛织品失去了它的韧性。所以,84 消毒液禁用于丝、毛、麻织物的消毒。

追问二:按照氧化还原理论,HClO 和 NaClO 中氯元素皆为 +1 价,都具有强氧化性,因此都具备杀菌消毒、漂白作用,那为什么在消毒过程中要将 NaClO 转化为 HClO 呢? 根据资料回答问题。

【提供资料】

资料一:细菌表面携带负电荷。

资料二:次氯酸不稳定,分解生成新生态氧,新生态氧有极强的氧化性。

资料三:次氯酸或次氯酸根可以与细菌细胞壁和病毒外壳发生氧化还原反应,还能渗入到细胞内部,氧化细菌体内的酶。

【师生】 学生回答,生生、师生评价后达成共识:

将 NaClO 转化为 HClO 的主要原因:①细胞膜表面是有带负电荷的,而次氯酸根离子带负电荷,不能轻易进入细胞内部。而次氯酸是中性小分子,可以穿透细胞膜,进入细胞内部,并与其内部的蛋白质发生反应,使之失去活性,从而杀死病源微生物。②同等条件下,HClO 氧化能力更强,更易于细菌细胞壁和病毒外壳发生氧化还原反应。③ HClO 比 NaClO 更不稳定,更易产生氧化性更强的新生态氧。基于以上三点,这也就在一定程度上解释了在同等条件下,为什么次氯酸的杀菌效果比次氯酸钠更好的原因。

追问三:产品说明书中"不得将本品与酸性产品同时使用",这里的酸没有特指盐酸,那么其他的酸会不会和 84 消毒液反应生成有害物质? 这个说法是否具有科学性?

【演示实验】　在表面皿中倾倒少量氢氧化钠溶液,放入一块滴板,在另一块表面皿上放一张湿润的淀粉碘化钾试纸。然后在滴板上分别滴上 84 消毒液和稀硫酸,盖上放有湿润的淀粉碘化钾试纸的表面皿,观察现象。

【教师】　你看到什么现象? 得出什么结论?

【学生】　湿润的碘化钾淀粉试纸变蓝,由此可知,84 消毒液与稀硫酸反应也能生成氯气。

【教师】　如何解释? 追问三的说法是否具有科学性?

【师生】　学生回答,生生、师生评价后达成共识:

"不得将 84 消毒液与酸性产品同时使用"的标注是具备科学性的。因为 84 消毒液的有效成分是次氯酸钠,它还有一种成分是氯化钠,加入酸后,酸提供氢离子,氯化钠提供氯离子,相当于溶液中存在着盐酸,所以能够与次氯酸钠反应放出氯气。

学生活动

独立思考、交流汇报、评价总结,完成任务三。

对于系列追问,先独立思考,再小组内交流,最后回答问题。

设计意图

利用化学知识解释生活问题,形成科学使用化学品的意识。

通过 3 个追问,引导学生学会质疑和评价,并充分调动不同学科的知识,利用物质性质分析复杂体系中的化学变化,发展"变化观念"核心素养。

结课

本节课我们重点探究了含氯消毒剂中的 84 消毒液。其实,除了含氯消毒剂外,家用消毒产品还有很多,如厨房里的厨具消毒产品、洗衣服时加入的衣物消毒产品,还有皮肤上出现轻微伤口时涂抹的消毒药水等。不同种类的消毒剂,消毒原理不同,功能不同,适用范围和使用方法也不同,因此需要认真区分,合理选用。

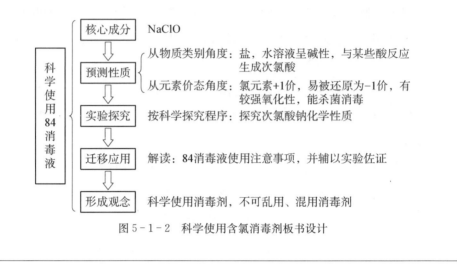

图 5-1-2　科学使用含氯消毒剂板书设计

四、作业及反思

(一) 作业及评价要点

1. 作业

查阅资料,汇总常用的含氯消毒剂。利用含氯消毒剂完成一项家务劳动,并分享实践体验。制作含氯消毒剂使用手册,向同学、家人、朋友宣讲,解读含氯消毒剂的正确使用方法,提醒人们使用化学品时要认真阅读产品说明。

2. 评价

评价要点:①资料来源可靠,汇总的含氯消毒剂种类齐备;②含氯消毒剂使用手册排版美观、内容翔实,无科学性错误;③家务劳动及宣讲有过程性资料。

(二) 教学反思

1. 教学设计及实施过程中的创新点

本节课以 84 消毒剂名称的由来以及从研制成功到现在其在防疫中的贡献引入,彰显了化学在社会中的作用。在推进 84 消毒液的探究中,融入合理使用消毒剂的生命教育,体现了学科德育。本节课主线清晰,以"走近 84 消毒液→预测 84 消毒液核心成分化学性质→实验探究次氯酸钠化学性质→解读 84 消毒液使用注意事项"为主线,紧扣"84 消毒液",把氯及其化合物的相互转化,价类二维分析物质的化学性质,次氯酸钠及次氯酸的化学性质等核心知识整合起来,实现了知识内容的结构化。本节课资料翔实,有 5 则文字资料,2 个视频资料,2 个演示实验,1 个学生分组实验,给学生学习和探究提供了足够的支架,充分发挥小组合作的作用,促进了学生信息解读能力、实验探究能力、证据推理能力的提升。

2. 遗憾点及解决办法

本节课内容多,时间紧,部分环节学生没有进行充分的讨论,如果把学生实验改成课下完成,课上进行评价分析,可能会更好。

专家点评

课堂教学是一个充满生命活力、复杂的、开放的体系。教师只要不唯知识为中心,基于学科理解教学,课堂的活力必将焕发起来。赵老师这节课的设计正是有以下特点:

1. 真情境

2020 年新冠病毒全球蔓延,84 消毒液几乎成为家家必备抗疫物资,各类新闻报道中也频见 84 消毒液的身影。学生对这一物质看似非常熟悉,但其实并没有从化学的视角理性认识。教师通过文字资料、视频资料、实验等真实情境帮助学生认识身边的化学物质,感悟并学会利用化学知识解释生活问题,形成科学使用化学品的意识。

2. 真问题

教师用如何科学使用 84 消毒液营造出一个真实的探究情境,课堂围绕:84 消毒液名称的由来? 真正起到消毒作用的成分究竟是什么? 为什么 84 消毒液不能与洁厕灵同时使用? 如何科学合理使用 84 消毒液? 等一系列真问题,使学生产生研究兴趣,对 84 消毒液背后的科学知识产生探究热情。

3. 真探究

教师引导学生通过物质类别和化合价角度预测 84 消毒液有效成分的化学性质,分小组设计实验验证 84 消毒液有效成分的化学性质,强化学生实验设计能力,提升实验证据的获取意识,基于证据推理和科学探究意识。

第 2 课　　探秘膨松剂

一、教学任务分析

（一）学情分析

在初中化学学习的基础上，学生在高一第 1 章"认识化学科学"中学习了研究物质性质的方法和程序，能预测物质的某些性质，提出化学探究问题，做出预测和假设，能依据实验目的和假设，设计解决简单问题的实验方案，能对实验方案进行评价，但在陌生情境中探究陌生物质的能力不强。

（二）教材分析

"探秘膨松剂"是鲁科版高中化学必修 1 第 1 章章末部分，旨在让学生体会研究物质性质的方法和程序的使用价值。落实立德树人，培养"德智体美劳"全面发展的社会主义建设者和接班人，落实到化学学科教学上，就是要有意识地引导学生关注生活、关心社会，学会用化学的视角解决问题。膨松剂的素材选取比较接近学生的生活经验，是家家户户的厨房中必备的食品添加剂。本项目活动中运用研究物质性质的基本方法和基本程序，对碳酸氢钠作为膨松剂的作用原理进行实验探究，可以提高学生运用化学知识探究陌生物质性质的能力，以及分析和解决实际问题的能力，重点促进"科学态度与社会责任""宏观辨识与微观探析""科学探究与创新意识"核心素养。通过课外活动"设计和使用复合膨松剂蒸馒头"，还可以引导学生动手实践，落实劳动教育，承载着劳育的价值功能。"探秘膨松剂"设置为 2 课时，本节课是第一课时，第二课时的内容是"使用设计的复合膨松剂蒸馒头"和展示各小组制作的面食并解释造成效果差异的原因。

二、目标分析与教学准备

(一) 教学目标

(1) 通过"对碳酸氢钠用作膨松剂的作用原理的实验探究"体会研究物质性质的方法和程序的实用价值,落实"科学探究与创新意识""宏观辨识与微观探析"核心素养。

(2) 通过亲历"如何在真实情境中探究陌生物质的性质"的过程,提升分析和解决实际问题的能力,进一步建构研究物质性质的思维模型,落实"证据推理与模型认知"核心素养。

(3) 通过膨松剂在中国饮食文化中的应用等相关资料的引入,体会化学在满足人民日益增长的美好生活需要中的贡献,落实"科学态度与社会责任"核心素养。

(二) 评价目标

(1) 通过"探究碳酸氢钠化学性质"实验方案的设计和实施,诊断并发展学生科学探究水平。

(2) 通过"探秘膨松剂"思路的分析,诊断并发展学生基于真实情境的问题解决能力。

(3) 通过"设计复合膨松剂",诊断并发展学生迁移应用能力。

(三) 教学重难点

1. 实验探究碳酸氢钠用作膨松剂的作用原理。

2. 建构"在真实情境中探究陌生物质的性质"思维模型。

(四) 教学准备

资源:轻课堂 APP、多媒体课件、一体机、学习单、《兰州牛肉拉面》制作视频。

仪器:铁架台(带铁夹)、酒精灯、试管、试管架、烧杯、药匙、带导管的橡皮塞、胶头滴管、火柴。

药品:碳酸钠固体、碳酸氢钠固体、稀盐酸、澄清石灰水、酚酞试液。

三、教学过程

环节一　引入膨松剂

教师活动

【视频】　某人拍摄的《兰州牛肉拉面》的制作视频。

【PPT 投影＋讲述】　央视新闻网是这样评价的：这个视频没有一个字夸中国好,但却向世界讲好了中国文化,讲好了中国故事,以一颗平常心做出了国际文化传播的奇迹。

【PPT 投影】　图片：兰州拉面、湖北热干面、山西刀削面、陕西臊子面以及造型美观的各种面食。

【讲述】　中国劳动人民的勤劳和智慧,实现了"一把面粉成就一桌美食"的奇迹,仅仅面条而言,就有兰州拉面、湖北热干面、山西刀削面、陕西臊子面等中国四大面食。从古到今,美味的面食制作中都离不开膨松剂,这节课,我们一起探秘膨松剂。

学生活动

观看,聆听,感悟。

设计意图

饮食文化是中国传统文化的一个重要组成部分,从面食引入,不仅激发了学生学习的兴趣,而且渗透了中国传统文化,增强学生的文化自信和民族自豪感,倡导并鼓励学生做中国文化传播与交流的使者。

环节二　探秘膨松剂

教师活动

【提供资料】

资料一：用酵头发酵是我国传统的馒头制作方法。酵头是前一次发面蒸馒头时留下的一小团面,由于里面有很多酵母菌等微生物,再次发面时可用来使面团发酵。酵头的发酵原理是面团在酵母菌以及一定种类和数量的其他微生物的共同作用下发生反应,生成二氧化碳、乳酸、醋酸、乙醇等物质,其中二氧化碳能使面团内部形成海绵状结构,变得疏松;为减轻酸味、改善口感,常在面团中加入碱性物质(如碳酸钠溶液,俗称碱水)中和乳酸、醋酸等,这个过程也会产生二氧化碳,使面团变得更加松软。不过,碳酸钠加入的量过多,会使蒸出的馒头发黄、带有碱味。酵头属于膨松剂中的生物膨松剂。

资料二:制作拉面过程中会加入蓬灰水(碳酸钾水溶液)。

资料三:碳酸氢钠可以单独作为蒸馒头的膨松剂,但效果不太好,可能会造成食品口味不佳、颜色加深等问题。如果在使用碳酸氢钠的同时加入一定量的食醋,效果会更理想。

【教师】 根据资料,分小组交流讨论,完成学习单上的任务一:探究膨松剂的作用原理。

【任务一】 探究膨松剂的作用原理。

问题一:你认为面食制作中加入碱性物质的作用是什么?

【师生】 汇报交流,并通过生生评价、师生评价达成共识:

制作面食中加入碱性物质的主要作用:①减轻酸味、改善口感;②产生气体,使面团松软。

问题二:面食制作中添加的碱性物质,称为"碱性剂",除了资料中提到的 Na_2CO_3 和 K_2CO_3 能做碱性剂之外,你觉得 $NaOH$ 和 $BaCO_3$ 可做碱性剂吗? 说明理由。

【师生】 汇报交流,并通过生生评价、师生评价达成共识:

$NaOH$ 和 $BaCO_3$ 均不可作碱性剂。$NaOH$ 碱性太强,可能会造成食品颜色变黄且口味不佳;而且中和酸性物质时不产生气体,没有膨松效果。$BaCO_3$ 中和酸性物质时虽然可以释放出二氧化碳气体,具有膨松效果,但是钡离子对人体有害,不适合做食品添加剂。

问题三：推测碳酸氢钠在馒头制作过程中发挥的作用,请把推测的具体依据和碳酸氢钠用作膨松剂的作用原理填写在表格中。

推测的具体依据	推测的作用原理

【师生】　汇报交流,并通过生生评价、师生评价达成共识:

推测的具体依据	推测的作用原理
碳酸氢钠可以单独作为蒸馒头的膨松剂	碳酸氢钠受热分解,产生 CO_2
在使用碳酸氢钠的同时加入一定量的食醋,效果会更理想	碳酸氢钠与酸反应,产生 CO_2
与食醋共用,效果更理想	等量碳酸氢钠与酸反应时比受热分解时能产生更多的 CO_2

问题四：根据你们小组对碳酸氢钠用作膨松剂的作用原理的推测,设计实验探究碳酸氢钠的化学性质。实验方案一般包括"实验用品、实验方案设计及实施、实验结论"等核心要素。

【教师】　学生讨论及实验时,教师边巡视边拍照,投屏。

【师生】　汇报交流,并通过生生评价、师生评价达成共识:

实验方案设计及实施如下表:

实验方案	实验现象	实验结论
加热 $NaHCO_3$ 固体,并用澄清石灰水检验产生的气体	澄清石灰水变浑浊,试管壁上有液滴	产生 CO_2
$NaHCO_3$ 固体与盐酸反应,并用澄清石灰水检验产生的气体	澄清石灰水变浑浊,	产生 CO_2

追问 1：从元素守恒角度推测加热 $NaHCO_3$ 固体后,剩余的白色物

质是什么? 如何证明?

【师生】 汇报交流,并通过生生评价、师生评价达成共识:

根据元素守恒,猜测剩余的白色物质可能是: Na_2O、$NaOH$、Na_2CO_3。

设计并实施实验方案:取样于试管中,加入稀盐酸,产生使澄清石灰水变浑浊的气体,证明受热后剩余固体是 Na_2CO_3。

追问 2:如何得出"等量 $NaHCO_3$ 与酸反应时比受热分解时产生更多的 CO_2 气体"?

【师生】 汇报交流,并通过生生评价、师生评价达成共识:

通过反应方程式就可以看出等量 $NaHCO_3$ 与酸反应时比受热分解时产生更多的 CO_2 气体。

问题五:能不能在面团里直接加入纯碱做膨松剂? 为什么?

【师生】 汇报交流,并通过生生评价、师生评价达成共识。

碳酸钠不可用做膨松剂,主要原因有:①Na_2CO_3 受热难以分解,几乎不产生 CO_2 气体。②Na_2CO_3 能与酸反应产生 CO_2 气体,但等量的 Na_2CO_3 不如 $NaHCO_3$ 产生的 CO_2 多,蓬松效果不明显。③如果要达到预期的膨松效果,需要加入较多的碳酸钠,并且碳酸钠水溶液的碱性比碳酸氢钠强,使得食品口味不佳,颜色加深。综上所述,碳酸钠只能用来调节面团的酸度,不能做膨松剂。可见,虽然碳酸钠和碳酸氢钠都属于碳酸盐,但由于性质有所不同,用途也不一样。

学生活动

阅读资料,独立思考完成问题一和问题二,并汇报交流。

先独立思考,后小组内交流优化完成问题三,汇报交流。

先独立思考,后小组内交流优化实验方案设计,小组合作完成实验,汇报交流得出结论,完成问题四。

先独立思考,后小组内交流优化完成追问 1、追问 2 及问题五,汇报交流。

设计意图

　　学生通过对问题一和问题二的讨论,了解到物质显碱性是作为面食碱性剂的基本性质,但并非呈碱性的物质都可以作为面食的碱性剂。在实际应用中,还需要考虑其碱性的强弱、中和后的残留物对人体是否有害等多种因素,体会到丰富的化学知识是指导人们科学地利用物质的前提。同时,从分类的角度认识碳酸钠与碳酸钾同属于碳酸盐,其组成、结构相似,化学性质也具有一定的相似性,发展了分类思想。

　　问题三和问题四分组实验探究碳酸氢钠的化学性质,学生根据探究问题作出预测和假设,依据假设设计实验方案,运用实验基本操作实施实验方案,发展"科学探究与创新意识"核心素养。

　　通过问题五,既可以检测学生对于碳酸氢钠作为膨松剂的作用原理的认识,诊断对本节课所学知识的掌握程度,又强化了"性质决定用途"的学科思想。

环节三　设计复合膨松剂

教师活动

　　【过渡】　碳酸氢钠作为单一膨松剂,可能会造成食品口味不佳,颜色加深等问题,如果选择有关物质与碳酸氢钠组成复合膨松剂,则可以解决这些问题,请根据资料完成任务二:设计复合膨松剂。

　　【任务二】　设计复合膨松剂。

　　根据资料,选择合适的物质,设计复合膨松剂。

　　【提供资料】　资料三见上文。

　　资料四:柠檬酸(化学式为 $C_6H_8O_7$)是一种重要的有机酸,为无色晶体,分子中常含有一分子结晶水(化学式为 $C_6H_8O_7 \cdot H_2O$),无臭,易溶于水,在食品加工业、化妆品制造业等工业领域具有广泛的用途。1 mol柠檬酸能与 3 mol 碳酸氢钠反应生成柠檬酸钠、二氧化碳和水。

【师生】 汇报交流,并通过生生评价、师生评价达成共识:

碳酸盐类	碳酸氢钠	碳酸氢钠	碳酸氢铵
酸性物质	白醋	柠檬酸	柠檬酸

【拓展阅读】 教材P35:"现在人们广泛使用的复合膨松剂"和"微胶囊技术在膨松剂中的应用"。

学生活动

先独立思考,后小组内交流优化完成任务二,汇报交流。

阅读感悟。

设计意图

设计复合膨松剂起着承上启下的作用,既是对本节课所学知识的迁移应用,又为课后作业:尝试用设计的复合膨松剂蒸馒头作好铺垫。

结课

小小膨松剂,有着大大的用途。今天我们通过"探秘膨松剂",不仅学习了碳酸氢钠的相关化学性质,而且认识了在项目实施过程中研究物质性质的思路,可谓是收获颇丰。课下,请大家走进厨房,用课上设计的复合膨松剂,尝试着为家人蒸一笼爱心馒头吧。

板书

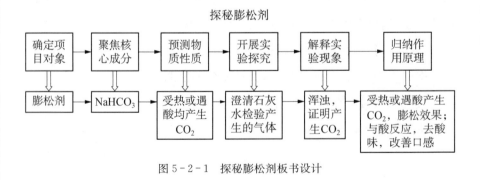

图5-2-1 探秘膨松剂板书设计

四、作业及反思

(一) 作业及评价要点

1. 作业

应用膨松剂：①尝试用课上设计的复合膨松剂蒸馒头；②分析影响馒头松软、颜色及口味的因素；③做好小组展示准备，形式可以是小报或 PPT 展示。

2. 评价

评价要点：①蒸馒头过程有图片或视频记录；②有小组合作明确分工及各自贡献的过程记录；③有家人对所蒸馒头的评价；④从原料、加热时长、蒸馒头设备等多方面分析评价馒头效果；⑤小组展示作品美观、图文并茂、资料详实。

(二) 教学反思

1. 教学设计及实施过程中的创新点

本节课教学内容丰满，教学主线清晰。本节课从"引入膨松剂→探秘膨松剂→设计复合膨松剂→课外作业：应用膨松剂"环环相扣，层层递进，符合学生由易到难、由浅入深的认识发展规律。巧妙设计问题，落实核心素养。在任务一探秘膨松剂中，设置了 5 个核心问题以及追问，有效帮助学生掌握课堂重点、突破难点，促进学生思想的碰撞，实现了深度学习。注重实验探究，培养科学精神。在实验探究碳酸氢钠的化学性质环节，注重引导学生对特殊现象和关键问题进行深入研讨，充分尊重实验事实，引导学生基于证据进行推理，发展了学生一丝不苟的科学态度和严谨的证据推理能力。聚焦饮食文化，凝聚家国情怀。本节课用《兰州牛肉拉面》的制作视频引入，简短介绍兰州拉面、湖北热干面、山西刀削面、陕西臊子面等中国四大面食，以及"一把面粉成就一桌美食"的中国劳动人民的勤劳和智慧，渗透了中国传统文化，增强学生的文化自信和民族自豪感，倡导并鼓励学生做中国文化传播与交流的使者，落实学科德育。

2. 遗憾点及解决办法

膨松剂的种类不同，其用途也不同，碳酸氢钠只是常见的一种化学膨松剂，对于课堂上老师展示的多种膨松剂均没有时间展开讨论。可以通过化学兴趣小组或者拓展课的时间,组织学生对其他膨松剂产品"说明书"进行解读,择其需要对某些膨松剂涉及的反应原理进行探究,进一步发展学生对不同膨松剂的认识。

专家点评

　　本节课从实际生活中常见的膨松剂介入学习研究,教学主题和内容明确,创设了良好的教学情境。主要有以下几点:

1. 素材选择有新意

利用《兰州牛肉拉面》的制作视频引入课题,再简短介绍中国四大面食,以及体现中国劳动人民的勤劳和智慧的"一把面粉成就一桌美食",不仅聚焦传统饮食文化,还凝聚家国情怀。

2. 活动设计有问题意识

活动一"探究膨松剂的作用原理"教师设置了五个核心问题,这些引发和提炼的聚焦核心主题的问题,充分体现了学生在探究活动中的主体地位,每个问题上下逻辑都是顺畅的,环环相扣,学生的活动参与度高积极性也高,感悟就更深刻。

3. 学科德育融合度高

"民以食为天",这节课从饮食文化切入展开研究,作业环节又布置利用设计的复合膨松剂回家蒸馒头,并且需要家人对所蒸馒头进行评价反馈。将化学学习与生命、价值、传统等有效整合,德育教学自然又鲜明。是一堂有深度、有温度的课。

第 3 课　　研究车用燃料及安全气囊

一、教学任务分析

（一）学情分析

　　学生已经学完必修一，必修二也学了两个主题，有了一定的知识储备：掌握了物质的量及相关计算，学习了硫的转化、氮的循环、铁的多样性以及卤素等元素化合物知识；学习了电解质的电离、离子反应、氧化还原反应、化学反应与能量变化、化学反应的快慢和限度等物质变化相关内容；学习了原子结构与元素性质、元素周期表和元素周期律、化学键和物质构成等物质的组成与结构相关内容。有了一定的科学研究的方法储备：初步学会研究物质性质的方法和程序；初步学会运用氧化还原反应原理解决一些实际问题；初步体验了元素性质递变规律的实际应用。学生也亲历了几个微项目的学习，对微项目学习的流程及核心要素有了一定的感悟。但是，将知识进行结构化、整体化建构，在解决陌生复杂问题时灵活调用已有知识的能力还不强，还没有形成以化学的视角解决社会生活中的问题的良好的化学素养。

（二）教材分析

　　本节课选自鲁科版高中化学必修第二册第 2 章微项目"研究车用燃料及安全气囊"，是主题式复习课。"研究车用燃料及安全气囊"主题充分整合学生对化学反应与物质变化、能量变化的关系认识，重视化学与环境的关系，培养社会责任感等学科核心素养，让学生在解决问题的过程中，整合知识、提升能力、形成素养。具体如下表所示：

学科知识	学科能力	学科素养
化学反应与物质变化	能够以分类观和氧化还原观为指导,选择适合的反应原理和恰当的试剂实现物质变化	物质变化是有条件的,能够运用化学手段实现物质的变化,解决实际问题。体会到结构决定性质、性质决定用途
化学反应与能量变化	能够将化学反应中的物质与能量变化统一起来,既能用物质变化来提供能量,又能够运用能量来实现物质变化	能够评价不同动力来源汽车的利弊,为今后购买汽车提供参考
化学与环境	能够分析产生污染的原因。能够运用化学手段减少污染物的排放	关注与化学相关的热点问题,认识环境保护的重要性,具有社会责任感

二、目标分析与教学准备

(一) 教学目标

(1) 了解汽车燃料,尝试选择、优化车用燃料,建立化学反应中物质变化与能量变化的关联,初步形成利用化学反应中的物质变化和能量变化指导生产实践的基本思路。

(2) 通过为安全气囊选择气体发生剂,从物质类别、元素价态视角预测物质的变化,并能综合环境保护、腐蚀性、反应快慢、产气量等因素,体会结构决定性质、性质决定用途。

(3) 通过设计安全气囊,初步形成从化学反应中的物质变化和能量变化及反应速率的视角科学解决问题的思路。

(4) 在选择车用燃料及设计安全气囊时,能够运用化学手段减少污染物的排放,认识环境保护的重要性,具有社会责任感。

(二) 评价目标

(1) 通过为安全气囊选择气体发生剂,诊断并发展学生在陌生情境中应用"价类二维"分析的思路与水平。

(2) 通过"尝试选择、优化车用燃料"和"设计安全气囊",诊断并发展学生利用化学反应中的物质变化和能量变化指导生产实践的水平。

(三) 教学重难点

1. 尝试选择、优化车用燃料,建立化学反应中物质变化与能量变化的关联,初步形成利用化学反应中的物质变化和能量变化指导生产实践的基本思路。

2. 通过设计安全气囊,初步形成从化学反应中的物质变化和能量变化及反应速率的视角科学解决问题的思路。

(四) 教学准备

资源:轻课堂 APP、多媒体课件、一体机、学习单。

视频:汽车发展史、动画片"气缸中的化学反应"。

三、教学过程

环节一　走近汽车

教师活动

【视频】　汽车发展史。

【教师】　汽车已成为现代社会的重要交通工具之一,100 多年来汽车工业的发展不仅凝聚了人类的智慧和匠心,还得益于石油、钢铁、铝、化工、塑料等诸多行业的支撑。今天我们重点通过"选择车用燃料"和"设计安全气囊"等活动,体会研究人员是如何利用化学反应来解决汽车工业发展过程中的有关问题的。

学生活动

观看,聆听,感悟。

设计意图

汽车已成为很多家庭出行的代步工具,但学生对汽车的了解并不多,以汽车发展史引入,激发学生的学习兴趣。

环节二　选择车用燃料

教师活动

【教师】　自汽车问世以来，它所使用的燃料经历了从煤到汽油的变迁。时至今日，人们依然在探索、优化车用燃料。你觉得选择车用燃料时主要考虑哪些因素呢？我们小组合作完成任务一：选择车用燃料。

【任务一】　选择车用燃料。

问题一：你所知道的车用燃料有哪几种？它们有什么共性？

【学生】　汽油、柴油、乙醇汽油、天然气、氢气。共性：它们都是可燃物，燃烧均放出热量。

问题二：庚烷(C_7H_{16})是汽油的主要成分之一，请利用图示的方法说明庚烷燃烧过程中发生能量变化的本质原因。

【师生】　评价所画能量图，强调：因为反应放出的能量除了跟反应物和生成物有关，还跟物质的状态和所用的量有关，所以，在画反应过程中的能量图时，要标注物质的状态和物质的量。

问题三：某同学根据所查阅的资料，绘制了三种可燃物在空气中发生燃烧反应的能量变化示意图(见教材 P66)，根据示意图，你认为哪种物质更适合用作车用燃料？说明理由。

【师生】　生生评价，师生评价，达成共识：可燃物 A 更适合用作车用燃料，因为可燃物 A 达到燃点所需要吸收的能量少，而等量的反应物，可燃物 A 完全燃烧放出的能量多，所以，用可燃物 A 最节省能源。

追问 1：你觉得寻找燃油替代品需要考虑什么因素？

【学生】　要从化学反应中能量变化的角度来选择汽车燃料，既要考虑 1 mol 燃料完全燃烧所能释放能量的多少，也要考虑达到燃料燃点时需要吸收能量的多少。

追问 2：我们在获取能量的时候，不要忘记了也存在物质变化。在气缸中只发生汽油燃烧生成二氧化碳和水的反应吗？

【学生】　不是,可能有氮气与氧气反应,也可能有汽油的不完全燃烧产生一氧化碳气体。

【动画】　气缸中的化学反应。

【提供资料】　汽车尾气中含有 $150\sim200$ 种化合物,其中对环境不利的成分主要为碳氢化合物、氮氧化物、一氧化碳、二氧化碳、二氧化硫、硫化氢以及微量的醛、酚、过氧化物等;对人体健康造成危害的主要有一氧化碳、碳氢化合物、氮氧化物等。

追问 3:从物质转化角度分析,如何除去对人体健康造成危害的 CO、碳氢化合物、氮氧化物等?

【小组 1】　可以加入氧化剂,比如氧气,使 CO 和碳氢化合物完全燃烧转化为 CO_2。

【小组 2】　可以加入合适的还原剂,把氮氧化物还原为无污染的氮气。

【学生追问】　选择什么还原剂呢?

【学生回复】　氢气、CO 等,都可以吧?

【学生追问】　尾气中就有 CO,会不会与氮氧化物反应呢?

【学生回复】　理论上可以。

【学生追问】　既然 CO 与氮氧化物可以反应,那么为什么尾气中同时存在呢?

【学生回复】　可能是反应速率慢,也可能是转化率低。老师觉得呢?

【教师】　老师觉得大家追问得好,回复得也妙。(学生笑)我想问个问题,要解决反应速率慢的问题,方便的方法是什么?

【学生】　使用催化剂。

【教师】　如果让你寻找合适的催化剂,你会把目光关注到哪些元素?

【学生】　过渡金属元素。

【教师】　大家的想法很好,但是继续往气缸中通气体不容易实现。有同学知道目前解决汽车尾气污染问题所采取的主要措施吗?

【学生】　我知道现在汽车中使用了催化装置。

【投影并讲述】 汽车排气系统中的三元催化器。

【投影并讲述】 科学家用 X 射线激光技术观察到的 CO 与 O 在催化剂表面形成化学键的过程。

追问 4：除了从化学反应中能量变化的角度分析,从经济、环保等角度分析,选择车用燃料时还需要考虑哪些因素?

【学生】 还需要考虑燃料的来源,价格的高低,以及生成物对环境的影响等因素,做到既经济实惠又趋利避害。

学生活动

学生先独立思考,后小组合作讨论交流达成组内共识,小组汇报交流,生生评价,师生评价。

设计意图

通过绘制能量图,对化学反应与能量变化进行有效复习;通过三种可燃物能量图的分析,为进一步开发新的燃料指明方向;对尾气的研究是想让学生关注到获取能量的同时还有物质变化,不同条件下物质反应的复杂性,产物的多样性。对尾气的处理,探查学生对氧化还原反应原理的掌握程度及综合分析复杂问题的能力。尾气处理中选什么样的反应、使用催化剂、关注到反应速率、转化率、物质的配比等,学生分析问题由课本中的反应走向复杂的真实体系中如何选择反应,能够由定性到定量、由选择反应试剂到利用影响反应速率的因素加快反应。科技前沿介绍,学生从宏观深入到微观,进一步理解反应的本质。整个环节源于真实情境,问题一环紧扣一环,学生始终处于学习兴奋状态。

环节三 设计安全气囊

教师活动

【教师】 安全气囊作为车身被动安全性辅助配制,越来越受到人们的重视。

【投影并讲述】 安全气囊系统示意图:现代安全气囊系统由碰撞传

感器、缓冲气囊、气体发生器及其控制系统等组成。请根据相关资料,小组合作完成任务二:设计安全气囊。

【任务二】　设计安全气囊。

问题一:气体发生器中的物质应具有哪些性质?你能找到哪些符合要求的物质?

【学生】　气体发生器中的物质应具有的性质:反应器中的物质要能够产生气体,从而使气囊膨胀。产生的气体最好是不活泼的,气体比较安全。撞击能迅速的产生气体,但同时不能产生高温。产生的气体最好是无毒的。气体对安全气囊不具有腐蚀性。1 mol 物质产生气体的量尽量的多一些,产生的气体要快一些。

符合要求的物质:碳酸氢钠、碳酸氢钠和酸、硝酸铵、碳酸氢铵……

问题二:目前,叠氮化钠(NaN_3)是在汽车安全气囊系统中普遍使用的物质之一。汽车受到猛烈碰撞时,点火器点火引发叠氮化钠迅速分解,产生氮气和金属钠,同时释放大量的热。如果你是设计师,你会同时在安全气囊系统中加入哪些其他物质?为什么?小组合作完成学习单中任务二的表格。

【师生】　小组汇报,生生评价,师生评价,形成选择化学药品的思路:我们需要的是氮气,但是同时产生了危险物质金属钠,所以需要加入一种化学药品,这种化学药品能够跟金属钠反应。另外还伴随有热量的变化,那么还要加上能够吸收热量的物质,比如受热易分解的物质。比如:

方案	选用的化学药品	选择的思路	化学药品的作用
1	乙醇	与钠反应,反应比较平稳	把钠转化为稳定的乙醇钠
2	氯化铁	三价铁有氧化性,与活泼金属钠反应	把钠转化为稳定的铁和氯化钠
3	碳酸氢铵	受热分解	吸收热量,放出气体
4	碳酸氢钠	受热分解	吸收热量,放出气体

问题三：目前使用的气体发生剂主要有叠氮化钠、三氧化二铁、硝酸铵等物质按一定比例混合而成。请思考每种试剂的作用。

【学生】 叠氮化钠受到撞击，迅速产生氮气使缓冲气囊膨胀。叠氮化钠受到撞击后，放出的热量被硝酸铵吸收发生分解反应，生成一氧化二氮气体和水蒸气。同时金属钠与铁的氧化物反应，生成铁和较为安全的氧化钠。

追问：你觉得选择安全气囊的气体发生剂时，需要考虑哪些因素？

【学生】 在选择安全气囊的气体发生剂时，不仅要考虑所选物质的性质，还要关注所发生反应中的物质变化、能量变化和反应的化学反应速率，科学、合理地利用化学反应。

学生活动

学生先独立思考，后小组合作讨论交流达成组内共识，小组汇报交流，生生评价，师生评价。

设计意图

任务二将化学反应中的物质变化与能量变化统一起来，利用化学反应获得有用物质，同时利用化学反应处理副产物，利用化学反应吸收能量。这个任务具有一定挑战性，可激发学生深入研究的欲望，同时认识到化学反应不只是记记背背，它们是有生命力的，是能发挥出各自价值的。通过完成这个任务，发展学生应用化学知识解决实际问题的能力，培养他们的小组合作精神、质疑精神和创新意识。

结课

通过本节课的学习，你一定感受到了化学科学在汽车工业发展中的作用。其实，汽车的材料、汽车中的电池等也与化学科学密切相关，有兴趣的同学可以继续研究。

板书

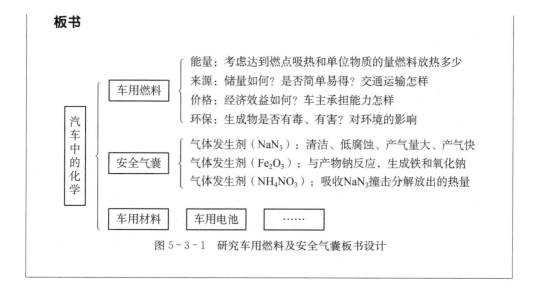

图 5-3-1　研究车用燃料及安全气囊板书设计

四、作业及反思

(一) 作业及评价要点

1. 作业

(1) 很多车主都说,"在路上一定要加好油,动力足还省油,比如 95 号汽油比 92 号汽油好"。你认为这种说法科学吗?

(2) 请从燃料、安全、材料、电池等方面制作一份关于汽车中的化学手抄报。

2. 评价

(1) 评价要点:①观点明确,资料充分,从资料到观点的推理过程合理。②所用资料来源可靠,引用时标注出处。③有质疑和求证意识,不盲从,不轻信,有正确对待流言的建议。

(2) 评价要点:①手抄报排版美观、内容翔实、观点正确、无科学性错误。②手抄报内容能结合本节课所学,融合"化学物质及其变化""金属及其化合物""非金属及其化合物""元素周期律""化学反应与能量""化学与自然资源的开发利用"等相关内容的复习,既体现化学学科核心知识,又体现化学视角科学解决问题的思路。

(二) 教学反思

1. 教学设计及实施过程中的创新点

汽车已成为很多家庭出行的代步工具,是一个看得见、摸得着的真实的学习情境,学生可以联系自己的知识背景、生活经验、兴趣爱好主动参与到主题学习中来,不是被动的接受者,学生学习有兴趣。面对陌生复杂的情境,学生需要将知识整合,逼迫自己思考知识背后的关系,形成解决问题的能力,从而体验学习的成就感。汽车所用燃油和安全问题都与化学有关,既包含物质变化,又包含能量变化,还有可持续发展以及未来前景,学生学习有意义。把微项目拆解成多个不同角度、不同层次的研究任务和问题,不同水平的学生均有发展提升,可满足既复习知识又提升能力,同时形成化学素养的需要,学生发展有层次。总之,本节课不但帮助学生梳理了学习过的具体知识,同时也丰富了学生认识化学反应的角度,明确了研究问题的思路,更重要的是,传递了化学使生活更美好的学科思想,点燃了学生创造未来美好生活的热情。

2. 遗憾点及解决办法

本节课想要通过拆解成不同的小任务和问题,让不同水平的学生都能有适合自己能力水平的任务加以匹配,每个学生在研究后都能在自己已有程度上予以提升,体现发展的层次性。至于是否达到了这一目标,没有很好的评价方式和评价标准,还需要继续在实践中加以研究。

专家点评

首先,本课先从学生所知道的"车用燃料有哪几种"很自然地导入本节课教学内容,让学生从化学反应中的物质变化、能量变化及反应速率的视角认识不同的燃料特点。这个设计既复习了旧知,从宏观到微观,进一步理解反应的本质,又来源于生活实际、降低了认知难度,师生互动频繁,给予了学生充分表达自己见解的机会。其后"设计安全气囊"活动中,教师做了精心安排和处理,通过提问"气体发生器中的物质应具有哪些性质?"顾名思义,气体发生器必然要产生气体,以及第二个问题"目前汽车安全气囊系统中普遍使用的叠氮化钠,如果你是设计师,应该考虑加入哪些其他物质"才能使其安全有效的发挥作用,巧妙且自然地让学生学会从物质类别、元素价态视角预测物质的变化,体会物质变化与能量变化的关联,认识环境保护的重要性。

观察整个教学设计,环环相扣,紧凑有序,过渡自然,师生对话中,学生灵活的思维火花在不断迸发。

第4课　　探秘神奇的医用胶

一、教学任务分析

（一）学情分析

　　学生已经学完了有机化学模块"有机化合物的结构和性质　烃""官能团与有机化学反应　烃的衍生物"，有了烃及其衍生物的性质和应用、有机化学反应类型等知识储备。但是学生在面对不同情境下的有机化合物性质探究、有机物结构测定、有机合成路线设计和有机推断等化学问题时，还不能自主调用有机化合物的核心认识角度，从宏观和微观相结合的视角解决问题。

（二）教材分析

　　本案例选自鲁科版高中化学选择性必修3有机化学基础第2章微项目"探秘神奇的医用胶"，是基于项目学习理论设计和实施的高中课程"有机化学基础"选修模块的复习课教学案例。本案例学习过程包括4个核心环节：探究医用胶的分子结构及黏合原理，设计医用胶分子结构，设计医用胶合成路线，论证医用胶使用的安全性。本节课完成了前2个核心环节，后2个核心环节课下完成。

　　随着结构理论和有机反应理论的发展，功能导向的有机物结构设计逐渐成为在有机合成之外的另一项能够体现有机化学学科在社会发展中实际应用价值的关键任务。有机化学家从人们的实际需求出发，设计能满足功能需求的有机物分子结构，进而进行有机合成，实现新产品的研发。来自实际生活的医用胶，其神奇性能有利于激发学生学习兴趣，其分子中的官能团除氰基外，其余均为课标中要求的官能团，围绕医用胶的功能、性质、结构、合成等方面展开探究，既能帮助学生梳理巩固常见有机物的性质及转化,又能帮助其形成真实问题解决的思路方法,巩固认识角度和认识思路,达成复习课素养发展的教学目标。

本案例承载的育人价值有:①从素养发展的角度看,"探秘神奇的医用胶"对进一步发展学生的"宏观辨识与微观探析""科学态度与社会责任""科学探究与创新意识"素养具有重要作用。②从学生的学科能力发展来看,提高学生应用结构分析模型和多角度认识有机反应模型解决相关的实际问题的能力。③从学科核心知识在社会发展中的实际应用价值来看,能让学生进一步体会与赞赏化学知识在满足人民日益增长的美好生活需要方面作出的贡献。

二、目标分析与教学准备

(一) 教学目标

(1) 通过经历真实问题解决过程,熟练掌握各类烃及烃的衍生物的结构特点、重要性质及相互转化关系。

(2) 通过对医用胶结构与性能关系的探究、对医用胶安全性的讨论,应用有机化合物性质分析解释实际现象,巩固学生认识有机物结构的基本角度,尤其是官能团的认识角度和基团间相互影响的认识角度;发展学生运用结构—性质—性能三者关系解决实际问题的能力;深入领会"结构决定性质,性质反映结构"的学科思想,发展"宏观辨识与微观探析"核心素养。

(3) 通过设计医用胶分子结构、设计医用胶合成路线的活动,进一步巩固认识有机反应的基本角度,主要是反应条件的认识角度;巩固有机合成的一般分析思路和设计合成路线的基本角度,包括碳骨架构建、官能团转化、基团间相互影响等,体验有机化学的理论知识在实践中的创造性应用,发展"科学探究"、"模型认知"和"科学态度"核心素养。

(二) 评价目标

(1) 通过对医用胶结构与性能关系的探究,诊断并发展学生"结构决定性质,性质反映结构"的认识水平。

(2) 通过设计医用胶分子结构、设计医用胶合成路线的活动,诊断并发展学生有机反应的认识角度和有机合成的认识角度和分析思路水平。

(三) 教学重难点

1. 通过对医用胶结构与性能关系的探究,深入领会"结构决定性质,性质反映结构"的学科思想。

2. 通过设计医用胶分子结构、设计医用胶合成路线的活动,进一步巩固认识有机反应的基本角度,巩固有机合成的一般分析思路和设计合成路线的基本角度。

(四) 教学准备

资源:轻课堂 APP、多媒体课件、一体机、学习单。

视频:神奇的"医用胶水"。

三、教学过程

环节一　走近医用胶

教师活动

【视频】　神奇的"医用胶水"。

【教师】　视频中的医用胶水就是医用胶,也称为医用黏合剂,它和我们在日常生活中使用的胶水等黏合剂一样具有黏合的功能,不过它黏合的是比较特殊的物质——伤口的皮肤等人体组织。在外科手术中使用医用胶代替手术缝合线,既能减少患者的痛苦,又能使伤口愈合后保持美观。本节课我们一起探究医用胶。

学生活动

观看,聆听,感悟。

设计意图

用神奇的"医用胶水"引入,其神奇性能有利于激发学生学习兴趣。

环节二　探究医用胶的分子结构及黏合原理

教师活动

【教师】　理想的医用胶通常应满足以下性能需求：在血液和组织液存在的条件下可以使用，常温、常压下可以快速固化实现黏合，具有良好的黏合强度及持久性，黏合部分具有一定的弹性和韧性，安全，可靠，无毒性。请小组合作，利用资料提供的信息，结合对有机化合物结构与性质的认识，完成任务一中的几个问题。

【提供资料】

资料一：α-氰基丙烯酸酯是一类瞬时胶黏剂的单体，具有单组分、无溶剂、黏结时无须加压、黏结后无须特殊处理、常温可固化、固化后无色透明且有一定的耐热和耐溶剂性等特点。其中，α-氰基丙烯酸甲酯（俗称501）、α-氰基丙烯酸乙酯（俗称502）的聚合速度较快，但对人体组织的刺激性和毒性较大，被用作普通的瞬干胶。α-氰基丙烯酸正丁酯（俗称504）、α-氰基丙烯酸正辛酯（俗称508）既有较快的聚合速度，又对人体细胞几乎无毒性，同时还能与比较潮湿的人体组织强烈结合，被用作医用胶。

α-氰基丙烯酸甲酯　　　　　　　　α-氰基丙烯酸正丁酯

资料二：氰基（—CN）中的碳原子和氮原子通过叁键相连接，使得氰基相当稳定，通常在化学反应中都以一个整体存在，目前许多临床使用的药物都含有氰基基团。氰基具有较强的极性，对碳碳双键具有活化作用，使其在常温、常压下即可发生加聚反应。氰基体积小，约为甲基的 1/8，因此氰基能够深入到蛋白质内部与蛋白质端基的氨基、羧基形成较强的相互作用——氢键。

【任务一】 探究医用胶的分子结构及黏合原理。

从物质结构和性质的角度解读"常温、常压下可以快速固化实现黏合""具有良好的黏合强度及持久性"等医用胶性能需求的含义,概括满足上述性能要求的有机化合物在性质、分子结构上应该具备哪些特征,将讨论结果填入表格。

医用胶性能需求	相应有机化合物的性质特征	相应有机化合物的结构特征
常温、常压下可以快速固化实现黏合		
具有良好的黏合强度及持久性		

【问题支架】 分析 504 医用胶的分子结构,解释其产生黏合作用的原理:该医用胶分子中含有哪些官能团? 官能团之间有什么影响? 官能团在黏合过程中分别起什么作用? 黏合过程中发生了什么反应? 反应的条件是怎样的?

【学生典型观点 1】 我们组认为医用胶在容器中是液态,所以它应该是只有接触到空气或皮肤时才会变成固体表现出黏性,人体里面有大量水分,医用胶的黏性有可能与水有一定的关系。我们还考虑到也可能医用胶里面有溶剂,是类似于酒精、乙醚等易挥发的物质,在空气中溶剂迅速挥发,然后剩下溶质就变成固体了。

【学生典型观点 2】 我们组认为固化可能是有化学反应发生,生成了固体。比如复分解反应生成难溶的盐。我们组有人认为医用胶分子中有碳碳双键,会不会是加聚反应导致的固化,因为加聚能让小分子变成高分子,高分子通常就是固态的。但有个问题,加聚反应通常需要高温、高压的条件才行,人体中不可能采用这样的反应条件啊,或者是医用胶里添加了什么催化剂?

【教师评价】 两组同学都认同黏性是通过固化实现的,并尝试对黏性和固化进行解释,提出两种可能的固化路径,一是溶剂挥发,一是发生反应。我们知道,溶剂挥发需要吸热,这会导致温度降低,对创口皮肤可能会有刺激,所以第一种猜想成立的可能性不大。第二组同学想到了生成高分子,这样的话就能"速干",即迅速凝固。我觉得刚才同学们特别棒的是,还想到了试剂和条件。工业生产中加聚反应确实条件苛刻,但只要反应能发生,我们可以想办法寻找温和的反应条件,也有同学想到了加催化剂。

追问 1:医用胶本来是液态的,催化剂不可能是使用前加的,我们在视频中看到医用胶使用时也没往里面加什么其他物质,这个催化剂或引发剂在哪儿呢?

【学生】　可能是空气或者皮肤里面的物质。

【教师】　非常好,研究者就是循着这个思路,想办法通过空气中的水催化或引发反应。

追问 2:为什么变成高分子就能变成固态,你能从微观角度解释吗?

【学生 1】　分子变大了,分子间作用力变强了。

【学生 2】　医用胶固化后能够紧密的附着在皮肤的创口表面,我认为这应该有两个原因,一是高分子本身之间有较强的作用力,二是高分子与皮肤组织的分子之间存在着较强的作用力,这样才不会使得医用胶和皮肤脱落。

【学生 3】　从资料我们可以看出,医用胶的氰基可以与皮肤组织分子的氨基之间形成氢键,我们知道氢键比普通分子间作用力强,所以医用胶的粘性可能还跟形成了氢键有关。

【教师评价】　同学们从微观角度解释黏性,非常好。想到了分子间作用力问题,就是说医用胶分子之间、医用胶和皮肤分子之间需要形成一种作用力。聚合就是让小分子之间变成高分子,高分子间作用力就比较强。想到了还存在氢键问题,氢键的存在增大了粘性。

【师生】　教师引导学生概括归纳,从化学角度解释医用胶性能,建立性能与性质、结构的关联,完成问题一中的表格。

【投影】　α-氰基丙烯酸酯类医用胶的结构与性能的关系。

医用胶性能需求	相应有机化合物的性质特征	相应有机化合物的结构特征
常温、常压下可以快速固化实现黏合	单体能在温和的条件下发生聚合反应	单体分子中含碳碳双键,相邻部位还含有能使双键活化的官能团——氰基
具有良好的黏合强度及持久性	常温呈固态,与人体组织表面的分子间能形成较强作用力	高分子,分子间作用力大;分子中含氰基,氰基中的氮原子可以与其他分子中羟基或氨基上的氢原子形成氢键

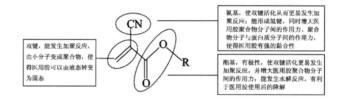

学生活动

学生先独立思考,后小组合作讨论交流达成组内共识,小组汇报交流,生生评价,师生评价。

设计意图

教师提出分析型问题,并通过追问,引导学生从结构官能团及对应性质的角度深入分析解释;引导学生调用官能团、基团间相互影响、官能团的典型性质、化学反应的条件认识有机物和有机反应的核心角度,最终由学生自主建立"性能-性质-结构"的关联,促进学生问题解决思路的形成。

环节三　设计医用胶的分子结构

教师活动

【过渡】　在医用胶的使用过程中,人们发现仍然存在一些问题,如单体聚合放热对人体组织和细胞存在潜在危害、聚合后的薄膜柔韧性不够而导致黏接性能降低或使用部位受限、体内应用时有可能产生甲醛而引起炎症或局部组织坏死等,因此需要对医用胶进行改性以提高其柔韧性和生物相容性等性能。怎么设计满足性能需求的医用胶分子结构?

【任务二】 设计医用胶的分子结构。

仍以 α-氰基丙烯酸酯类医用胶为例,请同学们利用资料中的提示,设计出尽可能多的符合性能需求的医用胶的分子结构。

【提供资料】 研究发现,α-氰基丙烯酸正丁酯中,酯基上的正丁基变化会影响其耐水性、柔韧性、降解性等性能。例如,增长酯基碳链有助于提升固化胶的柔韧性并降低其聚合热;在酯基部位引入易水解的官能团,有利于加快其降解速率;氰基丙烯酸部分的结构中有两个或者多个碳碳双键,则可发生交联聚合,形成体型高聚物,有助于增强医用胶的耐水、耐热、抗冷热交替等性能。

【学生汇报典型设计 1】 我们设计单体结构增加了一个能水解的酯基,增长了酯基碳链,这样就能改善降解性能和柔韧性,还有降低聚合热。

【学生汇报典型设计 2】 我们设计的单体结构增加了能水解的酰胺键官能团,增长了丙烯酸部分的碳链,能改善降解性能,延长固化时间。

【教师点评】 同学们能很好地利用资料对医用胶进行结构改良,并且能迅速地将结构和性能关联起来。那我还想问同学们,你们认为这些改良后的结构是否合适? 你有没有要向其他组提出的问题?

追问:老师看到好几个组都增长了碳链,但长度不一样,有的组加了4 个碳,有的画了很长的碳链,可以随意增长碳链吗?

【学生】 增长碳链意味着分子量增大,分子间作用力增大,有机物的状态也有可能变成固态,那这样就不符合医用胶在使用前应为液态这个要求了,所以我们认为不能随意增长碳链。

【学生提问】 我也有个疑问,增加的易水解基团,应该和原来一样还是不同,还是都可以? 还有就是增加多少个合适?

【学生回应】 我觉得尽可能增加一样的比较保险,因为酰胺键和酯基相互影响,我们没学过,不好把握。至于加几个,我认为没必要加太多吧,加多了分子量又上去了,不知道还是不是液态。

【学生提问】 我们组在增加水解基团的时候考虑过是让两个基团相邻还是隔开,比如中间相隔一个或两个烷基碳,后来我们考虑隔开比较合适,因为相邻的话基团间相互影响,有可能影响水解的难易。不知道这样考虑对不对。

【教师反馈】 同学们在提问和评价时,其实有一个核心思路,就是围绕结构和性质的关系来展开推理论证,这一点非常好! 同学们关注到了官能团之间的相互影响,进而提出更多在结构改良时要注意的问题,比如碳链不要过长;2 个酯基之间要有烷基碳隔开,当然,碳原子也不能太多;再比如水解基团尽量用相同的,当然,如果我们查到文献酯基和酰胺键没有相互影响,那还是能用的,其实,老师查阅了一些资料,发现现在真的有酰胺类的医用胶,同学们的表现很棒,可以像科学家一样地讨论问题了!

【投影】 文献中"α-氰基丙烯酸酯类医用胶"改良后的分子结构示例

【教师】 这是几个改良后的医用胶分子。研究者已经做过性能实验,证明效果良好,大家看,是不是和你们设计的结构很像!

学生活动

学生先独立思考,后小组合作讨论交流达成组内共识,小组汇报交流,生生评价,师生评价。

设计意图

　　教师作为引导者和支持者帮助学生解决问题,完成任务。让学生经历功能导向的有机物分子结构设计,并从基团间相互影响的角度对分子结构进行改进。教师不断反问和追问,并启发学生提问和反思,促使学生深入分析和论证所设计结构的合理性,完善学生分析问题的思路,提升学生解决问题的水平。

结课

　　本节课我们重点从医用胶性能需求来推断分子结构特征,并从结构解释其功能原理,根据医用胶性能改进的需要改造分子结构。实现有机分子的结构改良需要利用有机化学反应,为了使反应按照人们预期的方向发生,需要从反应物,反应类型,反应试剂,以及反应条件等多个角度全面考虑。课下,我们继续对医用胶探秘,完成"设计医用胶的合成路线""论证医用胶使用的安全性"并做好展示交流准备。

板书

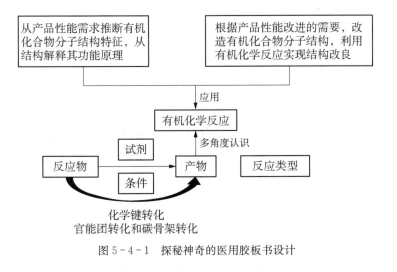

图 5 - 4 - 1　探秘神奇的医用胶板书设计

四、作业及反思

(一) 作业及评价要点

1. 作业

(1) 论证医用胶使用的安全性。要求: 小组合作依据资料分析医用胶在人体组织中的代谢条件、代谢产物等。据此进一步探讨医用胶可能存在的安全隐患, 基于增强安全性探讨医用胶的结构改进方向。

(2) 归纳项目实施过程中应用有机化学反应的思路和方法。

(3) 已知: 羧酸酯在催化剂存在时可与醇发生如下反应, 从而生成新的酯。此反应称为酯交换反应, 常用于有机合成。

$$RCOOR' + R''OH \xrightarrow{\text{催化剂}} RCOOR'' + R'OH (R'、R'' \text{为不同的烃基})$$

设计以 α-氰基丙烯酸甲酯 和常见的有机试剂为原料制备

的合成路线。

2. 评价

(1) 评价要点: ①提取信息。依据资料提取有效信息, 归纳衡量医用胶安全性的因素, 分析安全隐患。②应用知识。应用有机反应规律, 多角度全面考虑对医用胶分子的结构改造。③论证科学。观点明确, 从资料到观点的推理过程合理, 考虑了反驳及其证据。

(2) 评价要点: ①能够多角度全面认识有机化学反应。②能结合本项目学习, 至少从两方面概括有机化学反应的应用: 一是从产品性能需求推断有机化合物分子结构特征, 从结构解释其功能原理, 二是根据产品性能改进需要改造的有机化合物分子结构, 利用有机化学反应实现结构改良。

（3）评价要点：①步骤合理,所用试剂恰当,没有科学性错误。②流程图书写规范,条件正确。

（二）教学反思

1. 教学设计及实施过程中的创新点

本案例与以往知识梳理、习题讲练为主的复习课教学模式不同,以探秘医用胶为活动载体,引导学生综合应用烃及其衍生物的性质和应用、有机化学反应类型等学科核心知识及学科思想方法,沿着科学家的探究过程,依次经历医用胶性能和结构分析、设计医用胶的分子结构及合成路线、论证医用胶使用的安全性等活动,经历一个完整的项目学习过程。通过上述活动的体验,学生在问题解决的过程中自主概括、提炼问题解决的思路方法,巩固和应用有机物的结构分析及有机反应的多角度认识的思路模型,切实实现复习课"知识结构化、问题解决思路化"的功能,深刻体会有机化学学科所蕴含的创造性魅力,最终达成相应的复习目标。

2. 遗憾点及解决办法

本案例有两点遗憾：一是在项目教学中,学生本应该经历项目拆解、寻找关键问题、解决关键问题等环节,但是因为时间关系,老师替代做了前 2 个环节,学生重点经历了解决关键问题的环节;二是素养导向的项目教学需要充分关注学生完成项目任务需要什么样的认识角度和认识思路,考虑如何通过不同的教师行为帮助学生获得这样的认识角度和认识思路,本节课主要是从老师的提问和追问来暴露学生不同的思考路径、外显学生的认识角度,教师行为类型不够丰富。

专家点评

有机化学的知识载体通常具有复杂性,如何选择一个合适的知识载体展开教学,并对信息进行加工和取舍取决于教师的能力水平。医用胶对学生来讲是一个陌生物质,可能只在自然常识和科学课中对它有粗浅的认识,如何把握好学情,提供必要的"脚手架",完成教学任务,对教师驾驭课堂提出一定难度。

教师以官能团为抓手,通过"结构决定性质,性质反映结构"的学科思想,成功完成了"医用胶的分子结构及黏合原理,设计医用胶分子结构"两个活动探究,很好地体现了教师帮助学生分析问题解决问题时引导者和支持者的身份。

环节二中"探究医用胶的分子结构及黏合原理",引导学生调用官能团的典型性质、基团间相互影响、化学反应的条件认识有机物和有机反应,最终由学生自主建立"性能-性质-结构"的关联。图示、表格、资料、问题,直观明了,提升了学生学习协作的质量和效率。

环节三中"设计医用胶的分子结构",让学生利用资料中的提示,设计出尽可能多的符合性能需求的医用胶的分子结构,过程中体悟官能团之间的相互影响,围绕结构和性质的关系来展开推理论证。整堂课,学生与任务之间、学生与教师之间、学生之间深度互动,使得课堂呈现出深度学习的影子。

第 5 课 论证重雾霾天气"汽车限行"的合理性

一、教学任务分析

(一) 学情分析

学生即将学完必修一，以氮氧化物为核心，氨气、氮气、氮氧化物、硝酸盐、铵盐等含氮物质的相关性质及转化关系已经学完，初步具备了"价类二维"认知模型和元素观、转化观等学科观念。但，学生是第一次接触社会性科学议题的论证，对论证的要素及水平、探讨社会性科学议题的基本步骤均不清楚，也没有分析社会性科学议题的视角，不会合理区分相关的科学性问题和社会性问题，针对综合复杂性问题寻求相关证据参与讨论的能力还偏弱。

(二) 教材分析

本节课选自鲁科版高中化学必修第一册第 3 章微项目"论证重污染天气'汽车限行'的合理性"，考虑上海天气情况结合学生实际，议题聚焦为"论证重雾霾天气'汽车限行'的合理性"。本节课引导学生依据社会性科学议题的分析框架，通过项目活动 1"科学认识社会性科学议题，寻找利与弊"，项目活动 2"学习科学论证，论证利与弊"，项目活动 3"权衡利弊，作出决策"，论证重雾霾天气"汽车限行"是否合理，提升应用物质性质及转化分析解决实际问题的能力、科学论证能力和综合决策能力。本项目活动承载的学科知识内容丰富，以氮氧化物为核心，全面覆盖了氨气、氮气、氮氧化物、硝酸盐、铵盐等含氮物质的相关性质及转化关系。该议题贴近真实生活，可以充分调动学生的积极性，通过综合运用"价类二维"认识模型和元素观、转化观等化学观念，分析物质的转化路径，科学论证汽车尾气与重雾霾天气的关联，培养学生根据实际情况，依据绿色化学思想和可持续发展理念对社会性科学议题进行综合分析的能力。

(一) 教学目标

（1）通过研究汽车尾气与雾霾的关系，从物质类别、元素价态视角预测、设计含氮物质间的转化，建立思路方法；结合实验事实，梳理含氮物质的主要性质与转化关系，认识这些物质在生产中的应用和对生态环境的影响。

（2）通过汽车限行议题论证过程，了解人类活动对氮循环的影响，体会化学学科在解决环境问题方面的贡献，树立可持续发展观念，合理应用含氮物质。

（3）通过汽车限行议题论证活动，综合运用多种方法获取证据，依据观点、证据和结论之间的逻辑关系进行有条理的阐述。

（4）通过对汽车限行议题的探讨，从科学、环境、经济、社会等多个方面寻找汽车限行带来的利与弊，自主运用可持续发展观念，权衡利弊，有依据地作出决策。

(二) 评价目标

（1）通过研究汽车尾气与雾霾的关系，诊断并发展学生在陌生情境中应用"价类二维"分析的思路与水平。

（2）通过汽车限行议题论证活动，诊断并发展学生科学论证的水平（水平1：有观点，缺少必要的资料；水平2：有观点和资料，缺少从资料到观点的推理过程，或者推理过程不合理或者资料不充分；水平3：有观点和资料，以及从资料到观点的推理过程，资料充分，推理过程合理；水平4：有观点、资料以及从资料到观点的推理过程，资料充分，推理过程合理，考虑了可能的反驳及其证据）。

(三) 教学重难点

1. 重点：从物质类别、元素价态视角预测、设计含氮物质间的转化，建立思路方法。

2. 难点：综合运用多种方法获取证据，依据观点、证据和结论之间的逻辑关系进行有条理的论证和阐述。

（四）教学准备

资源：轻课堂 APP、多媒体课件、一体机、学习单、新闻视频、氮气和氧气反应视频、氨气催化氧化视频。

仪器：医用注射袋、注射器。

药品：NO_2、水、石蕊试液、稀硝酸、浓硝酸、铜片、铜粉。

三、教学过程

环节一　提出议题，激发想法

教师活动

【视频】　北京新闻——北京市人民政府，关于应对空气重污染采取临时交通管理措施的通告。

【教师】　你是否支持重雾霾天气汽车限行？ 根据课前查阅的资料，你的观点和理由是什么？ 小组讨论完成学习单上任务一的表格。

【任务一】　分析重雾霾天气采取"汽车限行"措施的利与弊。

分别从环境、经济、社会等视角列举应对重雾霾天气采取"汽车限行"措施的利与弊。

【师生】　学生汇报，老师板书核心观点，完成表格：

视角	利	弊
环境	减少有害气体排放，减轻空气污染和温室效应。	无
经济	促使人们购买第二辆汽车，汽车销量增加，促进经济发展。	导致汽车保有量增加。
社会	缓解道路交通压力。	增加公共交通压力，导致人们出行不便。

【教师】　你觉得影响人们支持或者反对限行的最主要因素是什么？

【学生】　汽车尾气与雾霾是否有关系？ 汽车尾气是不是导致雾霾的主要原因？

【教师】 如何分析汽车尾气与雾霾的关系?

【学生】 看看汽车尾气中有哪些物质,雾霾中有哪些物质。

【教师】 非常好!这是把实际问题转化成了化学问题。明确其基本的科学问题,从物质组成的视角进行分析,即:雾霾的主要成分是什么?汽车尾气的主要成分是什么?

【提供资料】 雾霾的成分:人类活动向大气排放微小颗粒物质可以分散到大气中形成固体气溶胶,这些气溶胶即为霾。这些颗粒物不是某一种物质,而是排放到空气中的各种微小固体和液体以及它们的反应产物组成的混合物,包括硫酸盐、硝酸盐、铵盐、有机物、碳黑、重金属等。

汽车尾气是一种流动分散污染源,汽车尾气中大概含有百种以上的不同种化合物,其中主要污染物有 CO、碳氢化合物、SO_2、NO_x、PM 等。

学生活动

观看视频,阅读资料,明确自己的想法,组内进行交流,思考影响观点的最主要因素,确立科学问题。

设计意图

促使学生积极参与议题的探讨,培养科学态度与社会责任核心素养;引导学生将实际问题转化为化学视角下的科学问题,构建科学探讨议题的意识与思路。

环节二 探讨汽车尾气与雾霾的关系

教师活动

【任务二】 探讨汽车尾气与雾霾是否存在关系。

汽车尾气和雾霾到底有怎样的关系?汽车尾气中 NO、NO_2 能否转化为雾霾成分之一的硝酸盐?请分析提供的相关资料,结合所学,小组讨论,进行分析论证。

问题一:NO、NO_2 如何转化为 NO_3^-?

【师生】 小组讨论,自主构建氮元素的价类二维图,预测分析 NO、NO_2

转化为 NO_3^- 的路径。教师引导学生进行小组间的汇报交流,明确学生预设的 NO、NO_2 转化为 NO_3^- 的路径。提供实验事实。

【实验演示 1】　NO_2 和 H_2O 的反应:在医用注射袋中提前注入制备好的 NO_2 气体,观察到该气体为红棕色。用注射器向注射袋中注入部分 H_2O,观察到实验现象为:红棕色气体逐渐减少直至消失。继续向注射袋中注入石蕊试液,石蕊试液变红,证明生成了酸(运用价态变化和元素守恒,可证明有硝酸生成)。

【实验演示 2】　NO 和 O_2 反应生成 NO_2 的反应:运用实验 1 的反应产物继续进行实验,用注射器向注射袋中继续注入空气,注射袋内的无色气体变为红棕色,证明实验 1 中有 NO 生成。NO 与空气中的 O_2 反应生成了 NO_2。

问题二:汽车尾气中的氮氧化物从哪里来?

【学生】　汽车行驶时,进入空气,使燃料燃烧,空气主要成分约 $\frac{4}{5}$ 为 N_2,约 $\frac{1}{5}$ 为 O_2,氮气和氧气在汽车内可以发生反应生成氮氧化物。

【投影】　汽车内燃机的构造——高温燃烧室、火花塞、进气道、排气道等。

【视频】　模拟闪电条件下 N_2 和 O_2 的反应:烧瓶中的 2 个金属丝接在高压上,随着反应进行,烧瓶内气体颜色逐渐加深。即:放电条件下 N_2 和 O_2 发生反应生成 NO,NO 转化为 NO_2。

问题三:氮氧化物是直接排放到空气中吗?污染物如果可以消除,有必要限行吗?

【学生】　根据资料进行分析:为了解决汽车尾气的污染问题,汽车上一般都安装了"三元催化转换器",将发动机排放的碳氢化合物、CO、NO,转化为 CO_2、H_2O、N_2 等气体,从而使汽车尾气得到净化,这一功能可处理 90% 的废气,但是用的时间长了它会老化,作用减弱。三元催化转化器的失活可能是化学失活、热失活、积垢失活、机械失活等原因,一般

2 年便需要更换 1 次。

学生活动

分析相关资料,小组讨论,自主构建价类二维图中氮及其化合物的转化路径,结合理论预设、实验事实、数据资料进行分析论证。

设计意图

明确氮氧化物的产生、转化和消除,构建含氮物质价类二维图及物质间的转化,建立从物质类别和化合价视角研究物质转化的思路;提升科学论证过程中的推理能力和质疑反驳能力,全面认识科学论证。

环节三 探讨汽车尾气是不是导致雾霾的主要原因

教师活动

【过渡】 汽车尾气是不是导致雾霾的主要原因? 是否有其他途径生成硝酸盐、铵盐? 小组合作完成任务三。

【任务三】 探讨汽车尾气是不是导致雾霾的主要原因。

问题一:雾霾成分中的含氮物质还可能来源于工农业生产,工农业生产中哪些含氮物质可以转化成氮氧化物?

【师生】 教师引导,学生自主完善二维图中转化路径,聚焦 NH_3、HNO_3,自主预测 NH_3 到 NO 的反应、HNO_3 到 NO、NO_2 的反应。

【实验演示 3】 Cu 与浓、稀 HNO_3 反应的实验:在医用注射袋中提前放入小铜片,用注射器向其中注入浓 HNO_3,医用注射袋中产生大量红棕色气体 NO_2。在另外一个医用注射袋中提前装入铜粉(接触面积更大),用注射器向其中注入稀 HNO_3,有气泡产生,证明有无色气体生成。

【视频】 NH_3 催化氧化生成 NO 气体的反应。

问题二:空气中的 NH_3 来源于哪里?

【师生】 农业中 NH_4^+ 的转化、生物固氮、人工固氮等 NH_3 来源途径。教师补充人工固氮的过程,NH_3 与 NO_3^- 的转化,即硝化细菌与反硝化细菌。完善氮及其化合物的转化价类二维图。

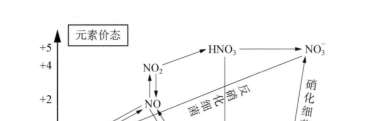

图 5 - 5 - 1　氮及其化合物的转化价类二维图

学生活动

自主完善二维图中的转化路径,结合理论预设、实验事实、数据资料进行深层次分析论证。

设计意图

聚焦于氮氧化物的生成,补充含氮物质转化的路径。全面提升科学论证能力,发展"证据推理与模型认知"核心素养。

环节四　权衡利弊,科学决策

教师活动

【任务四】　最终决策:你是否支持重雾霾天气下汽车限行?

综合考虑,权衡利弊,作出最终决策:你是否支持重雾霾天气下汽车限行?

要求:小组讨论,明确观点,给出证据,分析推理过程,考虑反驳;小组间进行交流,每个小组代表阐述观点,给出论证过程;学生互相进行提问质疑。

【师生】　小组汇报,教师根据学生的表现,跟学生进行对话、追问,提供引发深入讨论的证据,提供针对性评价反馈。

【小组典型发言】 我们的观点是支持限行。汽车限行能够减少对空气的污染。证据是汽车尾气会产生氮氧化合物,并且还能产生氨气,最终对环境产生污染。我们的证据及推理是:汽车尾气中有上百种不同的化合物,其中对人体危害最大的有一氧化碳、碳氢化合物和氮氧化合物、铅的化合物以及各种颗粒物,所以大量汽车尾气的排放会对人体造成一定的伤害,更为甚者,汽车尾气还会产生氨气还有硫酸盐、硝酸盐等物质,这些尾气会增加 PM2.5 的含量,加重雾霾。我们觉得上述是形成雾霾的主要原因,而其中重要的污染物是二氧化氮,汽车排放会产生大量二氧化氮、一氧化氮和一氧化碳,通过限行能减少氮氧化合物和碳氧化合物的形成,从而减少雾霾的产生。

可能有些人会质疑我们的观点,他们可能提出:三元催化反应能减少汽车尾气的排放。我们将这样反驳:三元催化剂确实能减少有害物质的产生,但是它无法限制氨气的形成,因为形成的一氧化氮经过和水反应最终会产生氨气,这是三元催化剂无法完全限制汽车尾气的一个重要原因。还有一点是三元催化剂甚至可能会失效,因为大部分汽油中是含铅的,含铅的汽油可能使催化剂重金属中毒,使催化效果降低。还有就是磷、锌元素对三元催化剂的催化效果也有所影响,硫元素也会降低催化效率。所以我们觉得三元催化剂并不能有效解决汽车尾气污染的问题,汽车限行还是可以减少污染的。

还可能有些人会质疑我们的观点,他们可能提出:限行引起出行不便,带来经济损失。我们将这样反驳:目前来看,地铁交通以及哈啰单车等各种公共交通是有所发展的。经济的损失和治理污染的投入相比是很小的。作为一个公民,在局部、个人、眼前利益面前,更应该关注长远、大局、国家的利益。

学生活动

小组讨论交流,明确观点,给出证据,分析推理过程,考虑反驳;学生互相进行提问质疑;进行整个议题探讨活动的总结反思。

设计意图

深刻理解化学与社会、经济、环境之间的关系,综合分析"汽车限行"的利与弊,促进"证据推理与模型认知""科学态度与社会责任"核心素养发展。

结课

　　今天我们一起探讨了社会性科学议题:论证重雾霾天气"汽车限行"的合理性,从中我们学习到社会性科学议题的分析框架。核心步骤有 4步:第 1 步:科学认识议题,明确议题中的科学问题和科学知识,正确认识议题;第 2 步:寻找利与弊,从环境、经济、社会等视角寻找利与弊;第 3步:论证利与弊是否成立,依据初步分析得到的利与弊,充分查找相关资料,进行分析推理,考虑可能存在的反驳,论证利与弊是否成立;第 4 步:权衡利弊作出决策,结合实际情况,分清主要矛盾和次要矛盾,权衡利弊,作出符合科学态度和社会责任的决策。

板书

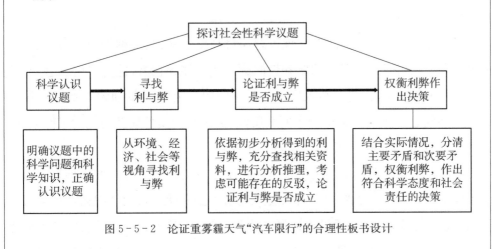

图 5-5-2　论证重雾霾天气"汽车限行"的合理性板书设计

四、作业及反思

(一) 作业及评价要点

　1. 作业

撰写应对重雾霾天气汽车现行议题的论证报告。

2. 评价

评价要点：①知识的应用，不仅能充分、科学、合理地应用有关元素及其化合物的知识进行阐述分析，还能应用相关的新知识。②科学论证，有针对议题的明确观点，资料充分，从资料到观点的推理过程合理，考虑了反驳及其证据。③"科学态度与社会责任"素养，能根据实际情况，自主依据绿色化学思想和可持续发展观念对社会性科学议题进行综合分析。

（二）教学反思

1. 教学设计及实施过程中的创新点

本节课的教学设计主要借鉴了罗铖吉，赵凌云，胡久华等发表在《化学教育》2020年41卷17期上的文献：基于社会性科学议题促进核心素养发展的元素化合物教学——以"论证重雾霾天气'汽车限行'的合理性"，实施下来效果不错，具体表现在以下两点：

第一点是利用驱动性问题实现议题探讨与核心知识、关键能力、品格观念的高度融合。议题探讨过程中的驱动性问题与核心知识、关键能力紧密融合，充分运用学科思想方法，探讨分析议题中的科学问题。例如，在论证利与弊环节设计几个驱动问题落实含氮物质的主要性质，明确研究物质性质及转化的思路方法，提升学生的"证据推理与模型认知"核心素养。

第二点是运用学科思维模型将研究物质性质及转化的思路方法外显。运用思维模型——价类二维图，使学生建立从物质类别和化合价两个视角认识元素化合物的思维方式。譬如，通过论证氮氧化物的生产、转化和消除时引导学生从化合价视角认识含氮物质，通过氨气到铵盐的转化引导学生从物质类别视角研究物质性质及其转化等。

2. 遗憾点及解决办法

遗憾之处主要有两点，一是"课前准备"用了太多的时间，尤其是查阅资料的时间，因为不同小组查到的资料大多是相同的。如果事先提醒学生查资料时及时共享，或者老师提供一些必须的资料，学生可以个性化补充资料，以此减轻学生查资料的负担，重点放在分析资料及了解探讨社会性科学议题的步骤及要素上，应该更合理；二是课中时间没有掌握好，使得最后一个环节汇报展示时，没用充分展开。如果把运用价类二维思维图梳理氮及其化合物的转化关系放在课前,课上重点应用这个关系解决真实情境复杂问题,将更多的时间用于学生汇报展示,质疑反驳,应该会更精彩。

专家点评

　　化学学科的教学核心之一是要贴近生活。

　　本节课赵老师带领学生探讨了一个社会性科学议题:论证重雾霾天气"汽车限行"的合理性。通过这个社会热点,不仅加深学生理解和应用含氮物质的相关性质及转化关系,深化理解"价类二维"认识模型和元素观、转化观等化学观念,而且从中让学生初步学习社会性科学议题的分析框架,极大地拓展了学生处理信息、语言表述、分析问题等综合能力,最终完成社会责任引领的目的。

　　这种科学议题课很容易上成简单的科普课,要同时强化化学探究,落实化学核心知识,关键在于教师自身综合素养要高。赵老师将信息、实验、问题、活动等有机集合,步步设疑、层层引导,尤其在"寻找利与弊—论证利与弊是否成立—权衡利弊作出决策"等三大环节中,很好地将社会人文情怀与科学思辨有机融合,潜移默化地将化学核心知识、绿色化学思想和可持续发展理念落实到位。

主要参考文献

［1］王磊. 普通高中课程标准实验教科书：化学 1（必修）［M］. 济南：山东科学技术出版社，2020.

［2］王磊. 普通高中课程标准实验教科书：化学 2（必修）［M］. 济南：山东科学技术出版社，2020.

［3］王磊. 普通高中课程标准实验教科书：化学反应原理（选择性必修 1）［M］. 济南：山东科学技术出版社，2020.

［4］王磊. 普通高中课程标准实验教科书：物质结构与性质（选择性必修 2）［M］. 济南：山东科学技术出版社，2019.

［5］王磊. 普通高中课程标准实验教科书：有机化学基础（选择性必修 3）［M］. 济南：山东科学技术出版社，2020.

［6］中华人民共和国教育部. 普通高中化学课程标准（2017 年版）［S］. 北京：人民教育出版社，2018（1）.

［7］包朝龙，王星乔. 素养为本的高中化学优质课例［M］. 杭州：浙江大学出版社，2020.

［8］杜淑贤. 普通高中化学课程标准（2017 年版）解读：中学化学真实情境研究与案例［M］. 上海：上海教育出版社，2018.

［9］侯肖，胡久华. 在常规课堂教学中实施项目式学习——以化学教学为例［J］. 教育学报，2016（04）.

［10］于乃佳，王磊，范晓琼，等. 基于主题式教学进行模块复习的教学实践研究——以"汽车中的化学"为例［J］. 化学教育，2017（9）：13－19.

［11］张馥，康天泓，等. 黑木耳铁含量测定的实验探索［J］. 化学教学，2017

(11)：62 - 65.

[12] 刘松伟,刘雅莉.凸显"定性与定量相结合"化学思想方法的教学设计——以"化学平衡常数"为例[J].化学教育,2017(3)：12 - 16.

[13] 支瑶,王磊,张绪姝.化学平衡常数对促进学生认识发展的功能价值分析及其教学实现[J].化学教育,2010(6)：29 - 34.

[14] 保志明.课堂教学中碎片化元素知识的选择与整合——"钠的化合物"的教学及思考[J].中学化学教学参考,2018(4)：5 - 8.

[15] 保志明.证据推理与模型认知:"化学键"的教学与思考[J].中学化学教学参考,2018(7)：16 - 19.

[16] 陈颖,王磊,徐敏,等.高中化学项目教学案例——探秘神奇的医用胶[J].化学教育,2018(19)：8 - 14.

[17] 王磊.基于化学学科的项目式教学探索——历程、收获、反思和展望[J].化学教育,2019(48)：4 - 6.

[18] 罗铖吉,赵凌云,胡久华,等.基于社会性科学议题促进核心素养发展的元素化合物教学——以"论证重雾霾天气'汽车限行'的合理性"为例[J].化学教育,2020(17)：49 - 53.

[19] 佘平平,安德成,魏锐.体会配合物使用价值的微项目教学课例——补铁药片中铁元素化合价的检验[J].化学教育,2020(1)：15 - 18.

[20] 范晓媛,王磊,徐敏.基于科学论证的社会性科学议题教学探索——以鲁科版必修教材微项目"论证重污染天气'汽车限行'的合理性"为例[J].中学化学教学参考,2020(7)：14 - 18.

[21] 朱鹏飞,孙逸明.文化自信背景下"讲好中国科学家故事"的教学设计——以"科学家怎样研究有机物"为例[J].化学教学,2020(9)：53 - 58.

[22] 于少华,林博娇,王磊,等.化学核心素养背景下的元素化合物教学改进[J].化学教育,2020(5)：60 - 65.

[23] 袁欢,姜建文.鲁科版新教材"微项目"模块分析与教学建议——以高中化学必修教材为例[J].中学化学教学参考,2020(2)：10 - 13.

[24] 马辉.浅谈核心素养下的高中化学新课程微项目教学的设计策略——以微

项目"探秘膨松剂"一课为例[J]. 化学教与学,2021(6):38-40.

[25] 陈祺天,侯丹,占小红. 基于 3DTG 发展学生"证据推理与模型认知"核心素养——以"科学使用含氯消毒剂"为例[J]. 化学教学,2021(3):51-56.

[26] 邢瑞斌,刘翠,等. 高中化学"乙醛性质"的项目式教学——解酒药的研制[J]. 化学教育,2021(23):36-43.

[27] 张雄鹰. 基于大概念的微项目教学设计——以"定性和定量探究黑木耳中的铁元素"为例[J]. 化学教与学,2021(8):23-26.

后　记

　　美国心理学家卡尔·罗杰斯在《自由学习》一书中说："只有学会了如何学习、如何适应、如何改变，才能了解到没有任何知识是确定的，只有获取知识的能力可以为我们带来安全感。具备了这种能力的人才是受过教育的人。"获取知识的能力从哪里来？人类的学习能力是与生俱来的，但也可以通过接受教育加以提升。课堂是发生学习的地方，什么样的课堂才能让学生获得获取知识的能力？《普通高中化学课程标准（2017 年版）》建议教师优化教学过程，创设真实且富有价值的问题情境，引导学生积极开展建构学习、探究学习和问题解决学习，促进学生化学学习方式的转变。

　　项目式学习是一种不同于平常课堂学习的学习方式，它通过组成学习团队，通过多样化的学习方式，共同完成有挑战性的学习任务，来促进学生学习品质的提升，而优秀的学习品质，是帮助学生学会学习的基本逻辑。正是基于此，本人近几年一直努力在常规化学课堂中实践项目式教学，努力引导学生在项目式学习中增强实践能力、发展交流水平、学会合作、增强创新能力。尽管本人在备课时查阅了大量的资料，每份教学设计在付诸实践之前均经过了反复修改，努力做到博采众长，但由于高中化学课堂教学时间的相对不足、本人对项目式教学的理解不够深入、运用不够成熟等原因，在教学实践中还存在着驱动性问题过于细碎、学生研究成果呈现方式不够丰富、与典型的项目式教学范式还有明显差异等诸多问题。尽管如此，本书中的每份教学实践案例基本具备项目式教学中学习的自主性、合作性、探究性以及实践性等特征，作为"项目式教学"模式的变通性运用仍具有一定的研究和借鉴价值。

　　感谢施洪亮校长、李新城书记对本书的出版给予的关怀与帮助。感谢王娟副校长及华东师大二附中紫竹校区化学教研组全体老师的帮助与支持。感谢华东师范大学出版社的领导、编辑、校对老师以及排版公司的工作人员给予的帮助和支持。感谢百忙中抽空为本书写序的上海市教研室化学教研员、特级教师徐睿老师。感谢上海市闵行区教育学院高中化学教研员陆艳老师。陆艳老师不仅为本书中每份教学实践案例写了详尽的精彩点评,而且对部分实践案例提出了宝贵的修改意见和建议,陆老师严谨求实、精益求精的工作作风和甘为人梯、甘当铺路石的无私奉献精神深深感染了我,在此向陆艳老师表示诚挚的谢意!

这本书稿的完成,还要感谢热爱化学教育教学的老师们,他们的实践与分享给了我灵感。为了表达对他们的谢意,本人尽可能地列出了主要参考文献,但是,由于参考的资料较多、较杂,难免有疏漏之处,在此向他们表示深深的谢意和歉意。

由于本人的水平有限,加之时间较紧,书中还存在不足及需要完善之处,错误之处在所难免,衷心希望广大读者给予批评指正。

赵春梅

2022 年 3 月